グローバル時代の
スウェーデン
福祉国家と地域

Den svenska välfärdsstaten och regionerna under globalisering

槌田 洋著

法律文化社

はじめに

　福祉国家として知られてきたスウェーデンでは、福祉や教育政策を中心的に担ってきた基礎自治体（コミューン）が、産業政策にも一定の役割を果たすとともに、広域自治体（リージョン）を設立して中央政府の権限の一部を委譲する改革が進められている[1]。他方でこれに並行して、地方政治への市民の影響力を高める試みが模索されている。本書ではこうした変化を、福祉国家のコミューンとリージョンとを基礎単位とするシステムへの再編成の過程として捉える。これをふまえて、地方政府システムの改革の現状を検証するとともに、地方政府に求められる地域産業政策や都市・地域経営、また市民参加などの基本的な政策を論じる。

　本書がリージョンに注目する理由は、それが一方ではナショナルな経済の再編成を、他方ではグローバル化の下での主権国家と政府システムの変容を、象徴する位置にあることによる。リージョンの設置の背景となったのは、経済グローバル化とEU（European Union）の補助金政策などの結果として、政府の経済政策の焦点が地域もしくは広域エリアに移行したことである。それは広域エリアでのパートナーシップ型の政策運営を進める政治主体（政府）の必要性を高め、リージョンの設置をはじめとする政策展開に結果した。これに併行して政府の各部門の事業を広域レベルで調整・総括する方向への改革が進められている。

　こうした変化の背景にあるのは、本書が言う多極型開放システムすなわち、国民経済の一体性が弛緩して各地域経済が直接に世界経済との結びつきを強めるシステムへの転換が進んでいることである。これにともないコミューンの政策運営においても、福祉・教育サービスの供給と並んで、産業と雇用に関わる政策が重要性を高めている。コミューンに求められているのは、取引関係を世界に広げる企業の経営戦略を前提に、地域への再投資を促して地域経済の基盤

を強化する役割である。他方で公共サービスの主体としてのコミューンには、公共サービスを急速に拡充した1970年前後の時期とは異なり、財政的な制約を前提した選択的なサービス実施と質的な充実が求められている。同時に、市民がサービスの受益者にとどまらず、地域社会の主体として現れつつあることは現代の特徴であり、コミューンをはじめとした地方政府の政策が、市民セクターとの相互関係を通じて展開されていることが重要な点である。今後のスウェーデン地方政府に必要と思われるものは、一方でのコミューンを基礎単位として、リージョンから中央政府およびEUに至る政府部門の政策と相互関係、他方での市民社会に根ざした市民組織による活動との、相互の協力と調整にもとづく統治システムである。

　本書の主要な問題視点と全体の構成は、以下のとおりである。

　第1に、本書の現状分析の出発点は、地域経済のグローバル化に注目することである。地域経済が国レベルの政策運営でも重要性を高めていることの背景は、経済グローバル化とポスト工業社会への移行という2つの側面から捉えることができる。20世紀資本主義経済における国民経済では、首都に本社を置く大企業の工場や支店が各地域に配置されることを通じて、地域経済は末端的な生産現場機能に特化しがちであった。これに対して現代の経済グローバル化は、国民経済の一体性を弛緩させてグローバルビジネスによる地域経済の直接的な支配を強めている。他方で、ハイテク化・サービス化を基礎とするポスト工業社会への移行は地域分散型経済への移行を特徴とし、地域経済の自律性を高める。これらは相俟って、地域経済を、国レベルの経済からは相対的に独立した独自の対象として検討することを必要とさせる（中村 2004）。歴史的に外国との強いつながりを持って発展したスウェーデン各都市の経済戦略が、後に見るようにグローバルな経済連鎖の中での優位を占めることをめぐって進められている現状は、地域経済が全国経済の一区画としての側面とともに、全国経済と並んでグローバル経済に対峙する状態への変化として、捉えることができる。

　第2に、政治的・経済的な多極化である。本書では、サブナショナルなレベルの政府としてのリージョンに注目が集まる背景を、一国レベルの経済的・政

治的システムの、多極型への転換過程として捉える。ヨーロッパ各国の各地方政府は、EU規模の経済活動とのつながりを強め、またヨーロッパ規模の経済活動の中で拠点としての位置を築こうとしている。また各国の中央政府はこれをインフラの整備などを通じて支援することに重点を置いている。広域エリアが開発戦略の点から注目される背景が、経済活動が展開される"機能的な地域空間"の拡大とその戦略的な重要性にあるとする指摘は興味深い。経済のグローバル化が企業の立地選択をめぐる競争を激化させた中で、企業の投資決定に影響を与える最も重要な要素は今や、周辺地域のインフラや研究施設へのアクセスの良さ等に懸かっており、"機能的な地域空間"としての広域エリアを一体的に開発することが開発戦略の焦点となっている (Benz 2000)。本書では、スウェーデンで1990年代以来進められた、広域レベルの地方政府に対する一定の権限付与などの経過を、機能的な経済空間が拡大するとともに経済政策の焦点になりつつある状況に対応した、中央政府の戦略的な対応として捉える。同時にこれにともなって、広域レベルでの政治・経済の再編成が進みつつあることに注目する。これらは全体として、地域経済・政治がグローバルなそれとの直接の結びつきを強める中で、各地域が経済的・政治的に相対的な自立性を強めるシステム、すなわち多極型開放システムへの転換過程として捉えることができる。

　第3に、多段階統治システムへの転換である。統治システムの変化についての議論が、超国家としてのEUの発足と各国地方政府による国境横断的な活動、そして私的セクターとのパートナーシップ型政策の広がりという現状を背景に、多段階統治をキーワードとして展開されてきた。その実態的な把握に関わるひとつの論点は、主権国家の権限が超国家としてのEUとサブナショナルな政府とに委譲される現状を、各レベルの政府間の緊張関係として捉えるものである。背景にあるのは、グローバル化が国家の規模 (scale) を時代遅れのものにしたことにある。ただし、他のいかなる経済・政治組織も国家に代わる権威を勝ち取るには至っておらず、各々の政治的・経済的な空間は、新たな中心点になろうとして競い合っている (Jesopp 2003)。他方で注目される論点は、現在の統治構造を主権国家から多段階統治への移行として、すなわち主権国家・

中央政府を基底に置きながらも、EUとリージョンそして私的セクターとの相互関係の全体を通じて捉えるものである。ここでの特徴は、中央政府から各レベル政府への権限の移行が進んでいるだけでなく、EUとリージョンそして私的セクターの相互間での連携が進んでいることである (Piattoni 2010)。本書ではこうした論点を念頭に置いたうえで、多段階統治システムを、各レベルの政府間の協力と調整を通じた、ネットワーク型の統治システムという側面から捉える。スウェーデンで注目されるのは、本書第1章および第3章で詳しく見るように、新たに設置されたリージョンがこうした政府間ネットワークの要としての位置にあることである。

第4に、地方政府の戦略的な政策スタイルである。地域経済の重要性が高まる中で、地方政府とりわけコミューンに求められるのは、経済・産業政策と社会・環境政策などとの両者を統合的に展開することであり、そのために地域で歴史的に形成された固有の特徴を基盤とした、自律的な地域経済の基盤を整えることである。さらにセグリゲーションをはじめとした都市問題への対応を含め、教育・福祉政策などを通じて全般的な地域環境を高めることが求められている。同時に必要なのは、市民セクターと政府部門とのパートナーシップの発展を通じて、市民社会における正義や公共性などの社会的価値観の生成をはじめとした、市民の統治能力の向上を保障することである。本書ではこうした視点から、地方政府の政策と市民活動の現状を検証する。

本書では、リージョンを含むスウェーデン地方政府システムの改革を、福祉国家システムの再編成という視点から考察する。従来のスウェーデン福祉国家政策の基本が、国民の生活水準・福祉の向上と経済競争力との統合的な発展に向けた、全国規模での経済と政治のコントロールであったとするならば、経済の焦点が地域レベルに移行した段階での考察の出発点は、経済発展と国民の福祉向上とのリンクは、どのような単位でまたどんな形で再構想するべきか、という点である。その意味でスウェーデンのシステム改革と地方政府の現状を検討するうえで、本書が念頭に置くのは、多段階統治システムを通じて展開される福祉国家システムの再編成、すなわち中央政府による国民の普遍的な権利や資源再配分を前提しつつも、地方政府が経済と社会の運営に基礎的な責任を果

たすシステムへの、転換を展望するという視点である。各レベルの政府とりわけ地方政府に求められるのは、地域経済の基盤整備を進めるとともに経済活動にともなって生じた利益を地域内に再投資して地域の優位を高め、これを通じて雇用の確保や福祉の向上に結びつける政策を追求することである。以下、各章の構成は次のとおりである。

第1章　スウェーデン福祉国家と地方政府改革

スウェーデンではEU加盟とも相俟って、広域エリアの開発を重視する政策方向が強まる中で、リージョンや地域発展プログラムの制度化が実施されてきた。こうした転換は、一方では1980年代以来進められてきた内発型発展をめざす地域政策との連続性を持つとともに、他方では、多極型の国土構造への変化に対応した、多段階統治システムへの転換としての意味を持つといえる。本章では、リージョンの制度化とその背景をめぐる経過を切り口に、スウェーデンがネットワーク型の多段階統治システムに進んでいる現状と背景を明らかにする。

第2章　地域産業のグローバル化と産業政策

経済グローバル化にともない、各地域では企業が経営活動を世界に広げる中で、企業間ネットワークの再編成が進んでおり、地域の産業構造が大きく変化しつつある。この章では、地域の経済・社会的な特徴と条件を基盤とした内発的な発展を支える政策的な課題を検討する。このため、特徴的な産業構造を持つ3つのコミューンの分析を通じて、産業構造の動態と地域産業を支えるシステムの現状および政府部門の戦略を検証する。

第3章　ネットワークとしての広域政府システム

スウェーデンで全国に先駆けてリージョンが設置されたウェストラ・イェータランドとスコーネでの、コミューンとコミューン連合そしてリージョンの、各々の役割と相互関係を明らかにする。ここでの特徴は、一方でのリージョンの設立と中央政府の地域政策を背景として、ネットワーク構造を持つ広域地方

政府システムの形成が、地域経済のグローバル化を背景として進んでいることである。とりわけ、リージョンを要とした政府間の水平的・垂直的なネットワークが形成されつつあることに注目して、広域レベルでの政府システムを論じる。

第4章　イェテボリ市の都市政策と都市経営

経済運営の焦点が地域レベルに移行しつつあることを前提した場合、コミューンを基礎単位とした地方政府システムには、内発型の経済発展と福祉の向上との、両者を追求する戦略が求められる。この章では、スウェーデン第2の都市であるイェテボリ市[2]の都市経営スタイルの検討を通じて、コミューンに求められる経済的・社会的開発の戦略と手法を明らかにする。ここで注目するのは、市が所有する企業の経営を通じて地域で得られた利益の地域内への再投資を促進するとともに、財源の地域間再配分を通じて都市問題に対応する分権型の都市経営政策である。

第5章　地方政府と市民社会

コミューンを基礎とするシステムへの転換を考察するうえでのひとつの焦点は、地域レベルからの政治主体の形成である。本章ではこうした視点から、市民セクターと地方政府の相互の統治能力の発展を論じる。このために、イェテボリ市での地区議会改革の経過、市による事業評価システムの現状、および市と市民セクターとの協同的関係が発展した経過の検討を通じて、イェテボリの政治・行政システム改革の経過を総括する。これを通じて市民セクターと地方政府の、相互の統治能力の発展を論じる。

1)　本書では、広域自治体としてのリージョンと、地理的な範囲としてのリージョンとの用語上の混乱を避けるために、"リージョン"は広域自治体を、"リージョン政府"は広域自治体の執行機関を、また"広域エリア"は地理的に捉えた広域を、さらに"広域レベル"をコミューンと中央政府との中間段階に位置する政治単位として、各々用いる。
2)　スウェーデンの地方政府は、後述するように基礎自治体（地方政府）としてのコミューンと、広域自治体（地方政府）としてのランスティング、およびランスティングと同格

であるが中央政府から一定の権限を委譲された同じく広域自治体としてのリージョンという2層構造になっている。イェテボリも制度的にはコミューンであるが、これまでの経過からStad（市）と称している。このため本書でも、イェテボリ市の名称を用いる。ただし、制度としてのコミューンを論じる場合には、イェテボリ市を含めた意味で、「コミューン」の呼称を用いる。また、以下の本文中で、地方政府の語は、コミューンとランスティング、およびリージョンを含む意味で用いる。

目　次

はじめに

第 1 章　スウェーデン福祉国家と地方政府改革 ──── 1
　第 1 節　スウェーデン福祉国家と地方政府 ……………… 2
　第 2 節　経済グローバル化とリージョン ………………… 6
　第 3 節　社会資本政策の特徴と政府間関係 ……………… 14
　第 4 節　多極型開放システムの形成とネットワーク型多段階統治 ……………… 17

第 2 章　地域産業のグローバル化と産業政策 ──── 23
　第 1 節　経済グローバル化と地域経済政策 ……………… 23
　第 2 節　ボロースにおけるテキスタイル産業の発展 …… 26
　第 3 節　ティブロの家具産業とコミューンの戦略 ……… 39
　第 4 節　工場都市の構造変化 ……………………………… 45
　第 5 節　地域産業の変動と産業政策 ……………………… 55

第 3 章　ネットワークとしての広域政府システム ──── 59
　第 1 節　広域化のメカニズムと広域政府システム ……… 59
　第 2 節　ウェストラ・イェータランドでの広域政府システム …… 62
　第 3 節　スコーネの広域政府システム …………………… 91
　第 4 節　多極型開放システムと広域政府システム ……… 105

第 4 章　イェテボリ市の都市政策と都市経営 ──── 113
　はじめに　地域開発の論点 ………………………………… 113
　第 1 節　イェテボリ都市政策の全体像 …………………… 115
　第 2 節　イェテボリの地域経済と産業政策 ……………… 120
　第 3 節　カンパニー経営と産業基盤形成 ………………… 131
　第 4 節　イェテボリの地域構造と人口動態 ……………… 138
　第 5 節　セグリゲーションと住宅カンパニーの経営 …… 141
　第 6 節　地区議会と地域間財政再配分 …………………… 147

第 7 節　総　　括 ……………………………………………………… 153

第 5 章　地方政府と市民社会　　　　　　　　　　　　　　157
　　はじめに　公共セクター改革の論点 …………………………………… 157
　　第 1 節　イェテボリ市の政治・行政システム改革の展開 …………… 160
　　第 2 節　イェテボリ市と市民社会および市民セクター ……………… 172
　　第 3 節　地区議会の統合と背景 ………………………………………… 181
　　第 4 節　イェテボリ型システムの評価 ………………………………… 188

おわりに
あとがき
参考文献
索　　引

第1章　スウェーデン福祉国家と地方政府改革

　本章の目的は、スウェーデンで進行中の、経済グローバル化に対応した政府システムの再編成過程を、スウェーデンで歴史的に追求されてきた福祉国家政策の特徴をふまえて分析・検証することにある。主要な論点は、次のとおりである。

　第1に、スウェーデンの福祉国家戦略と地方政府の位置である。従来のスウェーデンでは、大企業の競争力を高めて完全雇用をめざす国レベルの政策と、主に福祉と教育サービスを担う地方政府とが、補い合う形で政策を展開してきた。こうした分担関係は、地域経済政策が重要性を高める中で再編成を迫られている。

　第2に、経済政策の焦点が地域経済に移る中での、中央政府による政府システムの再編成である。焦点となったのは、地域経済の競争力の強化に向けて、広域レベルで中央政府と地方政府の政策の総合化を図ることであり、新たに発足したリージョンは、その担い手としての役割を負うこととされた。

　第3に、全体としてスウェーデンの政治・経済構造が多極化するとともにパートナーシップ型の多段階統治に向けて変化しつつあることである。ここで多極化とは、各地域経済がグローバルな経済活動やEUとの直接的な結びつきを強めることを意味する。それは他方では、コミューンとリージョン政府から中央政府およびEUに至る多段階の政府システムによる、私的セクターとのパートナーシップを通じたガバナンスの背景となっている。地方政府とりわけコミューンには、福祉・教育から環境そして産業・経済に至る総合的な政策展開が求められている。

第1節　スウェーデン福祉国家と地方政府

1　戦後福祉国家の形成過程と地方政府

　以下では、スウェーデンでの福祉国家建設の経過における地方政府の位置づけを検討する。歴史的にハンザ同盟諸都市への、鉄鉱石や木材などの資源供給地としての性格が強かったスウェーデンの経済の特徴は、近代以前からの産業形成が、バルト海沿岸やイギリスをはじめとした西ヨーロッパ地域との経済的な連携を強める中で発展したことであり、海外市場への輸出に大きく依存した生産拡大を通じて経済成長を遂げてきた。こうした経済構造は、現代に引き継がれた。1930年代以来の福祉国家建設を主導した社会民主党政府は、大企業の輸出競争力の強化と投資の拡大を通じて、雇用を確保し生活水準を向上させる戦略をとってきた。その基盤となったのは、政治的には社会民主党政権下での政・労・使のコーポラティズムを基盤とする政治システムであるとともに、経済的には産業構造の高度化を通じて競争力の強化をめざす政策であり、それは普遍的な福祉・教育政策とも統合的に捉えられていた。人口規模の小さいスウェーデンに多くの大企業が存在する理由について、大企業の発展が政府の産業政策を通じて促進されるとともに、スウェーデンの生産活動のきわめて大きな部分が、わずかな金融グループによってコントロールされていたとの指摘は、こうした経済戦略を反映している。吸収合併の形での産業の構造改革が促進され、政府が国内市場の独占に対する制約を試みることはなかった（Alvstam 1993）。この戦略では、経済の拡大が国民の福祉向上の前提条件と考えられたことは明らかである。同時に、教育や衛生や住宅水準の向上などの政策の拡大は、予防的社会政策としての合理性を持つとともに、生産の拡大を担う人的資源への投資として積極的な位置づけを持った。

　他方で、封建制度の歴史を持たず、中世の時期にはすでに、自営農民の共同体からの代表者を含む身分制議会が設けられていたスウェーデンでは、19世紀初めの政変を通じて統治システムの一定度の近代化を果たした後に、階級／身分間の妥協と調整を通じて産業革命の開始にともなう社会の激変に対応し

た。この後に、近代的な地方政府制度を確立した1862年の改革において、地方自治の理念をリードした当時の自由主義の思想が、農村共同体による自治の延長ではなくて、フランスのコミューンをはじめヨーロッパの市民自治に学んだ、外来型のものであったとする指摘は興味深い（Andren 2007）。一方、自由主義革命の歴史を持たず、ブルジョアジーが主導する自治都市や市民意識の伝統が比較的希薄であったスウェーデンで、急速な都市化に対応する都市政策への対応が、1930年代からの長期政権を維持した社会民主党政府によって行われたことは、地方自治を、民主主義を支える重要な要素として重視する捉え方に、必ずしも結びつかなかった（Strandberg 2006）。スウェーデンでの地方政府の政治的位置づけは、以上の経過を念頭に置いて捉える必要がある。第2次大戦後の、地方政府の組織と活動に変化を齎した主要なファクターは次のとおりである。

　第1に、第2次大戦後の経済成長を通じた、地域構造の変動である。経済成長にともなって進んだ地域構造と地域社会の変化は、地方政府と市民社会との相互関係を考えるうえでの出発点といえる。戦後における南部大都市への人口集中と北部地域の人口減少は、コミューン合併や地域開発政策の背景となった。戦後の産業拡大によって齎された労働者・都市人口の急増は、自動車の普及とも相俟って、都市とその周辺部での住宅立地をはじめとした地域構造の激変をもたらし、都市人口の増大は、公共サービスの提供への要求が広がる背景ともなった。

　第2に、経済成長と雇用労働者の増加、および並行した都市型の生活の広がりは、"生活の社会化"に対応した公共サービスの拡大を求める市民の運動をもたらした。同時に都市地域における経済拡大は、地方政府の課税基盤を保障することを通じて、個々人の自律を支える政策展開を可能にした。戦後の福祉国家建設の中での画期となったのは、1960年代後半から1970年代初めの"公共セクターの革命"と称された、保育所や高齢者ケアや教育などの公共サービスの拡大である。これらのサービスを担ったコミューンとランスティングの支出額はこの時期に、GNPの9％程度から20％を占めるに至った。こうした展開が、言わば"下から"の市民の要求を反映して、地方議会の決定による地方税

率の引き上げを通じて実現されていったことは重要であり、福祉国家はまさに"地方福祉国家"としての特徴を持つに至ったのである。"サービス民主主義"の造語は、こうしたサービス拡大を背景としたものであった。それには生活水準の向上を実現する地方政府の役割という意味での、積極的な響きが込められており、地方政府の政策とその基本的な役割の変化を象徴した (Nilsson 1996)。

　第3に、こうした福祉サービスの拡大が大規模なコミューン合併と併行して進められたことである。1950年代の初めには2500に上ったコミューンは、1950年代と1970年代当初に実施された小コミューンの合併によって、1970年代の前半には280に統合された。社会民主党政府によるコミューン合併政策の中心的な目標が、サービス提供の効率化を進めることにあったという指摘は興味深い。社会民主党によれば社会サービスと社会的権利は全国で同一水準に保障されることが決定的に重要であり、コミューンは中央政府を要とする統合的な公共行政システムの、一体的な装置として計画されねばならなかった。同時に、コミューンを通じた公共サービスの提供を拡大するためには、合併を通じた大規模化が不可欠とされた (Strandberg 1998)。

　第4に、社会民主党による福祉国家建設の中での地方政府の位置である。政府部門の役割として、イデオロギー論争よりも市民の具体的な生活改善を実現することが重視される中で、コミューンには、国民に身近で基礎的なサービス供給の、総合的な担い手としての側面が重視された。他方で各コミューンは、合併に併行して職員数を増加させるとともに、近代的な行政システムを備えた地方政府としての実質を備えていった。

2　スウェーデン福祉国家と地方政府

　スウェーデン中央政府の政策スタンスの特徴づけとしては、政府支出を通じた需要安定化政策を中心とするという意味での"ケインズ主義"的な政策展開よりも、輸出主導型政策が中心を成してきたといえる。その意味は、政策の基本が輸出指向型の政策にあったこと、そして輸出市場の拡大に向けた競争力の向上と、普遍的な福祉・教育政策とが統合的に捉えられていたことである。教育や福祉サービスなどを通じた人的資本の充実を重視する福祉国家の発展が、

地方政府レベルでの政策を基盤としていたこと、とりわけ1960年代後半からの福祉サービスの急速な拡大が、地域政治と市民運動を背景にしていたことは、スウェーデンの重要な特徴である。

　ここで注目されるのは、中央政府の政策との相互関係を通じてもたらされた、福祉国家形成の中での地方政府の位置である。公共サービスの拡大が地方政府によって、地方所得税率の頻繁な引き上げを通じて実施されたことは、1960年代末の地方政治の政治状況を反映する。福祉サービスの一環である対人ケアサービスは、経済成長にともなう女性労働力の増加を支えることを通じて、経済成長とも親和的だったといえる。それは地方レベルでの市民運動を背景にするとともに、コミューン合併をはじめとする中央政府レベルの政策とも連動する形で制度化された。同時にそれが、社会民主党政府が強行したコミューン合併や福祉サービスの全国的な制度化とも連動して進んだことは、中央政府と地方政府そして大衆運動と政党との相互関係を検討するうえで示唆的である。

　総じて言えば、戦後の経済成長を背景とした地域社会の構造変化は、一方では市民運動の広がりを招くことを通じて、公共サービスの供給主体としての地方政府の役割の拡大に帰結した。他方で、"生活の社会化"に対応した公共サービスの拡大は、経済成長とも親和的である中で、社会民主党政府の戦略に組み込まれるとともに、サービス供給の担い手としてのコミューン合併とも影響しあう形で実現した。これらは経済拡大とも相俟って福祉国家の実現を可能にした。

　全国的な福祉・生活水準の向上と経済競争力の強化をめざす中央政府の政策と、市民の要求・運動に感応的な地方政府との、相互関係を通じて現実の政策が展開したことに注目するならば、戦後に形成されたスウェーデン福祉国家の特徴を、「輸出主導型経済」と「地方福祉国家」という2つの側面から捉えたうえで、その変化を分析することが有効であろう。それは、経済グローバル化を背景に分権改革が重要な政治的焦点になる中で、今後の福祉国家政策を地域経済・政治との関係で検討するうえで示唆的である。

第2節　経済グローバル化とリージョン

　スウェーデンではとりわけ1990年代から、中央と地方の政府間関係の再編と、これに併行した広域およびコミューンレベルでの経済的・政治的な変化が進んでいる。その背景は次のような要因である。

　第1に、従来の大企業の輸出競争力の強化と投資の拡大を通じて雇用を確保する戦略が、機能しなくなったことである。グローバルな戦略にもとづいて行動する企業による投資の拡大は、国内の投資や雇用の増加と直接的に結びつくものではなくなった。他方で、戦後の経済成長の中で中心的な役割を果たした為替操作や投資優遇政策などの政策は、EUへの加盟や金融のグローバル化等を背景にして、その有効性を喪失した (Ryner 2002)。

　第2に、経済政策の焦点が、地域のレベルに移行したことである。雇用を維持するために内外の資本を呼び込むことが必要となる中で、地域の投資環境を高めることが経済戦略の基本に置かれた。広域エリアでの、公私のパートナーシップと資源動員体制の構築が、地域戦略の重要な要因となり、地域レベルでの経済界と地方政府をはじめとしたイニシアが重要性を増すこととなった。

　第3に、EUとの関係である。EU構造補助金の獲得にともなって広域レベルでの統治単位や公私のパートナーシップの確立が必要とされたこと、また各地域がEU諸都市へのアクセスを改善するための交通インフラの整備を求めたことは、全国レベルの計画に併行して、地域レベルの開発計画と政策主体の必要性を高めた。

　以下では、これらを背景とした政治改革の経過を検討する。

1　スウェーデンの地域開発政策と広域政府システム
(1)　地域開発政策の転換

　スウェーデンの戦後経済発展の経過を地方のレベルから見るためには、主要企業の多くが、早い段階から海外での子会社設立などの海外展開に軸足を置いた結果、各地域が相対的に自律的な経済構造を持っていること等の、地域経済

の特徴に注目する必要がある。少なくとも本社と支店間のヒエラルヒーが地域間関係に投影される構造にはなっていなかった。他方で地域経済と国外市場との関係では、1970年代以降には輸入の自由化を通じて産業の淘汰と構造変化が進んでおり、これに対応して地域産業の海外との関係強化が進んでいた。EU市場統合を間近にした1990年代初めの経済危機に直面して、各コミューンは、EU補助金獲得とともに海外都市との連携強化や外資の誘致等の産業政策を加速させた。これにともない地域産業では、主要企業のグローバル企業への転換と外資系企業の増加などの構造的な変化が進行した。

　他方で中央政府による地域開発政策は、第2次大戦後の経済成長に翳りの見えた1970年代以降、各地域の条件に見合った形での経済成長の条件を整備する方向に進んできたと言うことができる。とりわけ1980年代以降には、地域レベルでの技術革新と競争力の強化をめざす政策がとられてきた。その特徴は、経済停滞地域への援助を目標とした地域政策から、スウェーデン全体の競争力を高める戦略的な手段としての地域政策への転換である。地域開発政策の経過は次のとおりである（穴見 2010）。

　第1に、第2次大戦後から1970年代初めに至る時期である。戦後の復興過程では、北部地域から南部大都市への人口移動は、競争優位を持つ地域への集中という経済合理性の点から是認されていたが、その後に人口希薄な地域での企業進出に対する補助が行われた。この政策はさらに、各地域の経済的・社会的・文化的な平等の促進をめざす形で、それまでの個別の企業立地を援助する政策から、地域の経済基盤の全般的な底上げをめざす政策へと拡大された[1]。

　第2に、地方の経済開発条件への注目が集まるとともに、地方への大学設置などが1980年代に進んだことである。地域政策の実施には、労働市場や教育や交通通信などの多くの分野の協同が不可欠であるとした政府の地域政策提案[2]は、その実施を地域的に分権化／分散化すべきことを指摘した。これは、教育・研究機関などが地域経済発展に持つ重要性を指摘した地域政策調査会答申[3]を受けたものである。地域産業基盤形成の柱としての研究・教育機関の充実はその後も促進され、学界と産業そして政府の相互協力の発展による地域開発（Triple Helix）の重要性が強調されてきた（Westlund 2004）。

第3に、1990年代に、経済の停滞とEUへの加盟、そして地域を重視する経済戦略への転換という3つの面で変化が進んだことである。[4] 1990年代初頭からの経済停滞は、政府支出の抑制を不可避にするとともに、すべての地域がスウェーデンの経済発展に貢献するべきという考え方が広がる結果となった。EUへの加盟にともないEU構造補助金への期待が高まるとともに、同補助金が中央政府の支出を条件とする共同出資の原則をとったことは、スウェーデン政府の地域政策を間接的に制約するとともに、地域開発政策の対象を困難地域にとどめずに全国に広げることに帰結した。

　以上を背景として1990年代後半から進められた、リージョンの設置を含めた地方政府改革は、一方では地域経済の内発型発展をめざす政策展開の延長上で捉えることができるとともに、他方では地域の持つ優位を高めることが国レベルの政策の焦点となったことを反映している。

(2)　スウェーデンの広域政府システム

　地域が経済政策の焦点となる中で、地方統治システムの再検討が求められるに至った。スウェーデンの地方統治システムは、福祉や教育を主に担う基礎的政府としての290のコミューンと、広域政府である20のランスティングと2010年に制度化されたリージョンという2層構造の自治体、そして中央政府の行政単位としてのレーンとが地域に並置されている。レーンの地理的範囲は、地方政府であるランスティングと同一のエリアに設定されており、地域経済開発の分野ではレーンに置かれた中央政府任命の知事に権限が集中していた。その特徴は次のとおりである。

　第1に、広域レベルの地方政府であるランスティングが、事実上は保健医療と域内交通を中心としたサービスの供給機関としての位置にとどまり、インフラ整備などの権限は中央政府機関に集中したことである。端的に言えば、広域レベルでの一般政府権限を持つ地方政府が事実上存在しなかったこと。中世の軍管区に起源を持ち1862年の制度改革で地方政府として位置づけられたランスティングの立場の曖昧さは、1907年の制度改革まではコミューン議会の指名した選挙人によって、ランスティング議会の議員が選ばれていたことや、1924年まではランスティング議会の決定を有効とするにはレーンの同意を必

要としたことにも表れている。ランスティングは、強力な中央政府とコミューン自治の伝統の狭間に立たされていた。

　第2に、広域のレベルにはレーンの他にも各中央行政庁の地方機関が存在しており、一元的な統括が困難なことである。数百にも上る中央政府機関が国会と政府に対して責任を持つ一方で、各省大臣の権限からは相対的に独立した位置にあり、それぞれがレーンの地理的範囲にこだわらずに独自に定めた地理的な範囲を政策実施のエリアとしているという、いわば中央政府機関の乱立は、統一的な地域政策の実施を困難にしていた。

　第3に、中央政府の機関であるレーンの責任者は中央政府が任命した知事であるが、こうした中央主導のシステムに対しては地方からの反発が強かったことである。1970年代の改革で、レーン理事会の理事をランスティング議会が任命することとされた後にも、レーンは地方政府としての民主的正統性を獲得することができなかった（Brulot 2003）。

2　広域政府システムの転換
(1)　システム転換の背景と経過

　1990年代当初の経済危機と、リージョンの設置を推進するEUへの加盟を重要な契機として、地域レベルの統治システムの見直しが開始され、リージョンの制度実験や後述する協同組織の制度化が実施された。こうした改革を本書では、地域に重点を置くシステムへの移行に向かう過程として、次の3つの側面から捉える。第1に、広域レベルでの政治主体の設立が模索されたことであり、リージョンの設立に結果した。第2に、中央各省の機関による部門別の計画および政策執行を、広域エリアでの総合的な政策とするために、システムの再編成が模索されたことである。第3に、中央政府の諸機関を、広域エリアを単位として再編成するための検討が、開始されたことである[5]。以下に順次検討する。

　1）　リージョンの設置　　スウェーデンでのリージョンの設置は、EUの構造補助金の対象となるうえで、広域レベルでの政府単位が必要とされたこととともに、広域での戦略的な政策の推進のためには、独自の政府単位を必要とした

ことを反映している。同時に、従来のランスティングの地理的エリアは、インフラ整備の単位としても、またそれが主に担当する医療の圏域としても狭すぎることから、合併を通じた広域化が検討された。[6] その経過は次のとおりである。

　EU加盟が現実性を帯びる中で、1992年に設置された「リージョン審議会（起草委員会）」の最終答申『リージョンの未来』は、広域政府としてのリージョンを設立して、地域開発と総合計画に関する権限を与えるよう求めた。答申は、グローバル化にともなって「産業と公共部門の活動との実務的な協同が行われる領域は、国民国家レベルからリージョンおよび基礎的自治体レベルに移行した」としている。[7] この答申を受けた形で、1997年から1998年にかけて4つの地域で、リージョンを設けてレーン庁の権限を委譲する実験事業が開始された。これに対してコミューンからは当初、「上位団体」になりかねないリージョンの設置に対する反対が強かったが、"諸コミューンのリージョン"のスローガンを通じて積極的な姿勢に転換していった経過は、その後のコミューンとリージョンとの相互関係を示すものとして興味深い（Johansson 2011）。

　リージョンの制度実験を経て、広域のレベルでは次の2通りの制度が新たに実現した。第1に、直接選挙で選ばれた議会を持つリージョンであり、3地域で制度化されている。第2に、従来のランスティングの地理的エリアに属するすべてのコミューンおよび必要によりランスティングが協同で設立する「協同組織」であり、13地域で設置されているリージョンおよび協同組織（以下では「リージョン等」と記す）には、域内の交通インフラ計画の作成など一定範囲の権限が委譲され、さらに2010年以降はランスティングにとどまっている地方の発意によるリージョンの発足が認められた。[8] リージョンを設置して中央政府の権限を委譲する改革は、新たな段階に入ったと言うことができる。

　2）　リージョンレベルを単位とした総合行政への転換　　リージョンを単位とした総合行政への転換は、3つのレベルで進められた。第1に、全国的な立場からの、リージョン開発政策の計画化である。リージョン開発政策の重要性を提起した政府提案は、[9] リージョンの発展に関わる産業や教育などの各部門の政策を総合化することを通じてリージョンの開発戦略を作成することを指示し、「リージョン競争戦略2006年」[10] に具体化された。第2に、中央と地方政府の事

業やEUの補助事業を、広域エリアで一体的に進めることを目的とした、リージョン開発プログラム（RTP）[11]の制度化である。RTPの作成主体は、リージョン等とされた。RTPは広域エリアでの総合的な開発計画とされ、EU補助金事業と全国レベルおよびリージョンの計画を、各リージョンのレベルで結合する役割を持った。第3に、広域エリアの長期計画としてのリージョン発展プログラム（RUP）[12]の制度化である。リージョン等が作成するRUPは、RTPを含む各分野の計画を包括した全体構想であり、各エリアの独自の条件や中央の発展戦略をふまえた長期的な戦略目標を、私的セクターとのパートナーシップを通じて明確にするとされている。広域レベルでの政策統合を強めることがRUPの目的といえる。

　以上の全体を通じて、EU補助金をはじめ中央政府機関と地方政府の事業を、広域エリアを単位に一定の戦略にもとづいて総合化するためのシステム整備が進められた。

　3）　中央政府機関の統合と開発戦略　　広域エリアでの政策の総合化が課題となるにともない、中央政府の諸機関による活動を広域レベルでの統合を通じて再編成することが重要な検討課題となった。「公共セクターの責任に関する委員会」は2007年に、従来の20ランスティングを6から9に統合したリージョンを設置するとともに、これにあわせて中央政府機関をリージョン単位で再編成することを提言した[13]。さらに政府は、リージョンの制度化にあわせて2009年に、広域レベルの中央行政の点検と必要な提案を行うための審査会を設置した[14]。

　リージョンの設置にとどまらず、広域エリアを単位とした中央政府機関の再編成が、どのような意図と背景の下で進められているかは、変化のメカニズムを捉えるうえで重要である。この点で興味深いのは、2006年に政権に就いた穏健党を首班とする連合政権の、次のような政策方向である。第1に、スウェーデンの今後の経済成長について、2009年の政府書簡は[15]、OECDがまとめた報告書（OECD 2010）が、スウェーデンのリージョン政策が"平等化政策から成長政策へ"のパラダイム転換を成し遂げたと評価していることを指摘したうえで、リージョンを中心においた政策の展開を強調している。リージョ

の経済的競争力を強化するうえで重要なのは、交通インフラ政策、教育・研究、雇用政策の総合的な展開であるとともに、政府各機関が、パートナーシップの原則にもとづいて作られたRUPを軸として協調することである。第2に、政府機関の運営スタイルの改革である。2011年の政府の指示書[16]は、政府機関が、各省の哲学（フィロソフィー）から脱却して、効果と効率を追求する運営スタイルに転換するべきことを強調している。第3に、他方で進められた交通インフラ関係機関の統合を通じた改革である。船舶輸送・鉄道・道路を各々担当していた諸機関が、レーン庁が持っていた権限の一部とあわせて統合されるとともに、その事業運営が政府の所有する会社に移行された。

　政府関係者の説明によれば、これらの方針は決してバラバラのものではない[17]。リージョンを焦点として総合的な政策を展開するうえでの問題は、政府諸機関の間で相互に政策を調整するシステムが整っていないことにある。ここで重要なのがレーンに置かれた知事の役割で、これまで各省の政策・計画を広域レベルで調整する役割を担ってきた。言い換えれば知事の権限は、中央レベルでの調整能力の欠如を背景としてきた。ただ、知事は政府任命の行政職のため、穏健党を首班とする現在の政府はこれを重視する方針を持っていない。他方で、政府指示書が指摘する"各機関のフィロソフィー"とは、各機関のセクショナリズムを意味しており、これが総合的な運営を困難にしている。交通インフラに関係する機関を統合したのは総合的な運営を実現するためであり、その下部機関は、各広域エリアでRUPの実現に向けて協力することになる。ここでのポイントは、RUPが私的セクターとのパートナーシップの原則の下で作られていることであり、この意味でRUPは、政府機関の改革にとっても重要な位置にある。

　以上を要約すれば、現在の政府の方針からすれば、一方では、政府各機関の権限を集中化したうえで市場メカニズムを通じた改革を進めること、他方では、パートナーシップの原則の下で作られたRUPを要として政府部門の各政策を調整・総合化することは、互いに条件づけあうといえる。ここにリージョンが主体となって作成するRUPが、政府機関の改革という点からも求心力を持つことの根拠があるようである。

(2) 広域統治システムの再編成

　以上の経過は全体として、スウェーデンの政治・経済システムが、広域統治システムを軸とした再編成を進めつつあることを示唆する。その背景にあるのは、一方では地域レベルの条件を活用した経済発展が、国レベルの発展の不可欠な条件となったこととともに、他方ではヨーロッパ規模の経済活動の一環に加わろうとする各都市の戦略である。その意味で、1990年代からの地方統治システムの転換は、単に地域開発政策の転換としてではなく、スウェーデン経済のグローバル化にともなう全体的なシステム転換として捉えることが必要といえる。同時にこうした転換が、EUの政策とスウェーデン政府および地方政府の三者の相互関係を通じて進んでいることは念頭に置く必要がある。

　第1に、地方のレベルに焦点を当てたスウェーデンのリージョン政策自体が、EUの政策と連動する形で進んでいることである。EUとの関係を端的に示すのは、2006年に決定されたリージョン競争戦略が[18]、EU議会の決定にもとづいて加盟国から提出された戦略方針としての性格を持つことである[19]。その内容が分権化とパートナーシップの促進などの、EUの構造補助金政策の基本原則に則して作成されたことは明らかである[20]。

　第2に、国土構造の再編成に重要な役割を果たす交通インフラ計画の作成プロセスである。スウェーデンの交通インフラ計画の決定手続きでは、最初の基本方針と財政枠組みが各リージョンと政府機関との調整を通じて起草されて国会で決定され、さらにこれを基礎とした広域エリアの交通インフラ計画が、リージョン等によって起草される。このプロセスで念頭に置くべきは、主要な交通インフラの計画に関わる基本的な枠組みが、ESDPやTEN-T[21]をはじめとしたEUレベルの政策と計画を念頭に置いて作成されることである。地方のレベルでも、EU規模の都市間ネットワークの一環としての位置を占めるために、TEN-TをはじめとしたEU規模の交通インフラとの連結を強める政策が、戦略的な重要性を増している。

　第3に、リージョン段階に一定の権限が委譲されたことが、中央政府と地方政府との関係の変化だけでなく、リージョン内での政治的再編成を招いていることである。その要因のひとつは、各地域の地方政府と経済アクターが、EU

をはじめ国境を越えた制度的・経済的アクターとの直接的な連携を深める方向に向かっていることである。第3章で見るようにリージョンが先行して設置された2つの地域では、リージョンに付与されたインフラ計画権限を要にして、リージョンレベルでの政治的統合が高まりつつある。

第3節　社会資本政策の特徴と政府間関係

本節では社会資本政策の特徴について、スウェーデン競争戦略でも重点課題とされている交通インフラ政策と研究・開発政策の特徴を検証する。注目されるのは、地域の経済競争力の強化を重視した社会資本整備が、政府組織の再編成や各レベルの政府との調整を通じて展開されていることである。

1　交通インフラ政策

スウェーデンでは交通インフラの計画と実施に関わる多くの権限が、中央政府に集中している。リージョンの設置前には、リージョン域内の主要道路間の連絡道路やターミナルなどの2次的な施設の計画についても、国の統治単位であるレーンに置かれた知事の権限とされていた。この一方で、土地利用計画はコミューンの固有の権限とされてきた。こうした特徴を出発点に、次のような変更が進められた。第1に、鉄道・道路・航空および海上輸送という多様な交通手段の、担当政府機関の合併による総合化を通じた効率化である。人とモノの移動の点から見て最も効率的なシステムとすることが強調された。[22] 第2に、リージョン等が作成する広域エリアの道路等のインフラ計画を、全国交通インフラ計画の一部として位置づけたうえで、中央政府が予算化して実施することである。スウェーデン交通インフラ計画（2010〜2021年）では4820億sek（sekはスウェーデンクローナで、1sekは14〜17円）の総事業費の内、2170億sekが新規投資でこの内330億sekがリージョンインフラ計画の財源として割り当てられている。[23] 第3に、個々のコミューンが土地利用計画の基本として定める包括プランを、リージョン等の作成するRUPとRTPを要に、広域エリアで調整する方向への制度改正である。[24] 土地利用計画の広域的な調整を通じてインフラ計画

の作成を効率化するとともに作成期間も短縮するという意味を持つ。

　こうした制度・組織上の変更を前提に作成された、交通インフラ計画（2010～2021年）の特徴は次のとおりである。第1に、北部から南部を経てコペンハーゲン（デンマーク）に至る主要交通軸の強化であり、EU規模の交通ネットワークへの結合という目的が明確に意識されている。第2に、広域の単位では"リージョンの拡大"すなわち各地域の中心都市へのアクセスの改善による、通勤圏の拡大が強調されている。第3に、大都市圏を重視する戦略である。中・南部の3つの大都市圏域の経済成長は全国の牽引車であるとして、大都市圏域の拡大と域内のインフラ整備が強調されている。

　全体として、大都市地域を中心とした広域エリアを、ヨーロッパ規模の経済活動の一拠点または基本単位として位置づけたうえで、ヨーロッパ主要都市とのコネクションの強化とともに効率的な交通システムを実現することを主要な目的としたものといえる。同時に、インフラの計画と実施には、土地利用の許可権限を持つコミューンとの調整が必要であり、ここではリージョン等が重要な役割を果たしている。

2　研究開発政策と大学

　スウェーデンでは1990年代末以来、産業クラスター[25]もしくはさらに広く、地域的な産業革新のシステム[26]の形成が地域産業政策の目標とされてきた。ここで鍵となるのは、先端技術の開発とその成果の活用であり、大学はこうした政策の要に置かれている。スウェーデンは、公私合計の研究開発投資を2020年までにGDPの4％に高めることを目標としている。2011年度の政府部門による投資はGDPの1.1％で、企業では2009年度で2.5％とされていて、合計ではEUの目標である3％を大きく上回っている。[27]他方でスウェーデンの研究・開発政策の特徴は、その大部分を国立の大学が担っていることである。2012年度の政府予算（総額8138億sek）では、総額290億sekの研究費・補助金の内49％に当たる141億sekが大学に配分されており、これに各政府機関を通じて大学に交付される補助金を加えると、政府の研究・開発費のほとんどは大学に向けられている。

図表 1-1　大学の総収入

(2010年度、単位：msek)

		交付金	手数料	補助金	他	計
全国大学 (317,000)	教　育	22,500	2,300	700	600	26,100
	研　究	14,800	3,300	13,500	100	31,700
	計	37,300	5,500	14,200	200	57,200

注：「研究」には、研究者教育を含む。「手数料」は、委託研究などの手数料収入。「補助金」は、政府機関等による事業目的を特定した補助金。（　）内は、学生数。
出所："Universitet & högskolor" Högskoleverkets årsrapport 2011 より筆者作成。

　スウェーデンの大学は、1980年代以来地方の経済基盤の全般的な整備が強調される中で、各ランスティングのエリアに順次設置され、2012年にはすべてのランスティングを含め合計47校が設置されている。1997年から2007年度の各年度における大学の総収入は、GNPの1.5％から1.7％の水準を保っており、2007年度ではGNPの1.54％（474億sek）でこれに学生への奨学金を加えると、ほぼGNPの2％に上る。こうした中で、地域産業の高度化と優秀な人材の確保および雇用機会の保障をめざす政策は、大学の地方設置等とも一体の問題として展開されてきた。大学と地域産業についての特徴は次のとおりである。第1に大学の、地域産業および地域社会との協力・連携に関わる責任が、強調されたことである。制度的にも1997年の法改正により、教育と研究に続く大学の第3の役割として、地域との協力が明記された[28]。これら3つの役割は一体的に追求するべきものとされ、とりわけ新設大学には、研究施設の充実よりも地域社会への貢献に重点が置かれた。第2に、研究成果の事業化や起業への支援体制である。主要な大学に持株会社が設立されて、起業する研究者への融資や企業からの委託研究の体制整備などが進められた。この点ではあわせて、アカデミックな研究の独立性や、中小企業の技術革新への支援などが強調されている。第3に、大学の運営主体である。大学の理事会は、地方政府代表者や地域産業および学生代表などを含めた構成とされ、中央政府の教育相が理事会の推薦によって任命する学長との、連携の下で運営することとされた[29]。

　図表1-1は、大学の財政収入を見たものである。特徴的なことは、研究および研究者教育に関わる財政収入が、教育を大きく上回っていることであり、その主たる理由は政府機関等による、事業目的を特定した補助金の大きさにあ

る。こうした研究開発体制は全体として、大学を核とした産業クラスターやイノベーションを促進するシステムの形成を、念頭に置いたものである。その特徴として、次の点を指摘できる。第1に、教育・研究の拠点としての大学の運営が、国立大学であっても地方政府などが参加する理事会などを通じて、地域産業・経済の拠点的な役割を持つことである。第2に、研究開発の目的としては、産業競争力の強化を通じた雇用の創出や起業などを含む地域システムの創設に重点が置かれていることである。この点は、地方政府・地域産業などとの協調を不可欠なものにしている。

以上のようにスウェーデンの社会資本整備は、リージョンを単位とした一方での研究・開発体制の整備と、他方でのヨーロッパ各国とのコネクションの強化とを、明瞭に意識して進められているとともに、各レベルの政府間の調整を基礎としたネットワーク型の多段階統治システムを通じて展開されていることが特徴である。

第4節　多極型開放システムの形成とネットワーク型多段階統治

リージョンの制度化に至る経過は、EUへの加盟に端を発した経済戦略の転換と、中央政府と地方政府との相互関係の変化とを代表する位置にある。政府がとった戦略は、地域産業のネットワーク形成やインフラ整備を通じて、地域の投資環境を改善し国内外の投資を誘導して、経済の活性化と雇用の増大を図ることだった。この中で行われたリージョンの制度化は、インフラ計画の立案を含む経済政策の展開にとって、地方政府の体制強化と権限の委譲が不可欠であることを反映したものである。同時に地域産業にとって交通インフラ整備が重要性を増したことや、経済・社会活動の広域化が進んだことは、広域政府システムの形成に向けた地域レベルでの動きを加速させた。スウェーデン経済のグローバル化にともない、政治・経済システムの転換を迫った内外の要因が、広域エリアの内部にも質的な変化をもたらしたと言うことができる。

こうした変化を、統治システムの再編成という視点から捉えるための最初の切り口は、中央と地方の政府間関係が、どのように変化しつつあるかの点であ

ろう。ここでは次の点が指摘できる。

　第1に、中央政府の経済政策の焦点が、経済グローバル化とEUの補助金政策などの影響の下で、地域もしくはリージョンのレベルに移行したことである。それは広域レベルでのパートナーシップ型の政策運営を進める主体の必要性を高め、リージョンの制度化とともに、政府の各部門の事業を広域レベルで総括する方向への改革が進められている。

　第2に、各コミューンでは、多くの企業が取引関係をグローバルな規模に広げるという意味での、地域産業のグローバル化と併行して、地域的な企業間関係および産業構造の再編成が進んでいる。第2章で見るように、各企業が一方ではグローバルなネットワークの一環を成すとともに、他方では地域のネットワークや研究機関などのインフラの活用を通じて競争力を強化していることは、全体として、今後の経済戦略に占める地域の産業基盤の位置と重要性を高めている。

　第3に、世界とつながることを求める各地域産業にとっての交通インフラの重要性が、インフラ整備の要求実現に向けた広域レベルでの政治的統合が進む背景となっていることである。第3章で見るように、先行してリージョンが設置されたウェストラ・イェータランドとスコーネでは、リージョンによる交通機関の広域的な統合などの政策が、社会的・経済的な活動の広域化を促進することとなった。他方で、複数の経済圏域を包含する地理的範囲として画定されたリージョンの地域構造は、中心都市の影響圏が拡大する一方で、いくつかの核都市が、独自の戦略を追求するなど多極型の構造となっている。

　全体として見た場合には、広域的な経済的／政治的再編成が政治的結集をともなう形で進んでおり、リージョンが政治的な求心力を高めている。その背景にあるのは、グローバルな経済の中での優位を占めようとするコミューンにとって、インフラの整備に向けて中央政府との交渉力を高めるためには、広域レベルでの政治的な結集が不可欠となったことである。結果的には、一定の権限を備えたリージョンが、広域エリアでの経済的／社会的／政治的な利害調整と一体化のプロセスの、要としての役割を果たしている。

　これらが示すのは次の点である。第1にスウェーデンの統治システムが、多

図表1-2 多段階統治と多極化

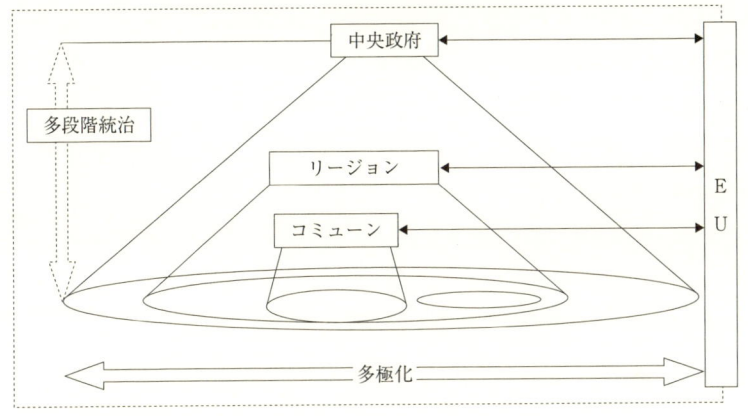

出所：筆者作成。

極化にともなう解体の方向ではなく、コミューンからリージョンそして中央政府に至る多段階の政府によるネットワーク型の統治システムに向かいつつあること。第2に、経済と福祉との統合的な発展をめざすうえでの政治的・経済的な基本単位が、地方のレベルに移行せざるをえないことである。

本節では、以上のシステム改革の現状と経過を、多極型開放システムへの転換と、これを背景とするネットワーク型の多段階統治システムの形成という視点から捉える。ここで多極型開放システムとは、経済グローバル化にともなって地域経済がグローバルな経済活動との直接的なつながりを強める中で、政治的・経済的な多極化が進む現象を指す。多極化をキーワードとする捉え方は、後の各章で見るように経済・社会活動の広域化と併行して広域エリアでも多極化が進んでいる点で、広域・地方レベルの変化を捉えるうえでも有効な概念ということができる。

他方で、"多極化"が地理的・水平的な分立状態を想定しがちなことに対して、本書での多段階統治システムとは、中央政府からリージョンそしてコミューンに至る各レベルの政府が、相対的に自立した主体としての立場に立って、重層的にガバナンスを実現するシステムを意味する（図表1-2）。機能的な側面から見たスウェーデンの多段階統治システムの特徴は、各レベル政府間で

の協力と調整を通じた政策運営にあり、リージョンを要としたネットワーク型の多段階統治システムとなっていることである。

　本書ではこうした変化を、福祉国家システムの下からの再編成を構想するうえでの出発点として捉える。それは、福祉と経済との統合的な発展の実現が、地域を単位に中央による政策との調整と協同を通じて追求されるシステムを意味する。それはコミューンを基礎単位に、一方でのリージョンと中央政府およびEUに至る政府部門の政策と相互関係、他方での市民社会に根ざした市民組織による活動との、相互関係にもとづく統治システムである。

1) SOU 1969. 49.
2) Prop 1984/85:115.
3) SOU 1984. 74.
4) Prop 2001/02:4.
5) SOU 2007:13.
6) Prop 1997/98:62 .
7) SOU 1995:27.
8) リージョンの設立経過は、穴見明（2005年）を参照。
9) Prop 2001/02:4 (En politik för tillväxt och livskraft I hela landet).
10) The national strategy for regional competitiveness, entrepreneurship and employment 2007-2013 (2006).
11) RTP: Regionala tillväxtprogram Propositionen En politik för tillväxt och livskraft i hela landet 2001/02:4.
12) RUP: Regionala utvecklingsprogram Förordningen(2003:595)om regionalt utvecklingsarbete.
13) SOU 2007:10.
14) Dir. 2009:62 Översyn av statlig regional förvaltning m.m.
15) Regeringens skrivelse 2009/10:221.
16) Dir. 2011:42.
17) 筆者が2011年8月31日に行ったSverker Lindblad（スウェーデン政府経済局）へのインタビューによる。
18) 注10）と同じ。
19) Community Strategic Guidelines on cohesion 2006.
20) NSRFs: National Strategic Reference Frameworks.
21) ESDP: European Spatial Development Perspective 1999 EU Ministers of Planning. TEN-T: Trans European Network-transport.
22) Prop 2008/09:35.
23) 同上。

24) Prop 2009/10:170 En enklare plan- och bugglag Capter3, section5.
25) Prop 1997/98:62.
26) VINNOVA 2011.
27) Prop 2011/12:1.
28) Regeringens proposition 1996/97:141, *Högskolans ledning, lärare och organisation*.
29) "Högskolans ekonomi 1997-2007" Högskoleverket 2009 Rapport 2009:3R.

第2章　地域産業のグローバル化と産業政策

第1節　経済グローバル化と地域経済政策

　本章では、地域産業の構造変化が進む中での、地域に固有の産業基盤を整備するための政策方向を、事例にもとづいて検討する。ここで地域産業と政策に注目する理由は、それが地域を基礎とする統治システムを検討するに当たっての出発点となることによる。スウェーデンでは1980年代以来、地域開発の条件整備に向けた政策が展開され、1990年代からの地域政策に引き継がれた。地域が政策上の焦点になる一方で、グローバルな経済競争の激化にともなう地域経済の再編成が、政府の政策とも連動しながら進みつつある。ここでは最初に、地域経済と地域産業政策に関わる論点を整理する。産業地区論や内発型発展論などを含む、地域空間に注目したさまざまな開発理論が現れる背景となったのは、第2次大戦後に各国で実施されていた経済停滞地域への工場分散政策などが、1970年代の経済危機を契機に機能不全に陥ったことである。主要な問題は、政策的に促進されてきた新たな投資が、その地域の経済的な伝統と関連を持たなかったことであり、各企業は挙って地方工場の撤退を開始した。こうした中で1980年代以来、地域が本来持っている開発潜在力を強調する議論が、中央政府主導の地域経済政策に対する代案として、中小企業団体や学界から提起された（Moulaert et al 2003）。

　ここで注目する第1の論点は、地域経済を独自の実態を持つ概念として捉える論点である。これによれば、個々の企業よりも地域に焦点を当てた場合の地域経済は、歴史的にまた自然・環境的な条件の下で形成された人々の生活圏域としての地域を基礎とする、一定範囲の統合性をともなう経済圏域として定義

される。これは地域経済を、地域社会や文化、政治、環境などの、非経済的要素との関係の中で捉える論点をふまえたものである（中村 2004）。

　第2の論点は、地域経済の実態を、外部からの競争環境などに対する動的な適応・進化の過程として捉える視点である。地域経済を、社会的な信頼関係や企業間の取引関係等の多面的な要素を含む地域独自のシステムとして捉えた場合、地方の発展は、地域社会の文化や政治等の諸関係を基礎とした地域独自の経済システムの、適応と発展の過程として捉えることができる（Conti 2005）。

　第3の論点は、経済グローバル化が進む中で、企業の経営戦略のレベルから見た地域経済の持つ意味である。グローバル化が進む中での企業間関係と経営戦略は、生産と調達から最終的な販売に至る企業間のグローバルな価値連鎖（Global Value Chain）の中で捉えることができる。その背景は、生産と貿易のグローバル化が、一方では途上国での産業拡大を促すとともに、他方では外部調達を広げて自らは生産の核心部分に特化する大企業の戦略を加速させたことである。グローバルな価値連鎖における支配関係は、業種の特性によって異なる。自動車産業のように製造企業が主導する価値連鎖の場合には、寡占的な大企業が原材料や部品調達から販売に至る前方と後方の生産連関全体を支配するのに対して、衣服のように販売企業が主導する場合には、販売企業がデザインや小売段階から支配力を行使する。これらは、世界的な企業の立地戦略や分業関係を直接・間接的にコントロールすることを通じて、地域経済に大きな影響を与える（Gereffi et al 2003, 2005）。

　これらの論点が示唆するのは、一定の地理的な空間を前提した経済活動の単位としての「地域経済」を、独自の分析あるいは政策対象として捉えたうえで、個別の地域経済の特徴を、一方では立地企業のグローバルな競争環境における位置と経営戦略、他方では地域の経済システムや産業基盤が企業に与える利益と相互関係との、両面から捉える必要を示すものである。

　以上を前提したうえで、個別の政策展開を考えるために必要なのは、地域経済の分析に当たっての構造的な捉え方と政策スタイルである。本章では、次のような論点に注目する。

　第1に、政府による地域経済政策の範囲とスタイルである。この点で示唆的

な地域経済学の論理によれば、政府の地域経済政策は、「経済活動の容器」としての地域の、総合的な管理・マネジメントとして捉えられる。それは地域経済の長期的な発展が、地域の環境や教育システムまた起業支援制度やインフラの整備などの、地域の経済活動の基盤となる条件の全般的な整備によって支えられることを背景としている。こうした意味での地域的な経済基盤は、その機能的な側面に注目した場合、地域経済システムとして捉えられる（中村 2004）。

第2に、地域に根づいた中小企業が生き残るうえで不可欠な、技術革新や優秀な労働力また市場動向に関わる情報などの、地域の競争力を支える財とサービス（地域協同的競争財）の供給システムに注目する論点である。地域経済のグローバル化が進む中での問題は、とりわけ有力な大企業を核としたヒエラルヒー型集積の場合には、中心企業の経営戦略の変化にともなって地域協同的競争財の供給が不安定さを増すことである。ここでは、政策上の対応が不可欠となる（Crouch et al 2001）。

第3に、地域イノベーションシステム（Regional Innovation system）と総称される、地域産業のイノベーションを支えるシステムに注目する論点である。主要な課題は、地域で育まれた起業家精神やノウハウと先端的な研究・開発を繋ぐとともに、イノベーションや事業展開を支援する、地域的なシステムの構築であり、そこでは大学・研究機関と産業との相互関係が重要な役割を果たす（Asheim et al 2011）。

こうした論点を念頭に置いたうえで、本章では、地域経済政策には、地域産業集積そのものの維持やインフラ整備などの産業基盤の整備、さらには研究・開発の体制や教育システム等を含む、地域経済の全体的な発展戦略が求められることを、スウェーデンの地域産業の分析を通じて明らかにする。スウェーデンの特徴は、地域経済が直接に海外の市場と結びついている側面が強いことである。戦後の経済成長下でも1970年代以降には、輸入の自由化を通じて地域産業の淘汰と構造変化が進んでおり、これに対応して地域産業の海外との関係強化が進んでいた。1990年代以来加速した経済グローバル化は、改めて地域経済のグローバル化ともいえる状態を齎した。以下では、筆者が調査の機会を得たウェストラ・イェータランド（スウェーデン西岸地域、次章で詳述）の3つの

地域における変化の現状を検討する。最初に、伝統的なテキスタイル産業集積地域で、世界に経営を広げているボロースである。次に同じく伝統的な家具産業の集積地域で、企業間ネットワークの再編を進めているティブロである。最後に、自動車を中心とする機械工業の集積地域のトロールヘッタンである。これらはウェストラ・イェータランドの地域経済の特徴的な事例にとどまる反面で、地域経済構造の動的な変化の中で、政府に求められる対応を検討するうえでの具体例として、重要な示唆を与えると思われる。

　検討に当たっての基本的な分析視点は、次のとおりである。第1に、地域産業の特徴と産業構造の総体を、各地域に固有の歴史的な経過とともに、地域経済のグローバル化による企業間関係の再編成などを含め、動的な視点から捉える。第2に、各地域の主導的な産業の現状と課題を、グローバルな競争関係もしくは価値連鎖との関係を念頭に置いて分析する。第3に、政府による地域産業を支援する政策の役割であり、グローバル化に対応した地域産業の再編成を進める政策が、地域固有の特徴をふまえた多面的な対応を必要とすることを明らかにする。

第2節　ボロースにおけるテキスタイル産業の発展

1　ファッション産業の競争環境と地域集積

　ここではウェストラ・イェータランドの東部（シュハラド地域）の中心都市で、中世以来のテキスタイル産業の集積地であるボロース（人口約10万）に焦点を当てて、地域産業の変化と政府部門の産業戦略を検討する。[1] 以下本節では、"テキスタイル"を衣服とともに織地等を含んだ意味で、また"アパレル"を衣服に限定した意味で用いる。ボロースのテキスタイル産業を検討するうえでは、最初にアパレル産業の次のような特徴に注目することが必要であろう。

　第1にアパレル産業の構造的な特徴である。アパレル産業は、販売者が主導するグローバルな価値連鎖の典型ともいえるものであり、その連鎖関係は5つの段階にまとめることができる。第1に自然または合成繊維を含む原料供給のネットワークである。第2に糸や織地のような材料供給のネットワークであ

る。第3に衣料品製造工場からなる生産ネットワークである。第4に貿易仲介業者による輸出チャンネルである。そして第5に小売のレベルでの販売ネットワークである。この連鎖の中では、生産者の工場は世界に分散しており、販売者がデザインや小売の局面で全体に渡る影響力を及ぼしている。販売段階でのブランド価値の重要性とともに、情報技術の発達を通じた在庫管理と消費者の嗜好への機敏な対応能力の重要性は、生産段階での新規参入の容易さと競争の激しさとも相俟って、販売者による価値連鎖全般に渡る主導権の獲得に結果した。こうした変化がグローバルな競争の激化とも併行して進んだ中で、アジア諸国からの低価格品の攻勢に曝された先進国のアパレル製造企業は、生産拠点を国外に移して自らは販売者へと転換した（Gereffi, Memedovic 2003）。

　第2にアパレル産業のマーケティングの面からの特徴である。最終消費者の嗜好の変化に対する感応力が重要な要素となったアパレル産業界での、市場動向の主要な特徴は、高級服（*haute kountre*）から有名デザイナーによる既製服（ready-to-wear）そして量販に至る、ファッション嗜好のピラミッドが崩壊したことである。現在の消費者の嗜好は、高級品から普及品までのアイテムを自由に選んで自己を表現することである。意図的に流行を作ることはますます難しくなった中で、マーケティングの勝敗を決定するのは、消費者のニーズを機敏に掴んでタイムリーに商品を提供することである。そのために求められるのは、市場調査やデザイン・企画そして低賃金国での生産とロジスティクスという、サプライチェーン全体を効率的にコントロールすることであり、ZaraやH&M等のファーストファッション（fast fashion）の急成長の鍵は、こうした変化への対応力にあった（Tokatli 2008）。

　第3にアパレル産業の地域的な集積の背景である。グローバルなサプライチェーンの要として再生し、国外に主要な市場を持つスウェーデンのアパレル企業が、地域的に集積する理由として挙げられるのは、アパレル産業が物質的な衣服の生産と、アイデアとしてのファッションの生産という、2つの側面を持つことである。ファッションは、知識集約的な産業である一方で、消費者の心を掴む新商品開発は、デザイナーとファッション誌や批評家などとの双方向のプロセスとしての側面を持つ。さらに一定の地域に固着したブランド名が重

要な役割を果たしている。これらは相俟って、アパレル産業のクラスター形成を促している (Power et al 2009)。

アパレル産業のこうした特徴は、スウェーデンのアパレル産業の構造変化や、地域的な集積の背景を理解するうえでも重要なポイントである。スウェーデンのアパレル産業では、1960年代から70年代に雇用数が激減する一方で、生産を低賃金諸国に委ねて自らはファッションデザインやマーケティングに専念する企業が成長した。他方でスウェーデンのアパレル産業の特徴は、パリやミラノのような最先端の流行を創造することではなく、消費者先行型の市場の追求にある (Power et al 2009)。スウェーデンのアパレル産業は大きく3つに分類される。第1に、スウェーデンのファッション業界で、国内でも輸出でも支配的な力を持つ小売企業である。第2に、小規模なデザイン集約型の企業である。第3に、ここ数年に大きく成長しているジーンズやカジュアルウェアを主体としたブランドとマーケティング指向の企業である。さらに国内の地域間では、ファッションデザイン指向のストックホルムに比して、ボロースを含む西岸では、カジュアルな衣服の要素が大きな割合を占めている (Hauge 2007)。ボロースの場合には、以下で見るようにファッション指向の生産にとどまらずに、幅広い工業的利用を含むテキスタイル産業の集積地となっている。以下では、ボロースのテキスタイル産業の集積構造の特徴とその背景を成す歴史的な伝統、および地域産業を支援する政府部門の政策を検証する。

2　ボロースのテキスタイル産業

スウェーデンのテキスタイル輸出額は、繊維危機を経た1980年の32億sekから2004年には148億sekに増加している。2) ボロースは拡大基調にあるスウェーデンのテキスタイル産業の中心地であり、各企業はグローバルな企業間の取引関係を生かした経営戦略を展開している。その特徴は、1970年代に繊維産業が危機に見舞われた以降に、アジアや東欧諸国への生産移転やデザイナーや研究機関との連携を通じて地域産業の構造転換が進んだことである。注目されるのはこうした変化の結果としてボロースが、各々にグローバルな経営戦略を進める小規模企業の集積地としての特徴を持つことである。その検討は

経済グローバル化に適応した地域産業構造の変化を検討するうえでの好例と思われる。

ボロースの地域産業には次のような特徴が見られる[3]。なお、以下はいずれも2005年の数値である。第1に、小規模企業の集中である。ほとんどの企業は小・中規模であり、全体では9500社（総就業者数4万7000人）のボロース企業のうち、半分は1人企業である。この内25人以上の就業者を持つ企業は200社強である。第2に、テキスタイルの生産そのものの多様化である。スポーツウェアや防火服などの特殊仕様の衣服とともに、車や家具などの部品の一部として用いるテキスタイル（テクニカル・テキスタイル）の開発と生産が進められており、自動車生産に関わる内装材としてのテキスタイルの使用など、用途の多様化も追求されている。第3に、アパレルから派生した多様な産業構成である。産業の中心を占めるに至ったのは商業と流通であり、1100社が輸出入に専念している。その多くはアパレル産業に直接または間接的に関わっている。第4に、ボロースの持つブランド力である。小規模の企業がほとんどを占める、アパレルの製造そのものに関わる製造企業（以下「アパレル企業」）の経営戦略では、例えば一着90ポンドの高級ワイシャツを独自のブランドで販売をする等の高級品に特化する経営を進めている企業（ETON）がある一方で、衣服製造企業全体の約7割はH&Mのような全国的な小売業に販売を委ねているとされる。ただしこの場合にも、ボロース企業としてのブランドネームを掲げている。ここでは歴史的なテキスタイルの町としてのボロースのイメージが、国内消費者の間にあることが強みになっている。第5に、企業のグローバル化である。多くの企業が外国企業との直接的な取引関係を持つとともに、外資による地元有力企業の買収が進んでおり、多くのメールオーダーの大手企業や、アパレルの製造やロジスティクスの企業を含め約170社がすでに外資系企業となっている。

現在の企業の構成は、従業員20人程度のテキスタイル企業とデザイナーなどの専門企業、そしてメールオーダーを通じたマーケティングを中心とする大手企業と、テキスタイルの配送から派生してロジスティクスに特化した企業などを主体としている。分野別の特徴として、次の点が指摘できる。

図表2-1　ボロースコミューンのアパレル産業の企業数・就業者数 (社・人)

年		2003	2004	2005
テキスタイル素材生産	企業数	61	62	61
	就業者数	1069	948	711
衣服生産	企業数	86	83	79
	就業者数	652	711	772
計	企業数	147	145	140
	就業者数	1721	1659	1483

出所："Borås Näringslivs struktur och framtida utmaningar" Borås Stad, 2006, p.28.

図表2-2　ボロースコミューンのメールオーダー企業の推移 (社・人)

年	2003	2004	2005
企業数	29	31	34
就業者数	1928	2045	2513

出所：図表2-1と同じ (p.25)。

　第1に、アパレル企業では、従業員数20～30人程度までの小企業が多く、これらの企業自身は、商品開発やデザイン開発に重点を置いた製品企画などを行っていて、ボロースでの生産規模は縮小している一方で、多くの企業がバルト諸国やアジアに子会社を置いて生産と調達を行うグローバルな経営を展開している。結果的に、1974年には2万6000人を数えたテキスタイルの就業者数は、2005年には約1500人にまで減少している（図表2-1）。ただし、これには他方で、企業の繁閑に適応して人材を派遣する事業の拡大を考慮する必要性がある。

　第2に、デザイナーなどの専門的な職種である。1人企業の形態が増加しつつあり、メールオーダー企業や製造企業との連携を通じて仕事をしている。その特徴は、必ずしもこの地域に埋もれた仕事をしているわけではなく、ボロースを拠点としながらも、ストックホルムやデンマークなどのデザイナーや企業とのコネクションを同時に持って、幅広く事業を展開していることである。こうしたデザイナーとボロースとを結びつけるという意味では、後述するボロース大学の学部であるテキスタイル大学の役割が大きいと思われる。

　第3に、メールオーダーを中心としている企業である。1950年代には300を超えたメールオーダー企業は、1960年代の繊維危機を経て、2005年では34社で従業員総数は約2500人となっている（図表2-2）。メールオーダー企業の企

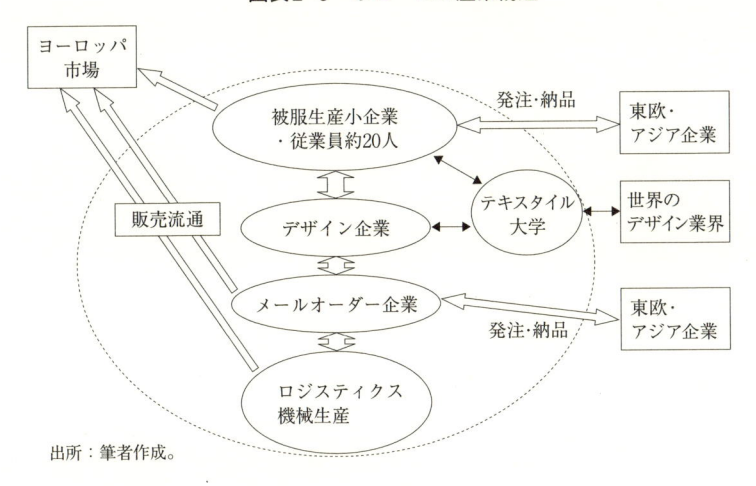

図表2-3　ボロースの産業構造

```
ヨーロッパ市場 ←― 被服生産小企業 ←発注・納品→ 東欧・アジア企業
                ・従業員約20人
販売流通          ↕
                デザイン企業 ↔ テキスタイル大学 ― 世界のデザイン業界
                ↕
                メールオーダー企業 ←発注・納品→ 東欧・アジア企業
                ↕
                ロジスティクス機械生産
```

出所：筆者作成。

業数および従業員数は共に増加しているが、他方で外資による買収が増加しており、またこの事業自体では利益拡大に限界があるため、例えば最大手のメールオーダー企業のエロスでは、消費者への貸付業務などに事業を拡大している。

　第4に、増加しているロジスティクスの企業である。その背景は、行商人としての歴史やメールオーダーの経験からロジスティクスの経験を積んだ中で、ロジスティクスを専門とする企業が派生して操業していることである。

　第5に、テキスタイル産業から派生したその他の企業である。メールオーダーの大手企業は、テキスタイル機械の製造会社を傘下の子会社として抱えており、これらの機械製造企業は、外国へのアパレルの発注に連動して機械を輸出していて、その販売額のほとんどは輸出向けである。他方、これまでメールオーダー事業に付属した宣伝パンフなどの印刷会社が成長してきたが、インターネットの普及で転換を迫られている。

　全体としてのボロースの地域産業構造は、図表2-3のようにテキスタイルを要に、販売・ロジスティクス・機械工業を含む地域産業集積を形成している。その特徴は、各々の企業が世界の経済主体との相互関係を通じて経営を展開しながらも、ボロースを拠点として位置づけていることにある。例えばメールオーダー企業は、アジアや東欧の企業に発注していったんボロースに集中した

うえで、これを全国に発送している。製品を企画・宣伝して注文を集めたうえで外国に発注する過程では、製品の企画力などが大きな役割を発揮するため、デザイナーなどの参画や宣伝を担当する会社との連携が重要な役割を果たしている。ここでの企業間関係は、地域的なクラスターというよりも、世界的な規模で経営を展開する企業の束として捉えることがむしろ適切であろう。企業の立地場所としてのボロース自体は、世界的な取引関係もしくはサプライチェーンを展開する諸企業の、結節点として捉えることができる。

3　ボロース産業集積の構造と背景
(1)　ボロース企業の特徴

　ボロースの産業集積では、製品企画やサプライチェーンを駆使した生産、およびロジスティクスなどの機能が結合している。2003年には、スウェーデンのテキスタイル総輸出額の22%、また総輸入額の14%が、それぞれボロースを輸出入の登録または目的地としていた。ボロースコミューンは、そのテキスタイル産業の特徴が、アジアや東ヨーロッパ諸国から輸入したテキスタイルに一定の付加価値を加えて、北欧をはじめとしたヨーロッパ諸国に販売することにあるとして、自らを商業都市と称している。ボロースのテキスタイル輸出入に関わる上位地域では、図表2-4に見られるように主要な輸出先4地域は、北欧と西ヨーロッパ地域、また主要な輸入元地域では、アジアと東欧となっている。

　ボロースのテキスタイル産業でグローバル化が進んだ出発点は、1960年代のアジアからの低価格輸入品の増大と国内の賃金上昇などによる、最初の繊維危機である。多くの企業が倒産するか低賃金諸国に生産を移した。さらに1970年代の輸入自由化にともなう繊維危機とその後のテキスタイル大学の設置等を経て、テキスタイルの生産とともに流通拠点としての性格をあわせ持つ産業構造が成立した。以下に、ボロースのアパレル企業とインキュベーター事業の事例を紹介する。

　1)　The Ecocotton Co.[4]　「エココットンは、2007年にグリーン幼児用肌着の製造・販売会社として設立した家族経営の企業である。歴史的には、曽祖父の代1800年代末にボロースに来て当初鍛冶屋をしていたが、やがて縫製機を製

図表2-4 ボロースとの輸出入上位4地域、および輸出入額

(2003年、単位：百万sek)

輸出先上位4地域		輸入元上位4地域	
西ヨーロッパ	522.3	アジア	862.9
ノルウェー・フィンランド	1548.8	東ヨーロッパ	530.0
東ヨーロッパ	353.2	ノルウェー・フィンランド	444.4
北アメリカ	42.9	南ヨーロッパ	326.7

出所：図表2-1と同じ（pp.38-40）。

作する会社を創設した。父親はボロース大学でエンジニアとして学び、曽祖父の会社に入って当時から一般的だったペルーからの綿花の輸入と販売を進めた。ペルーの綿花が割高なこともあり、付加価値をつける必要性とともに、本人が環境問題とエコ食品などに関心を持っていたこともあって、有機綿をペルーで栽培し輸入する計画を立てた。このための基金を1986年にペルーで作って、現在390の独立の農民が加入して有機綿を栽培しており、年産約1000tの有機綿糸の全量を買い取って60％はアメリカで、他は主にヨーロッパで販売している。またペルーには姉妹会社を創設して、機織などの作業をしている。

　2007年に、業務内容に製品販売を加えることにして、グリーン幼児用肌着を始めた。この時スウェーデンには幼児肌着のメーカーが2社しかなかったため、成功を確信していた。肌着の生産に当たって、ストックホルムの大学でデザインを勉強していた兄を、デザイナーとして新たに雇用して企画に当たった。製品開発では、自分たちの家族で使って良いものにすることを心掛けた。販売は、ストックホルムのPR会社のアドバイスを受けて、展示会などで宣伝するとともに、めぼしい小売店に製品を持って売り歩いた。このため宣伝費用は特別には掛かっていない。その後も肌着の仕様は特に変化が早いわけではないので、製品改良にも特別な手段は使っていない。綿花の生産から加工・製品化まで一貫して責任の持てるブランドとして差別化できる。製品は従来から綿繊維の販売で関係のあった製造企業に委託生産している。相手先企業はボロースではなくて、周辺の町とバルト諸国の企業である。販売市場はスウェーデンが中心で、外国にも販売を広げつつあり外国の会社に販売のエージェントとして契約している。

大人の被服では、2009年から始めたが、中国製品が10分の1の値段のため苦戦しており、繊維の織り方からカスタマー仕立てで指定できる製品として差別化を考えている。デザインの点では特別なことは考えていないが、家族で相談しており、自分が着たいものを作ることで、本来ファッションに関わってきた家族としての勘も働く。将来的に会社の再立地を考えるとすれば、ストックホルムではなくて、パリかロンドンにすると思う。ただ、ボロースの良さは同業者間の仲間関係にあり、商売の企画を考えた場合、色々な面で助言や情報、また断念するように忠告してくれるなど貴重である。また大学とは日常的にも相談できる関係にあり、父が有機綿の事業を始める際にも相談して激励を受けた。」

2) Factory（インキュベーター組織）のインストラクター[5]　「Factoryは、ESPIRA（リージョン政府・コミューン連合などが設立した企業支援組織）とテキスタイル大学によって、卒業生の起業支援を目的に創られたインキュベーターである。デザインから経営まで全般的に指導して、学生の起業をめざしている。起業した場合は、デザイナーが製品のデザインと企画だけでなく、経営の一切を自分たちでやっている。外国、例えばアジアの企業への発注などは、インターネットで適切な相手を探して製品を仕入れて、ヨーロッパ各国に販売している。起業の段階では、ボロースの大手のメールオーダー企業の技術者にデザインや経営の指導を受けたり、低利で融資を受けたりするなど、多くの援助を受けている。また企業を超えたデザイナーの組織もある。大手企業にとっては、新企業の輩出によって、ボロースの名前を高める点でメリットがあり、大手企業による奨学金制度まである。」

(2)　産業集積と歴史的基盤

　ボロースが立地するシュハラド地域は、中世以来のテキスタイル産業の歴史を持ち、中心都市のボロースは当時は都市でしか許可されていなかった衣服販売の許可を国王から受けるために、近隣の農家が建設した都市である。ボロースの農民／衣服の製造者は、全国に衣服の行商を行って生産を拡大した。

　ボロースの地域産業構造の全体的な特徴としては、アパレルを中心に機械製造業や流通などの地域連関が、歴史的に形成されたことが挙げられる。17世

紀末から18世紀半ばには、スウェーデンで初めての染物工場やテキスタイル捺染工場がボロースに立地した。1800年代の初期には、ボロースとその隣接するコミューンには多数の取引業者が存在し、最大のものは2000人もの家内織職人を抱えていた。こうした資本形成を背景に、1830年代以降にはスウェーデンでは最初の綿紡績機械工場や縫製工場がボロースに設立された。1900年代初めには既製服への需要が増大し、伝統的な行商人に代わって卸売商やポストオーダーのネットワークが、新たな販路を全国に拡大した。他方で1905年にボロース工場協会のイニシアの下で、デザイン事業所（STUDIO）が、ボロースに立地した多くの新工場の紡績機械や染色や図案印刷などの需要を満たすために設置され、デザイナーがドイツのデザインの習得に派遣された。さらにテキスタイル産業に関連した機械技術の発展は、世界的に評価される新製品の開発にも結果した。こうした発展は、第2次大戦後の景気拡大期に頂点を迎えた。メールオーダー事業が拡大し、1950年代の終わりにはスカンジナビアの業界での主導的な位置を占めた。中心となったのは、全国の顧客にカタログを郵送して注文を受ける方法で、これは写真スタジオやその他の機械の開発さらに宣伝やロジスティクスに専門化した企業の創設を導いた（Dahlin-Ros 2002）。

(3) テキスタイル産業集積の社会的背景

　ボロースの生産者自身が全国を行商した歴史を通じて得られた、消費者の要求を生産に直接反映させるノウハウや、損は出さないという才覚とともに、ボロースという土地へのアイデンティティの強さ等の伝統は、次のような形で現在の企業経営に根づいている。

　第1に、テキスタイルから派生したロジスティクス企業への展開に見られるような、旺盛な起業家精神である。この点では、1970年代の繊維危機の後にスウェーデン政府がボロースに設置した試験・認証機関（後述）の機能を活用した形で、多様なハイテクテキスタイル製造への転換が進んだことにも示されている。同時にそれが可能だったのは、ボロースのテキスタイル産業が小規模ではあっても本社・開発部門を備えており、自らの判断で経営戦略を展開する基盤を持つためといえる。

　第2に、さらに重要なのは、技能の向上と技術開発などを重視する気風であ

る。これを象徴するのは近代的な工業化の黎明期である1866年に、いち早くボロースの企業家によって創設された縫製学校である。この学校は1936年にテキスタイル研究所として再発足し、現在のテキスタイル大学の基礎を成した。

第3に、小規模企業が相互の協力を通じて経営上の問題を克服する、協同的な経営スタイルである。企業経営に関わる不安定要因の多い現在では、20～30社の企業による協同事業で高度な技術を持つ労働者をプールして、適宜に企業の必要時に対応している例や、数社でエストニアに工場を設立して経営主体は独立させたうえで、必要に応じて各社の生産を委託して活用している事例などが見られる。これらは、不安定さをともないがちな小規模企業の経営スタイルを、むしろプラス要素に換える側面を持つといえる。[6]

4　政府・コミューンによる産業政策
(1)　大学・研究機関の設立

スウェーデン政府とコミューンによる産業支援政策は、地域産業が持つ以上のような特徴と適合して相乗的な効果を果たしたといえる。そうした政策の筆頭に挙げられるのは、繊維危機後にボロース大学にテキスタイル大学(学部)を設置して、その後の技術革新の基礎を作ったことである。テキスタイル大学は、先述したテキスタイル研究所のプログラムを徐々に吸収していき、これを通じて研究者とデザイナーのネットワークを獲得した。その特徴は次のように整理できる。第1に、デザイン誌の発行を含むヨーロッパ各国のデザイナーとの連携など、先端的なデザインに関わる情報交換の拠点としての役割を果たしていることであり、ボロースでのデザイン企業の層の厚さを支えているといえる。第2に、ハイテク繊維の開発や、新たな生産システムの企画／マーケティング／ロジスティクスの一貫した開発など、小規模企業では難しい開発業務や、地域産業全体としてのデザインや技術開発力の向上を、牽引していることである。さらに大学では、テキスタイル業界を対象としたセミナーの開催などを通じて業界との連携を強めている。第3に、技術者の養成とともに、テキスタイル業界との連携を通じて新たな人材育成を担っていることである。業界と学校との結びつきは強く、卒業生が会社の幹部になっていることも好材料に

なっている。

　他方でスウェーデン政府はこの間に、新製品の認証と開発に関わる中央機関であるSP（Sveriges Tekniska Forskningsinstitut）をボロースに設置することによって、新製品をテストする施設を作り、小規模事業がデザイン能力やハイテク型の製品で勝負できる条件を作ってきた。さらに1990年代にはコミューンとレーンおよび政府機関の共同出資により、テキスタイル就業者の能力開発を進める組織（PROTEKO）を設立した。この機関は現在、労働者の教育と人材派遣業務を始めており、テキスタイル企業相互間の人材の融通を容易にするとともに、経営不振の企業が人員整理を行った場合に再就職を手助けする役割を果たしている。

　こうした政府とコミューンの諸政策は、小規模企業を中心としたボロースのテキスタイル産業が新たな展開を進めるうえでの基盤といえる。それは各企業がそれぞれにグローバルな経営戦略を展開しながらも、ボロースを要として位置づけていることの背景でもあり、世界的な取引関係もしくはサプライチェーンを展開する諸企業の結節点としての性格をボロースに与えている。

(2)　コミューンの産業政策

　コミューンの産業戦略は、こうした特徴を反映したものとなっている。その重点は、世界の市場や関連諸国の企業とボロースのテキスタイル産業との、直接のつながりを強めることであり、これを通じてテキスタイルの生産と流通の、要としての位置を確保しつづけることである。とりわけ強調されているのは、ボロースのテキスタイル企業と東欧やアジアの製造企業および輸入業者やロジスティクス企業などが、情報交換を通じてネットワークを広げることである。こうした産業政策の基本コンセプトは、2007年にオープンした"マーケットプレース・ボロース"の中でも明確に示されている。テキスタイル業界とコミューンおよびボロース大学などが運営するこの施設の事業では、一例として、バングラデシュの大使や企業が参加するセミナーやオーストラリアのテキスタイル業界とのセミナー等も開催されており、これには例えば海外の製品プロバイダーとしてのバングラデシュ企業の、企画・製造の能力を向上することが狙いとされている。言い換えれば、テキスタイルに関わるサプライチェーン

の強化と全般的なレベルアップをめざすことが、コミューンの産業政策の基本とされている。

　コミューン自身による、テキスタイルを核とした商業都市もしくはミーティングプレースというボロースの位置づけは、こうした産業戦略を言い換えたものといえる。ここでは、多くの歴史的なモニュメントを持つボロースの町のイメージを活用して観光都市としての魅力を高める戦略が、ボロースのテキスタイルが持つブランドイメージをさらに向上させる産業戦略とも一体のものとして想定されている（Borås Stad 2006）。

まとめ

　ボロースの事例に見られるのは、伝統的な地域産業であるテキスタイル産業が、関連企業の集積や大学・研究機関の設立などの地域産業基盤の優位を背景に、グローバルな経営展開を遂げていることである。特徴的なのは次の点である。第1に、ボロースの全体としての産業構造は、各々にグローバルな取引関係を通じたビジネスを展開する企業の、結節点とも言うべき構造になっていることである。第2に、テキスタイル企業の技術的な改善やマーケティングの展開が、この地域で歴史的に培われた技術開発や販売のノウハウを背景に、政府による大学や研究機関の設置と地域産業とのパートナーシップによって支えられていることである。それは、地域的なイノベーションシステム（RIS、前述）としても捉えることができる。第3に、コミューンは、幅広く展開する企業と関係機関との調整やマーケティングの、要としての役割を持ちつつあることである。

　これらは全体として、地域産業集積を支える各レベルの政府の役割を示している。なお、シュハラド地域の産業を支えるトータルなシステムの構造と特徴は、第3章で詳述する。

第3節　ティブロの家具産業とコミューンの戦略

1　家具産業の特徴とティブロ

　人口約1万人のティブロ（ウェストラ・イェータランド北東部スカラボリ地域）における家具産業の特徴は、小規模な家具製造企業がネットワーク化とコミューンの産業政策などを通じて、技能労働力の確保やマーケティング能力の向上を実現し、家具産業の集積地としての競争力を向上している点にある。[7]それは伝統的な地域産業が、経営戦略の転換を通じてグローバルな経済競争に適応しているという意味で、コミューンに基礎を置いた産業戦略を検討するうえでの好例といえる。

　スウェーデンの家具産業は、生産額では2001年の197億sekから2008年の245億sekまで一貫して増加しており、2009年には229億sekに減少したものの1990年代からの趨勢としては増大傾向にある。2008年の輸出額は163億sek、輸入は154億sekに上り、生産総額に対して輸出入ともに高い水準にある。主な輸入元は中国とポーランドで、この2か国で2009年の総輸入額の33％を占める。他方でスウェーデンの家具生産企業の特徴は、その小規模な点にあり、2002年では858社、就業者数は1万7755人となっている。[8]以下では、家具産業の地域集積についての次のような指摘に注目する。

　第1にヨーロッパの各地域で、先端技術とは言い難く小規模な家具産業が、専門化と地域集積そして地域的な学習過程を通じて競争力を獲得したとする指摘である。家具の製造は、裁断から装飾・塗装などの性質の異なる過程から成り、各生産者の熟練の範囲は限定的であって製造には協業関係が不可欠であること、さらに家具の輸送がコスト高になることは、地域的な集中の傾向を必然にしている。家具の需要が変動しやすい中で、専門化した家具企業の集積と協業関係は、在庫の縮小を可能にして事実上のジャスト・イン・タイムシステムを実現させるとともに、受注した仕事を相互に発注するなどの柔軟な生産を可能にした。さらに機械設備の共同利用は投資リスクを最小限にとどめる結果となった。他方で、専門化した家具企業間の協力関係は、相互の注文に応じるた

めの技術の改善に結果するという点で、地域的な学習の効果を持つ（Lorenzen 1998）。

　第2に、家具産業の地域集積にともないがちな、ある種のロックイン効果に関わる指摘である。デザインが重要な役割を持つ家具産業の特徴に注目した研究によれば、家具産業は、一定地域に関連産業が集積した"地域型組織"と、こうした集積構造を持たない"柔軟型組織"との2つのタイプに分けることができる。地域型組織の多くは家族営業の企業で、各々が機械設備などを保有して下請け企業との長期に渡る取引関係を持ち、製品も伝統的な家具生産が多いとされる。これに対して、柔軟型組織の特徴は、斬新なデザインが主導する形で、その都度パートナーも組み替えて、イノベーションを図っていることにある（Högberg 2007）。

　第3に、家具企業の集積地としてのティブロの特徴については、次のような指摘が見られる。第1に、家族経営が一般的な家具企業の経営が、世代交替や同業者の買い取りなどの形で、引き継がれていることである。第2に、コミューンが運営するギムナジウム（高校）での職人教育が20年来実施されており、コミューンの技術支援施設とも連携した専門教育が実施される中で、全国から生徒を集めていることである。第3に、企業間のネットワークと共同の機械利用などの伝統とともに、多くの企業が中間製品を生産して水平的な連携構造を持つことである。その特徴は、市場を巡る競争と共同との両面の気風を併せ持つことにある（Rafiqui et al 2009）。

　以下本書では、ティブロの家具産業が低価格品による攻勢を受ける中で、企業間の連携と再構築を通じて新たな競争力を生んでいることに注目する。その背景は、第1に、小規模な家具製造企業が、ネットワーク化を通じて"インテリア家具"（後述）の生産・販売を実現していることである。第2に、マーケティングの鍵を握るインテリアデザイナーとのネットワーク化などに、コミューンが主導的な役割を果たしていることである。第3に、家具の製造に関わる多様な技術の維持と継承に向けて、コミューンおよびコミューンのギムナジウムが、基盤的な役割を果たしていることである。

2 ネットワーク型インテリア家具への転換

　19世紀以来の家具産業の伝統を持つティブロは、家具流通の大手企業を輩出し、現在もスウェーデンへの輸入家具のほとんどはティブロに集中したうえで全国に配送されている。これには家具の配送に一定の技術が必要なことも関わっているようである。ティブロの家具産業の2008年の企業数は約70社、就業者数は約1500人で、200人規模が2～3社の他はほとんどが15～20人程度の小規模企業である。また就業者の70％以上がティブロで暮らしている。企業の構成では、数社が家具販売の世界企業であるIKEAに事務用の引き出し等を量産して納品しており、机の脚の回転器具などの部品に特化している企業もあるが、多くは製造と販売とを行う独立した企業である。

　全体としての家具製造のスタイルは、1970年代頃までの椅子や箪笥などの個別製品（家庭用家具）を中心とした生産から、現在は80％以上が、ホテルやショーウィンドーを中心としたインテリア家具と称する内容に転換している。インテリア家具のポイントは、例えばホテルが新・改装する際に、室内・フロア全体のインテリアを企画して、これに対応した家具一式を提供することにある。家庭用家具からインテリア家具の生産／販売へという、経営戦略の転換が注目されるのは、家庭用家具すなわち個別の家具生産が人件費の安い外国製品との直接の競争に曝されることに対して、インテリアの企画を通じた付加価値を持たせることとともに、家具企業のネットワークを通じた多様な家具のワンセットでの提供が可能なことである。これは例えば中国の企業などに、椅子や机などの単一の製品では価格競争力があっても、インテリアの企画では競争できることにもよる。

　洗練されたインテリアの企画とともに質の良い家具をセットで提供する経営戦略が、家具産業の集積地としての優位を背景に、小規模企業のネットワークを通じた柔軟な生産システムに支えられていることは明らかである。家庭用家具からインテリア家具への経営戦略の転換は、従業員20人程度の小企業が多くを占める家具生産企業の、企業間関係の再編成を通じて実現された。図表2-5に示したように、従来の家具企業は各々が企画・生産・販売をすべて行っていたが、現在は、インテリアデザイナーや大都市のホテル業界などとのコネ

図表2-5　家具産業のネットワーク構造

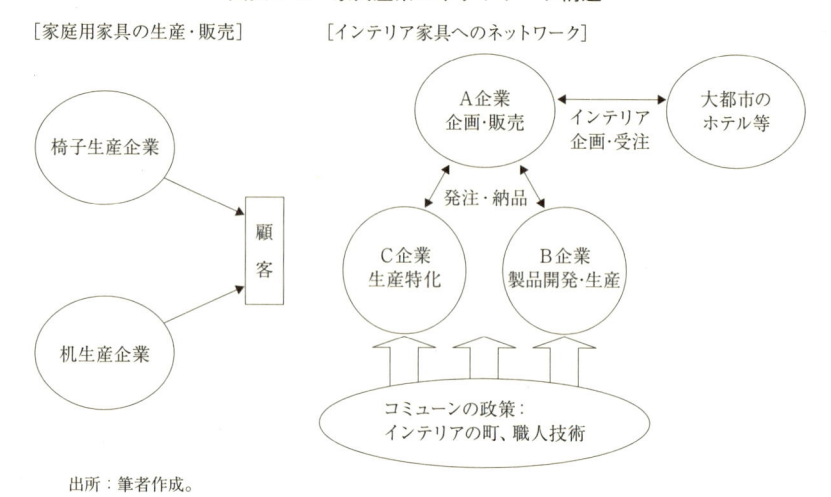

［家庭用家具の生産・販売］　　［インテリア家具へのネットワーク］

（図：椅子生産企業・机生産企業→顧客／A企業 企画・販売⇔大都市のホテル等（インテリア企画・受注）、A企業⇔C企業 生産特化、B企業 製品開発・生産（発注・納品）、コミューンの政策：インテリアの町、職人技術）

出所：筆者作成。

クションを強く持つ企画／販売型の企業数社（仮にAランク企業とする）が、マーケティングを中心に新製品企画などを含む業務内容に転換しており、これに新製品企画・生産に特化した企業や、生産に特化した企業に分かれて、全体として緩やかなネットワークを形成している。Aランク企業が例えばホテルから受注した場合には、その他の企業から製品を調達して納品する形となる。もちろん、他のレベルの企業が受注する場合もあるが、そう多くはない。企業間の関係は、上下関係ではなくて対等なパートナーという側面が強く、Aランクから以下の企業のネットワーク関係も各々流動的である。全体としてみた場合の企業間関係は、1970年代までの競争を主体としたものから、現在では競争を孕みながらの協調へと移行しつつある。こうした家具製造企業のネットワークは、塗装その他の関連企業の存在と併せて、1800年代もしくはそれ以前からの家具製造業の歴史に根ざした独自の産業集積を形成している。

3　家具産業集積の歴史的な背景とコミューンの政策
(1)　歴史的な背景[9]

ティブロが位置するウェストラ・イェータランドの北東部（スカラボリ）は、

地理的にはストックホルムとイェテボリとを繋ぐ国土上の幹線に位置するとともに、2つの湖に挟まれた肥沃な農業地帯という特徴を持っている。この地域では、1800年代後半からのスウェーデンにおける近代産業の発展と、とりわけストックホルムとイェテボリとを結ぶ鉄道の開通（1868年）を通じて地域産業が発展した。その特徴は、一方でストックホルム等の都市からの技術と資本による影響を通じて、都市での需要に対応する製造業が拡大したことである。

　ティブロの家具産業は、農民による家具の生産と販売の歴史をその背景としている。元々丘陵地が多くて耕作面積に乏しく、森林を活用して生計を立てていたティブロの農民は、1700年代初めにティブロ周辺で鉄の馬具を生産する工場と製材所とが立地したことを契機に、鉄の生産に不可欠な木炭の生産に従事するとともに、製材業にも関わるようになった。さらに1800年代からの人口増加にともなう耕地面積の細分化と不足は、森林から採れる木材の付加価値を高めることを不可欠としたようであり、農民にはイェテボリの家具職人に弟子入りして技能を修得する者が現れた。ティブロの家具産業が一気に拡大したのは1800年代の後半である。その強みは多数の農民家具職人と、同じく多数の家具工場の存在である。個々の農家が機械を購入して家具を生産する形で、小規模な事業主体が幅広い作業分野に広がっていたことが、都市地域での家具需要の拡大に柔軟に応えることを可能にした。さらに鉄道の開通によってストックホルムをはじめとした販売市場が拡大した。家具企業の数は、近代的な家具生産が本格化した1910年頃には90社に、1930年には110社に上った。1970年代は家具産業の黄金時代で、3000人以上が家具産業に従事していた。

　小規模な企業を主体とするティブロの家具産業では、元来企業間でも競争の一方で共同が必要だったようである。1930年代以降には、家具企業の共同出資によって資材の購入や配送などに当たる会社が設立され、さらに1980年代には、市場開発を主な役割とする会社（Timark AB）が共同出資で設立された。この後、海外からの攻勢もあって縮小を余儀なくされ、安価な人件費を求めて海外に生産拠点を移転した企業もあったが、移転した家具企業のいくつかがその後ティブロに再立地した経過は、家具産業の集積地としての優位を物語っている。結果的に、ティブロの家具産業集積地としての特徴は維持されており、

その利点は塗装その他の関連産業の集中とともに、家具に関わるロジスティクスの集中拠点ということにもよっている。

(2) コミューンの産業政策

コミューンによる産業政策の展開は、以上の経過を背景にしている。ティブロの家具産業は、最近に至るまで引き続き厳しい局面に直面しており、従業員数では5位以内に入っていた企業がスイスの株主の判断で2008年に倒産するなど、家具企業での雇用の減少や失業の増大そして若者の流出が危惧されている。コミューンではこうした状況を背景に、幅広い市民の参加を得てティブロの将来構想"ヴィジョン2017"を決定するとともに、その一環としてコミューンの産業戦略を作成した。重視されているのは、家具ロジスティクスの中心地であるとともに、インテリア家具の中心地としての魅力と力量を向上させるための、次のような政策である。

第1に家具職人の養成である。1981年には、小規模なコミューンとしては例外的な規模の独自のギムナジウム（高校）が設立されて、家具業界に必要な技能労働者の養成に貢献してきた。また、1990年代に設置されたティブロ製材技術センター（TTC: Tibro Trätekniska Centrum）が、成人を対象とした技術訓練とともに、ギムナジウムでの科目の一環として家具製作の技術訓練を実施している。ここではIT化された製作機械の取り扱いとともに、ティブロ家具のひとつの特徴である彫り込みによる装飾技術を含めて、職人的な技術を持つことが重視されている。

第2に企業間ネットワーク化の促進であり、協同受注や多様な企画の提案などを通じて、顧客の需要に対して産地全体として柔軟に対応できるシステムの構築が進められている。また従来各々の家具企業が持っていたインテリアのショーウィンドーを協同で大規模な施設にして、ティブロ家具の全体を見渡せるようにする事業が実施された。こうした企業間協力の一例として、販売不調だったグスタビアン調（中世スウェーデンの様式）の家具製造7社が、企業団体を立ち上げてアメリカの見本市に出品し、高い評価を得て販売を伸ばす等の成果も挙げている。

第3に、インテリアデザインの町としてのティブロのブランドイメージを高

めることである。2008年秋に全国のインテリアデザイナーに呼びかけて、ティブロで開催されたインテリアデザインのセミナーは、こうした政策の一環である。インテリアデザイナーとのコネクションを広げることの意味は、例えばストックホルムのホテルが新改装を考えた場合にはデザイナーがホテルの相談相手になって企画するため、マーケティングの機会が拡大することにある。

こうした産業政策は、文化の町としてのティブロの地域環境全体を高めるための取り組みの一環として位置づけられている。その意味でコミューンのヴィジョン2017において、住み良さなどのアメニティの側面が強調されていることは、インテリア家具の重視やデザイナーとの関係強化などの経営戦略とも一致する側面がある。

まとめ

小規模コミューンでの以上の事例は、地域の優位を活かした経営戦略の転換と競争力の強化という点で注目される。その特徴は、次のように整理できる。第1に、地域産業のネットワーク化を背景としたインテリア家具への専門化である。これには地域の歴史を背景としたブランド力が裏づけになっていると思われる。第2に、コミューンによる産業政策であり、大都市デザイナーとの連携を通じた全国的なマーケット展開の援助や、教育・技術訓練機関を通じた技術力を持った労働者の確保が進められている。第3に、ティブロ家具のブランドイメージの向上が、文化の町としてのティブロの将来像と、一体のものとして構想されていることである。

ティブロ家具産業のネットワークと産業政策は、小企業が集中した地域産業を支える地域システムのひとつの典型と言うことができる。

第4節 工場都市の構造変化

この節では、国家的なプロジェクトの主導の下に形成された工業都市であるトロールヘッタンの、産業構造の動態と政策を検証する。変化の背景は、トロールヘッタンの中心企業がグローバルな経営戦略の下に置かれる中で、地域

産業の構造転換を迫られていることである。ここでは、地域経済の歴史的な形成過程を通じて形作られてきた固有の弱点と優位を前提した、新たな地域経済システムの形成が求められている。

1 トロールヘッタンの歴史的特徴と地域経済
(1) 地域経済システムの形成

　ウェストラ・イェータランド北部（フィルボダル）に位置するトロールヘッタン（人口約5万）の産業構造は、国家が主導して開発した先進工業地帯としての特徴を色濃く帯びている。トロールヘッタンは、スウェーデン南部のヴェーネン湖に発する瀑布の落ち口に位置する工業都市である。この滝は、全国的な輸送ルートの要といえるヴェーネン湖と北海を臨むイェテボリ港とを結ぶヨタ川の出発点でもある。トロールヘッタンでは、19世紀の後半から滝を堰き止める堰堤や、ヴェーネン湖からヨタ川への舟航を可能にする運河の建設、および水力発電という国家主導の事業が展開されて、鉄鋼・機械・電気化学などの先端的な重化学工業が、資本・技術集約的な近代工業生産の拠点として拡大した。こうした特徴は、トロールヘッタンの都市形成にも直接反映している。19世紀の後半から急激に人口と企業が集中したトロールヘッタンでは、都市部の土地の多くが国有の運河会社に所有されて、運河会社のイニシアの下に都市計画と企業の立地が進められた。トロールヘッタンの人口は、こうした企業の増加に正確に比例して増加しており、多くが他所からの転入だったとされる (Olsson 2007)。

　こうした背景とともに1900年代には機関車の製造企業であるノハブ (Nohab) が、政府部門の発注にも支えられて生産を拡大し、さらに誕生直後のソビエトから1000輌の機関車を受注して一気に生産を拡大し、トロールヘッタンを代表する企業に成長した。この後1930年代の景気後退の中でトロールヘッタンの産業は、政府の指導によってノハブから分社化したサーブ (Saab) による戦闘機の開発・生産とモーターの生産、および軍による兵器の発注を受けて拡大し、現在に至る産業構造の基礎を形成した。第2次大戦後の経済拡大期（1959年）におけるトロールヘッタンの、従業員数20人以上の企業と従業員数は19

社7864人で、このうちノハブとここから分社化したサーブとボルボアエロとの2社の総従業員数は6032人と、圧倒的なシェアを示していた (Olsson 2007)。

(2) グローバル化とシステム転換

　急速な工業化と生産拡大を、主に海外市場と軍需をはじめとした政府調達に依存して実現したトロールヘッタンの産業構造の特徴は、技術的なレベルの高さの一方で、世界規模の競争に直接に曝されてきたことであり、世界的な景気変動に影響されやすい側面を持っていた。第2次大戦後の拡大期を経て1980年代には、19世紀以来電力供給の容易さからトロールヘッタンに立地してきた電気化学などの企業が一掃された。一方でこれに併行して、1970年代から自動車生産を中心としていたサーブおよび航空宇宙関連企業として拡大したボルボアエロの2社が生産・雇用を拡大した結果、トロールヘッタンは名実共にこれら2社の企業城下町となった。

　この状態は、1990年代当初の経済危機とサーブの経営危機によって深刻な打撃を受けることになった。GM (General Mortars) によるサーブの買収 (1995年) の後、部品調達の地域外への依存が拡大するとともに、企業の長期的な発展よりも親会社の世界戦略にもとづいて生産施設を効果的に活用する経営戦略に転換した結果、地域経済の不安定性が高まった。2002年に発売された新型車のエンジンが外部調達された製品であったことは、これを象徴する (Drougge 2007)。

(3) 地域経済の構造と特徴

　トロールヘッタンの従業人口は約3万人で、産業別には製造業就業者の割合が30%を (数年前までは40%以上) 超えている[10]。従業員規模別に見た企業の構成 (2011年) では、3800社の企業の内で3600社が従業員20人以下の小企業であり、従業員数100～400人の中規模企業は10社にとどまっていて、中規模企業が不在の構成になっている。こうした構造は、図表2-6に示された従業員数の大きい企業からも窺うことができる。表の中の4位と5位の企業は、各々GMの子会社および部品供給企業である。

　こうした集積構造は、一般的に類似の関連企業の地域的な集積としてのイメージを持つ"地域クラスター"とは異質である。企業間関係は、サーブとボ

図表2-6　被雇用者数の最大5企業（2011年）

企業名	被雇用者数(人)
サーブ（SAAB Automobile AB）	3,800
ボルボアエロ（Volvo Aero）	2,100
Vattenfall（発電）	400
GM Powertrain（自動車エンジン）	350
Lear Corporation（自動車部品）	170

出所：Trollhättans Stad.

ルボアエロを中心とした大企業と、これに部品を供給する中規模クラスの企業がひとつの構造を成している。これには従来サーブなどの大企業が、エンジンなどの主要部品をトロールヘッタンの自社工場で内製して、市内の業者からの購入が少なかったという経過も反映している。大企業とごく少数の部品供給業者による生産体制が形成された結果、関連企業の幅広い層がほとんど形成されておらず、他方での小規模企業の集積は、大企業に集中した企業間関係とは無関係な形で存在しており、技術力が低くて独自に経営を展開するうえでの問題が大きいとされる。[11]

こうした特徴はトロールヘッタンが、産業形成の初期の段階から、新規立地した先端的な大企業の集中地域という面が強いことに起因している。生産を担う技術者や優秀な労働力は、地域外からの移住によるとともに、大企業は各々に教育システムを内部で作ってきた。また、大学は1990年代までトロールヘッタンには無く、大学教育の必要な技術者は、他の地域で採用していた（Olsson 2007）。

(4) エンジニアのソーシャルキャピタル[12]

国家主導の先端的なプロジェクトが主導してきたトロールヘッタンでは、規模の大きな装置産業が多い産業構造という特徴もあって、技術者がスピンオフして起業家になるケースは稀で、その場合にも元の会社との密接な関係の下で業務をするのが普通だったと言われている。反面で、各時代の先端技術を持つ企業の立地は、担い手である技術者の社会的な地位の高さとともに、企業の枠を超えた地域的な技術者集団の形成をもたらした。それは主要企業が、ノハブ・ファミリーと呼ばれるように、同じ企業から出発して協力関係にあった経過を背景に、技術者間での積極的な情報交換や人的交流の気風を、今日まで引き継ぐ結果となった。1907年に創設されたエンジニアクラブは、技術専門家としてのエンジニアの間で情報を交換する不可欠な交流の場としての歴史を持って

いる。現在のエンジニアクラブは、会員としては、大企業および中堅企業の社員が多く260人の会員を持つ。サーブとボルボアエロの会員は、各50人程度で、小企業からはきわめて少人数である一方で、ウェスト大学の研究者や卒業生なども加わっている。クラブの事業は、会社訪問やセミナーや交流会などで、セミナーでは政府の補助事業についての評価や、また起業に向けた学習なども行っている。クラブ関係者によれば、「これは一種の社会的なプラットホームであり、これを通じた人間関係は、新たな事業や起業の際にも役立つ。また、クラブでは、能力を持った移民の技術者との交流を通じて社会的な交流の場を提供することや、EU補助金の事業にも関わっている」。エンジニアクラブの人的ネットワークは、トロールヘッタンで歴史的に形成されたひとつの社会資源ということができる。

2 地域経済政策の現状・課題
(1) 地域経済政策の概要

スウェーデン政府は1990年代以来、トロールヘッタンの地域経済基盤を強化するための対策を講じてきた。その内容は、概ね次のように纏められる。第1に、トロールヘッタンの地域経済とりわけサーブの立地上の優位を高めるための、イェテボリ港につながる道路・鉄道および運河という交通インフラの改善拡幅である。サーブがアッセンブリー工場を持つトロールヘッタンには、世界中の供給者からの部品が送られてくるとともに、一方でトロールヘッタンからは完成車を輸出しているため交通インフラの充実は死活の問題であった。[13] この点ではサーブを買収したGMが、ドイツの子会社かサーブのいずれかに生産を集約する方針を掲げて効率化を競わせた中で、一層の改善が要求された。同時に、地元の他の企業にとっても、世界の経済とつながるために交通インフラは重要であるとされる。第2に、研究・開発への基盤整備である。サーブのみに依存する地域経済が不安定さを増す中で、イノバトム（Innovatum、後述）やウェスト大学による地域産業と連携した教育課程の実施や、研究・開発を通じた企業との連携などを進めている。第3に、サーブとボルボアエロのみに依存しないための、新たな基幹産業としてのフィルム産業の育成である。1992年

に当時のランスティングによってビデオ・映画会社フィルムウェストが設立され、1996年にはEU構造補助金目標2による補助を受けて、関連企業の誘致を促進している。これとあわせてめざされているのは、多様な産業分野での企業の発展に向けた事業である。第4に、大企業との取引関係をあまり持たない多くの小企業への支援体制の整備である。これらの事業の役割と、トロールヘッタンの産業構造との関係は、図表2-7のように示すことができる。

(2) ウェスト大学[14]

スウェーデンでは1970年代から順次に大学が地方に新規設置された。1995年に設立されたウェスト大学の役割として第1に指摘できるのは、地域の産業に優秀な労働力を提供することである。大学・企業間の共同で、学生が在学中に就業経験を積む事業を実施しており、大企業はこれを通じて労働力を確保している。第2の役割は、トロールヘッタンの有力企業と一体となった技術開発への貢献である。中心的には、50人の研究スタッフによるチームが、宇宙開発に重要な高温のスプレーなどの高度の技術開発を進めている。興味深いこととして、このチームは研究・開発の本拠を、大学とサーブおよびボルボアエロの共同で運営されている研究施設に置いていることである。反面で、ウェスト大学と小企業との関係では、小企業には"研究"という言葉自体が馴染みにくくて自分たちとは無縁の世界との意識が強いとされる。

(3) イノバトム[15]

イノバトムは、1997年にウェストラ・イェータランドリージョンおよびトロールヘッタンコミューンとサーブおよびボルボアエロ他の有力企業によって、ノハブの工場跡地に設立された一種の複合施設である。地域産業の拠点として、インキュベーターや立地企業への施設提供（2007年では70会社、従業員総数800人）および技術開発などを実施している。

この内の技術開発事業は、イノバトムABが15名の担当者を置いて実施している。開発プロジェクトの役割と現状は、サーブからの派遣社員でもあるイノバトムABマネージャーの説明によれば次のとおりである。「イノバトムABの業務の中心である開発プロジェクトでは、軽量のバンパーの開発や、工作機械操作のデジタル化の開発など、年間約150件を実施している。開発は通常、

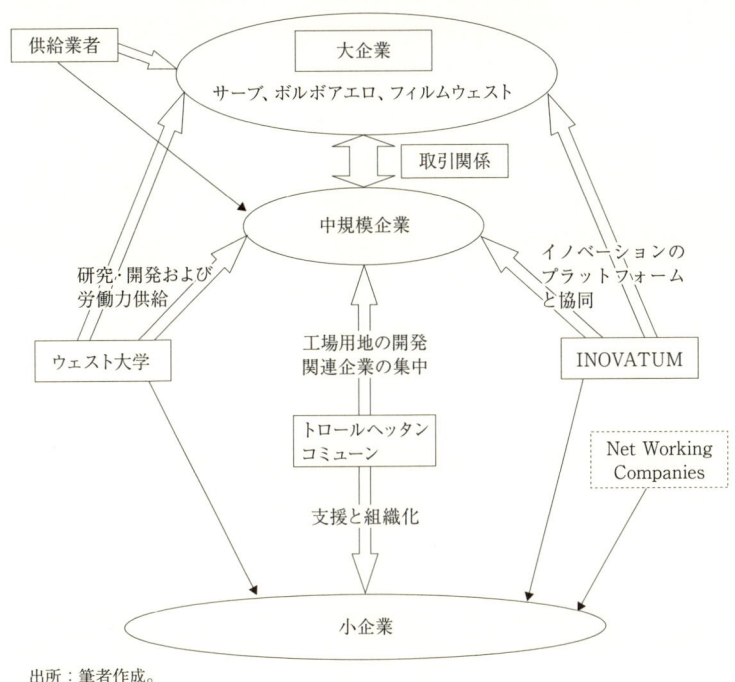

第 2 章　地域産業のグローバル化と産業政策

図表2-7　トロールヘッタンの産業構造

```
        供給業者 ──→  ┌─────────────────┐
                     │     大企業        │
                     │ サーブ、ボルボアエロ、│
                     │   フィルムウェスト   │
                     └─────────────────┘
                            ↕ 取引関係
                     ┌─────────────────┐
                     │   中規模企業      │
                     └─────────────────┘
     研究・開発および          ↕           イノベーションの
     労働力供給        工場用地の開発       プラットフォーム
                     関連企業の集中        と協同
   ┌────────┐                          ┌──────────┐
   │ウェスト大学│    ┌──────────┐       │ INOVATUM │
   └────────┘    │トロールヘッタン│     └──────────┘
                  │  コミューン   │
                  └──────────┘       ┌──────────────┐
                     支援と組織化        │ Net Working  │
                                        │  Companies   │
                                        └──────────────┘
                     ┌─────────────────┐
                     │     小企業        │
                     └─────────────────┘
```

出所：筆者作成。

　サーブやボルボアエロとその他の企業との共同作業で行っており、イノバトムの研究施設に各社から派遣された社員が共同作業している。プロジェクトの経費は参加各社の負担であり、開発成果のパテントはプロジェクトオーナーの企業（多くはサーブなど）が取得する。トロールヘッタン周辺地域は、歴史的に国家事業や大企業を中心としており、これに子会社的に関連する企業の集まりで、自力で新製品を開発するなどの起業精神に乏しい。ただプロジェクトでの接触を通じて、サーブの社員が小企業の技術力アップに貢献することは大いにある。また開発後に、例えばサーブが、プロジェクトに加わっていた企業にその部品を発注することはありうる。サーブはもちろん、自社工場での研究施設を持っているが、イノバトムでのプロジェクトに参加することのメリットは、優秀な供給者を確保すること。この点は、サーブの経営戦略にも関わる。サー

51

ブはGMの方針で部品供給者を世界に広げており、地元発注それ自体に拘ってはいない。この点では、地元調達は低下している。ただし、身近な場所に供給者を確保しておく必要と、今後のサーブ自身の社員の確保という点で、イノバトムに参加することにはメリットがある。」

　大企業の間での連携は、フィルムウェストとボルボアエロおよびサーブの間で協同の研究開発も行っており、互いの情報提供とともに新製品開発などの結果も出していて、この点ではイノバトムの役割が大きいとされる。他方で、イノバトムの施設を利用して起業した企業家とサーブやボルボとの直接の取引関係も、増えつつあるものの、多くは無いとされており、いずれも、過渡期の状態にあることが指摘されている。

(4)　NWC（ネットワーキングカンパニー）[16]

　トロールヘッタンでの企業間ネットワーク組織としてしばしば紹介されるNWCは、1996年に設立された、50社（従業員総数1万3000人）のネットワーク組織である。その創設は、1992年ごろの経済危機に直面して多くの会社が経営危機を迎える中で、会社経営の経験もある創設者が、コミューンの経済政策担当と連携して組織的な対応を進めるために各会社に相談に廻ったがほとんど何の反応も無い中で、ネットワークの設立が必要と考えて立ち上げたというものである。この時にはEUの基金の活用が可能だったことが有力な手がかりになったと説明される。NWCの組織と活動の現状は次のとおりである。「NWCのメンバー企業の構成は、ボルボアエロなどの大企業を除けば従業員2〜3人の小企業が多く、地域的には当初のトロールヘッタンの企業からウデバラなど周辺地域の企業も対象としている。ただし、地域的には広げてもトロールヘッタン内の企業の参加は多くはない。反面で参加企業には、小企業でもロボット開発等の技術を持つものもあり、NWCでできたつながりでシーメンスなどの大企業との契約を実現することもある。NWCとイノバトムとの関係では、ある意味での役割分担が成り立っている。イノバトムでは経営戦略などを含めた講習などをしているが、小企業では意欲の点を含めて参加が難しい。このため、NWCは小企業にとっての最初の一歩の役割がある。」

(5) トロールヘッタンコミューン[17]

　コミューンでは、雇用をはじめとした地域の経済がサーブに大きく依存する現状を前提に、対策をとろうとしている。主要には次のとおりである。

　第1に、サーブの生産拠点としての基盤整備である。コミューンでは、市内の土地を工場用に再開発することを通じて、市外に散在する部品供給業者をはじめとする関連会社を、トロールヘッタンに集中することを計画している。これはJIT（Just In Time）システムの確立を容易にすることを通じて、サーブにとっての効率的な生産体制を実現するものとして期待されている。このためにコミューンの所有会社を通じて用地の開発・提供を行っている。

　第2には、サーブなどの大企業とは直接の取引関係を持たない小企業を、支援する枠組みの整備である。1990年代初めの経済危機以降に、企業団体とコミューンによる協同を進めるための経済委員会が設置されている。経済委員会の主要な構成団体である企業協同組合は、コミューンの呼びかけで組織されたもので、7団体が地域ごとに150～400社を組織している。企業協同組合の活動は、商店を除けばビジネスに直接関わると言うよりも、地域環境に関わるものが多いが、会計処理や職員の研修なども共同で行っている。

　第3に、イェテボリへの通勤者の住宅地として、現在の5万数千人の人口を2030年までに7万人に増加させることを目標とした住宅基盤の整備である。これには、市内に安定した購買力を確保したいという期待もあるようである。コミューンの見通しでは、「人口7万の達成のためには8000人の雇用増加が必要と見込まれているが、コミューン内での4000人の雇用創出とともに、イェテボリでの従業者がトロールヘッタンに住んでくれれば解決する。この点では、鉄道の複式化などの交通インフラの改善によってイェテボリへの通勤時間が大きく短縮されるため、大いに可能性がある」。コミューンでは、居住者を増やすための計画を立案する組織を立ち上げて構想を纏めている。この政策は、サーブの拠点としての基盤を固める反面で、イェテボリ都市圏の一部としての住宅開発をめざしたものといえる。

3　地域経済システムの転換

　少数のビッグビジネスが世界の生産を支配する自動車産業の、立地構造の特徴として指摘されるのは、部品の外部調達を世界に広げる一方で、ヨーロッパや北米などのエリアごとにまた各々の国ごとに、アッセンブリーや開発デザインなどの拠点を維持する傾向を持つことである。それは、消費者の嗜好への対応や部品供給業者との密接な連携、また重量にともなう輸送コストの点からも完成車の生産を市場に近づけることの必要性という、自動車産業の特徴を背景とする（Gereffi et al 2009）。

　開発・デザインやアッセンブリー部門の地域的な集中と、その他の部品のグローバルなアウトソーシングという、自動車産業に一般的な立地パターンは、GMによる買収以降のサーブの経営戦略を考えるうえでも示唆的であり、それは一方ではサーブが度々の経営危機に陥りながらも生産を継続していること、また他方では完成車の生産地であるトロールヘッタンでの、交通インフラの整備が重要な政策課題となることの背景を示している。

　トロールヘッタンの産業の長期的な安定を考えるうえでの課題は、自動車産業の特徴を前提に、産業集積地域の特徴と今後の課題を捉えることである。この点で、ドイツのストュットガルトの事例は興味深い。ストュットガルトで歴史的に形成された、メーカーから供給業者への技術指導などをともなうヒエラルヒー型の企業間ネットワーク構造は、1990年代初めの経済危機の中で再編成を来たした。コストの削減が至上命題となったメーカーが域外調達を拡大するにともない、供給業者への技術指導は限定されたものとなった。地域産業の再生を助けたのは、供給業者の側でのイノベーションを進めるネットワークの再編成であった。それは供給業者相互間の協力関係と政府部門の役割の強化を通じて、言い換えれば本章冒頭で紹介した地域協同的競争財の、供給システムの再構築を通じて達成された（Glassmann 2004）。

　こうした事例をふまえて、改めてトロールヘッタンの地域経済システムに注目した場合、その特徴は、大企業が政府の支援の下で技術レベルを向上させて事業を拡大してきたこととともに、部品を内製化する生産システムをとった結果として、技術的な発展は大企業に内部化されてきたことである。大企業の新

規立地を通じて工業地帯が形成された歴史的経過を背景とするこうした経営戦略は、優れた部品を社外から幅広く調達するネットワーク型の経営戦略が一般化した現代では、見直しが迫られたといえる。

　他方でサーブの経営状況によって振り回されることのない、多様な産業構造を構築するという課題から見た場合、トロールヘッタンの産業の特徴のひとつは、技術力の発展がサーブをはじめとした大企業に集中した反面で、中小企業に対するサポートシステムが不在だったことが挙げられる。この点でイノバトムやウェスト大学の事業は、大企業に内部化されてきた社員教育や製品開発などのサービスシステムを、地域的に開かれた形で供給するためのシステム構築としても捉えることができる。さらに高度な技術を持った企業が立地した地域としてのトロールヘッタンの歴史的な経過を反映して、技術者間の信頼関係が作られてきたことは注目される。こうした一種の社会資本が、ウェスト大学などのサポートシステムと結びついて機能させるならば、安定的な地域経済の基盤を形成することが期待できる。

　それは反面では、これまで大企業に内部化されていた製品開発や労働者教育また市場調査などのサポートシステムを、政府の政策を通じて開かれたものに再組織すること、言い換えれば地域協同的競争財として整備するシステム形成の過程とも言うことができるであろう。その意味では、引き続きサーブをはじめとする大企業の役割を地域経済の根幹に据えつつも、多元的なアクターのネットワークとそれを支えるインフラや研究・教育機関によって構成される、フレキシブルな地域経済システムへの再編成の過程にあるものとして捉え直すことができる。

第5節　地域産業の変動と産業政策

　本章の事例を通じて指摘できるのは、各々の地域産業と地域経済の特徴そして政策課題を、地域の固有の特徴を出発点に、動的な変化の中で捉えることの必要性である。この章の事例からは次のような特徴が見られる。第1に、グローバル化による地域産業の構造変化である。主要な産業が持つ特徴と歴史的

に形成された多業種間の取引関係や、社会的・文化的な特徴を背景に持つ形で、地域産業の再編成が進んでいる。トロールヘッタンに見られるように、教育・研究開発を内部化した少数の有力企業が地域の雇用の圧倒的な部分を占めるシステムは、アウトソーシングの世界規模への広がりなどを通じて再編成を迫られている。他方では、ティブロに見られるように、企業間のネットワーク関係の再編成を通じて競争力を発揮している例が見られる。第2に、ボロースに見られるように、規模を問わず各企業レベルでのグローバルな経営戦略が進展していることである。それは地域産業構造の特徴を、一方では世界に経営戦略を展開する企業の"束"または"結節点"として、他方では一定の歴史過程を背景とした地域的な特徴をともなう産業集積としての、2つの側面から捉える必要を示している。

　以上を念頭に置いて、3つの地域での政府部門の政策を整理するならば、次のとおりである。第1に、企業の経営環境の変化に対応した支援的なサービスとともに、技術・製品開発を促すシステムの整備である。ボロースのSPやボロース大学に見られるように中央政府の政策が、技術の高度化や製品開発に向けて大きな役割を果たしている。またティブロのように伝統的な家具産業の後継者の育成を含む技術教育や、トロールヘッタンのように自律的な生産者への転換を助ける事業などが多様に取り組まれている。第2に、ネットワーク形成への援助である。ティブロの家具産業のように企業間ネットワークの再編成を通じて、インテリア家具の生産・販売への転換を遂げている事例や、起業の援助や投資の誘致と併行したネットワーク形成を進めている事例などが、多様な形で進んでいることである。第3に、インフラ整備などを通じた、立地環境そのものの改善である。小規模企業を含めて、世界的なマーケティングの拡大と技術革新などが不可欠となる中で、グローバルな経済活動と直接に連結するためのインフラの整備が、地域経済基盤の確立に向けて重要性を増している。

　これらは、地域経済を独自の実体を持つ単位として捉えたうえで、地域で歴史的に形成された社会的な特徴や自然環境等にも規定された固有の諸特徴をふまえて、総合的な発展戦略と地域経済システムの確立とが必要なことを示している。それは、中央政府からコミューンに至る各レベルの政府の協調にもとづ

く政策展開を必要とする。次章ではこの点について、広域政府システムの課題として検討する。

1) この節は、筆者が2008年9月に行った、Nellyy Hayek（ボロースコミューン Business Development Officer）およびDaniel Wennerlund（ボロースコミューン International Business Coordinator）へのインタビューによるところが大きい。
2) この項の統計データは、Borås Stad 2006による。
3) Borås Stad 2006および、筆者によるLarsh ErikssonおよびJan Carlsson（テキスタイル大学）へのインタビュー（2007年1月）による。
4) 筆者によるインタビューMarcus Bergman (The Ecocotton Co.)（2010年3月）による。
5) 筆者によるインタビューTherese BengtssonおよびJeannine Han（The Textile and Fashion Factoryのインストラクター）（2010年3月）による。
6) 注1）と同じ。なお同時に、ボロースコミューンの関係者からは、テキスタイル企業の間では伝統的に協力関係が乏しく、例えば企業の後継者がいない場合には他の経営者に委ねることが難しくて、廃業するケースが多いなどの悩みが聞かれた。
7) ティブロの家具産業は、筆者によるBörje Malmsten（ティブロコミューン）およびMikael Johansson（ティブロコミューンTTC）へのインタビュー（2008年9月）によるところが大きい。
8) 資料は、TMF（Trå & Möbel Företagen）http://www.tmf.se/web/Mobler_1_3.aspx、原資料はSCB（スウェーデン中央統計局）。
9) この項は、Larsson 1989による。
10) トロールヘッタンコミューン（Trollhättans Stad）、"Trollhättan I fickformat" 2010。
11) 筆者によるPar Lowenlid（コミューン経済局長）およびLivio Benedetto（コミューン経済局）へのインタビュー（2009年8月）による。
12) 筆者によるFredrik Ahlman（エンジニアクラブ副会長、前会長）およびTore Persson（ウェスト大学教授、クラブ会員）へのインタビュー（2010年9月）による。
13) 筆者によるTore Helmersson (Innovatum ABのManaging director) へのインタビュー（2007年2月）による。
14) 筆者によるLars Svensson（ウェスト大学助教授）およびUlrika Lundh Snis（ウェスト大学）へのインタビュー（2009年9月）による。
15) 注13）に同じ。
16) 筆者によるLena Skaesjö（NWC理事）へのインタビュー（2009年9月）による。
17) 注11）に同じ。

第3章　ネットワークとしての広域政府システム

第1節　広域化のメカニズムと広域政府システム

　本章では、先行してリージョンが設置された2つの地域の分析を通じて、ネットワーク型の広域政府システムの形成過程を論じる。最初に関連する論点を検討する。
　第1に、経済構造の多極化の論点であり、地域経済が一定の独自性を持って、EUおよびグローバルな経済活動との直接のつながりを強めていることを背景とする。これについては、EUの経済戦略を念頭に置く必要がある。EU規模の空間計画を示したESDP（European Spatial Development Perspective）は、ヨーロッパ規模での"多極化"を経済発展に向けた重要な課題としている。焦点はEUの中心地であるいわゆるペンタゴン地域の外側に、グローバル経済の拠点となりうる核都市を形成することにある。ここでの多極化は、拠点都市のネットワークをTEN-T（Trans European Network-Transport）を基軸としてEU規模に広げる戦略とも連動しており、国の枠を超えたEU規模の開発構想を象徴するキーワードのひとつといえる。この構想は後に見るように、EU規模の経済との直接のつながりを求めるスウェーデンの地方政府と経済主体に、重要な手がかりを提供している。
　第2に、多極型の広域エリアもしくは大都市圏域が形成されるメカニズムとそこに求められる政治システムである。グローバル化と情報化の進展は、中心都市への金融・本社機能の集中と、関連企業の周辺地域での立地を齎し、多くの副次拠点を含む多極型の都市圏域を形成しつつある（Hall 2009）。こうした大都市圏域の多極化を前提とした政治的・制度的なシステムを、関係機関による

契約関係として捉えるという論点は興味深い。大都市と後背地から成る機能的な影響圏域としてのシティー・リージョン（City Region）の拡大は、グローバルなレベルの資源や情報および資本の流れによって左右される。地理的に拡大した機能的な影響圏域を、垂直的なヒエラルヒーにもとづく統治システムのみによって制御することは不可能である。必要なのは、シティー・リージョンを発展しつつあるものとして動的に捉えたうえで、関係する地方政府や経済主体による、柔軟なネットワーク型の契約にもとづく統治のシステムを設けることであり、これを学習＝統治の関係として発展させることである（Neuman et al 2009, Healay 2009）。

第3に、制度としての、言い換えれば政治的に設定された地理的なエリアにまたがるリージョンの、政治システムに関わる論点である。広域エリアにある地方政府の間の相互関係は、協力と反発の両面から見る必要がある。広域政策の主導権をめぐる中心都市と周辺都市との争いが緊張関係をもたらすのに対して、他地域または国外のリージョンとの競争関係は、利害の一致にもとづく協力関係を生む（Salet 2003）。

本章で検討するのは、ここで触れたEU規模の経済的多極化や大都市の影響圏域が多極化するメカニズムを一部に含みつつも、複数の経済圏域を含む地理的範囲として政治的に決定された、スウェーデンのリージョンと中央政府およびコミューンとの相互関係である。スウェーデンでは、広域エリアでの統治システム再編成が1990年代末以来進められてきた。その経済的な背景は、スウェーデンのEU加盟と経済統合、および経済のグローバル化にともなって、地域経済の基盤強化が重要な政策課題となったことであり、次のような特徴を持つ。第1に、中央政府の立場から、スウェーデンの競争力を高める戦略の基本的な単位として、地域経済とリージョンの役割が強調されるに至ったことである。広域エリアが、インフラ計画の基本単位として注目されるとともに計画や政策の担い手となる政治主体の創設が、リージョンの制度化をはじめとして模索された。第2に、コミューンレベルの地域産業が、グローバルな経済活動との、直接の結びつきを強めていることである。この結果、従来は福祉と教育分野の事業を中心としていたコミューンにとって、独自の産業政策とインフラ

整備の政策・要求が重要性を増した。これを広域エリアの経済構造として見た場合には、多極型の広域圏の形成として捉えることができる。第3に、社会・経済活動の広域的な利用が広がっていることであり、コミューンにとってリージョンが、広域的な調整システムとしてもまたインフラ整備を中央政府に求めるうえでも必要性を増したことである。それは広域レベルでの政治的な統合が進む重要な要素となっている。

　これら全体を通じて、中央および地方政府の各レベルで、広域エリアを単位とした統治システムの再編成が進みつつある。その背景と特徴は次のとおりである。第1に念頭に置くべきなのは、スウェーデンでは、コミューンの上位に位置する広域政府が実質的には存在しなかったことである。現在進んでいるのは、リージョンを軸とするとともにコミューンを基礎とした広域レベルでの地方政府システムの形成である。第2に、広域レベルでの政府システムの形成が、コミューン間の調整・協同という水平的関係とともに、中央政府からコミューンに至る政府間関係の垂直的調整・協同という両面をともなって進んでいることである。併行して、中央政府機関の広域エリアを単位とした再編成が進められつつあり、リージョンは水平的・垂直的調整の要としての位置にある。第3に、経済グローバル化が進む中での地域産業戦略が、各層の政府と企業や組織との連携を前提に、地域的な産業支援システムの形成に向けて進められていることである。それは、産業政策に関わる権限が中央政府に集中していた従来のシステムから、リージョンを単位とした協力・調整型のシステムへの転換の事例として興味深い。

　本章ではこうした経過を、各地域経済が国外の経済活動との直接のつながりを強めた結果としての、経済構造の多極化にともなう統治システムの再編成として捉えたうえで、全国に先駆けてリージョンが設置されたウェストラ・イェータランドとスコーネを対象にして、その現状を検証する。結論をあらかじめ要約すれば、地域経済のグローバル化と経済活動の広域化に対応した、ネットワーク型の広域政府システムが形成されつつある。ここでの前提は、多段階の政府による協調システムであり、リージョンには水平的調整と垂直的調整との両面の要としての役割が求められている。

従来、スウェーデンを含むEU諸国のリージョンについては、超国家としてのEUの出現と、EU域内の地域間での国家横断的な政策と活動の展開を前提に、主にEUと国家そして地方政府さらには私的セクターを含め、多段階統治の構造的解明を巡って論じられてきたということができる（Montin 2011, Bache 2004）。本章は、スウェーデンのリージョン設置に関わる経済的な背景に注目するとともに、国家とリージョンおよびコミューンによる多段階統治の特徴を、ネットワークとしての機能的な側面から捉えたうえで、その役割を論じる。

第2節　ウェストラ・イェータランドでの広域政府システム

　本節では、ウェストラ・イェータランドリージョン（以下、当地の略称に倣ってVGと記す）に焦点を当てて、広域政府システムの形成過程を検証する。ウェストラ・イェータランドは、制度実験を経て最初にリージョンが設置された2つの地域のひとつである。

　ウェストラ・イェータランド（面積2万3956km²、2010年人口158万、49コミューン）は、17世紀の後半まではスウェーデンとノルウェーおよびデンマークの軍事的な境界地域で、域内の各地域は各々の勢力下にあった。その後には、西岸最大の港を中心に産業が発展したイェテボリの影響を受けながらも、各地域が一定の独自性を持つ経済発展を進めてきた。

　ウェストラ・イェータランドの地域構造の特徴は、域内でも各地域産業が独自にグローバルな展開を進めていることであり、図表3-1に示したように、イェテボリ都市圏とともに副次的な中心を持つ3つのサブリージョナル地域（以下、エリアとする）に分かれている。全体の特徴は次のとおりである。第1に、各地域が、自由貿易と輸出拡大を基本に経済成長を実現したスウェーデンの特徴を反映して、国外との競争に晒されながら産業構造の変化を進めてきたことである。第2に、地域産業のグローバル化であり、とりわけ1990年代からは、各地域がヨーロッパ諸地域をはじめとして世界的な経済活動との結びつきを強めている。第3に、リージョン規模での社会経済活動の広域化であり、とりわけVGの発足にともなう域内交通の一体化と利便の改善を通じて、通勤

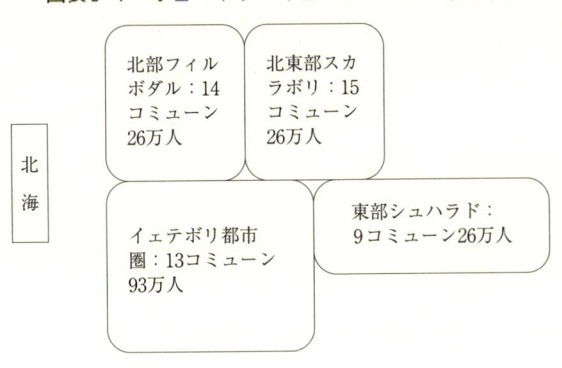

図表3-1　ウェストラ・イェータランドの概念図

```
                    ┌──────────────┬──────────────┐
                    │ 北部フィル    │ 北東部スカ    │
                    │ ボダル：14    │ ラボリ：15    │
         北         │ コミューン    │ コミューン    │
         海         │ 26万人        │ 26万人        │
                    ├──────────────┴──────────────┤
                    │ イェテボリ都市 │ 東部シュハラド：│
                    │ 圏：13コミューン│ 9コミューン26万人│
                    │ 93万人         │               │
                    └──────────────────────────────┘
```

注：ウェストラ・イェータランドはスウェーデン南部に位置し、中心都市
　　イェテボリの人口は50万。
出所：筆者作成。

圏域が拡大した。第4に、各エリアに大学が設置されて、地域産業のサポートシステムが形成されていることである。

　ウェストラ・イェータランドでは1999年に3つのランスティングが合体して、直接選挙で選ばれた議会を持つVGが設置された。VGが発足した当時の関係者の関心は、歴史的なアイデンティティの欠如しているウェストラ・イェータランドでの、地方政府としての全域的な統合がどこまで可能かという点にあった。言い換えれば制度としてのリージョンと、社会・経済的な範域との乖離が問題視されたわけである。このためVGの発足にともなって重要になったのは、旧ランスティングを中心とした地域間の利害調整である。

　VGの発足から10年以上を経過した中で興味深いのは、一定の制度的な定着とともに、それが広域的な調整システムとしての側面を持つことである。他方で、各コミューンとVGとの相互関係は、コミューン連合の形成プロセスとその政策の検討を通じて、より明確に捉えることができる。以下では、各コミューン連合の検討をふまえて、広域レベルでの政府システムを検証する。

1　イェテボリを中心としたコミューン連合とコミューン

(1)　グレーターイェテボリ（GR: Greater Göteborg Region）

　グレーターイェテボリ（GR）は、イェテボリとその周辺の計13コミューン（人口約91万8000）によって設けられたコミューン連合である。従来イェテボリの周辺コミューンは独自のコミューン連合を結成しており、高所得者の郊外転出につながる住宅建設の公的融資の配分をめぐってイェテボリと対立する関係にあったが、1990年代初期の経済危機と住宅公的融資制度の廃止を経て、1995年にGRが結成された。

　GRは、事実上の通勤圏を意味する機能的な労働市場圏をカバーする形でコミューン相互の一致した政策を実施することが、その基本的な役割とされている[1]。ここで興味深いのは、イェテボリ都市圏との経済的な関係が強いものの制度的にはVGには属さないクングスバッカコミューン（ハーランドリージョン）が、GRにメンバーコミューンとして加わっていることである。GRは、中心都市であるイェテボリと経済的なつながりの強い周辺コミューンによる、機能的な都市圏域を基礎とした連合体・調整機関として捉えることができる。

　GRの意志決定機関は年1回開催される連合議会で、その業務はメンバーコミューンの代表者から成る執行委員会によって執行される。2011年度の財政規模は259百万sekで、財政収入の24％はメンバーコミューンの拠出金によるが、その他の大半は、EU補助金や政府補助金および事業収入による。

　GRの重要な役割は、内外の資本によるイェテボリへの投資を促がすために、イェテボリ都市圏を一体的に開発することにある。このため、各コミューンが運営するギムナジウムへの入学を相互に認めるとともに、国外から赴任するビジネスマンの子どもを対象とする国際学校の設置や、元々イェテボリ市が設けた企業支援組織であるBRG（Business Region Gothenburg、次章で詳述）の活動をGRの全域に広げることによって、産業立地への広域的な政策展開を進めている[2]。また加盟コミューンからは、GRがコミューンにとって、福祉や教育などの各分野の政策に関わる相互の情報交換の場として有益であることが強調されている。

　GRの主要な事業は、都市圏域全体の開発構想を共有するとともに、それを

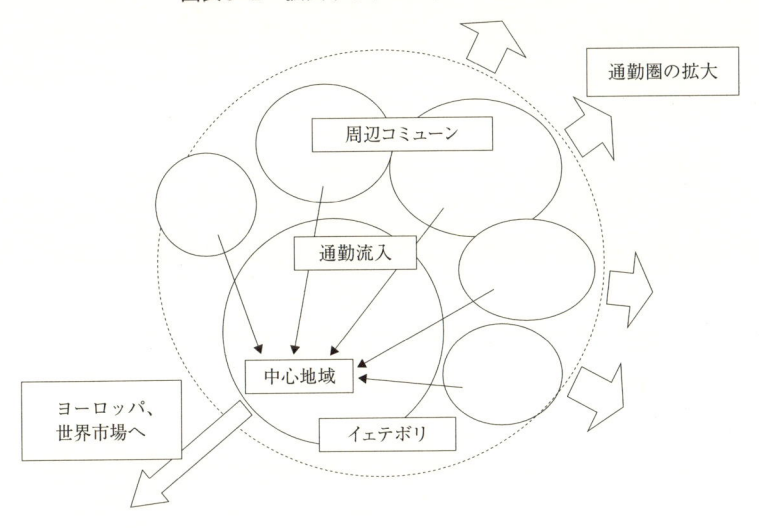

第3章　ネットワークとしての広域政府システム

図表3-2　拡大するグレーターイェテボリ

（周辺コミューン、通勤流入、中心地域、イェテボリ、通勤圏の拡大、ヨーロッパ、世界市場へ）

出所：筆者作成。

実現するためのインフラ計画を具体化して、VGの計画と各コミューンの開発計画に反映することである。GRのめざす将来像の中で中心に置かれているのは、イェテボリ中心部への企業立地と経済活動の集中こそが、ビジネスチャンスを拡大し、起業の機会を広げて新たな経済活動を呼び起こすとする発想であり、イェテボリ中心部を核として放射状に拡大する都市構造が想定されている。図表3-2に示したように、現在イェテボリへの通勤圏はGRの範囲を超えて拡大しており、こうした都市圏の拡大と経済活動の集中化は、今後の経済拡大への条件として積極的に評価されている。ここでめざされているのは、求心型の都市構造の拡大を、秩序のある環境に優しいスタイルで進めることにある。このため、イェテボリ中心地域の有効活用と企業立地を促すとともに、主要な道路と鉄道上にいくつかの副次的な都市核を設けること、さらに海岸沿い地域の環境に配慮することとともに、主要な交通幹線に挟まれた地域での緑地を保全することが目標とされている。これらを前提に、都市圏全体の将来像が地理的にも描かれている。この将来像（Strukturbild for Göteborgsregionen）は、拘束力を持つ協定ではないが将来像に関わる合意文書として、各コミューンの

土地利用を中心とした基本計画（包括プラン）に反映される。

　他方で、このヴィジョンを背景とした交通インフラ計画（K2020）では、都市圏域の拡大にともなって高まる交通需要を混雑無く環境に配慮して満たすために、公共交通の拡充を中心に、遠距離交通と近隣交通とを組み合わせた効率的な交通体系が想定されている。これを前提に、放射状の主要道路を繋ぐ環状道路や、イェテボリ中心部を貫くヨタ川両岸の一体的な開発を進めるためのトンネル建設などが計画されている。そしてVGおよび中央政府のインフラ整備計画にリンクした形で、その実現がめざされている。この計画内容はGRによって直接実施に移されるものではなく、VGのインフラ計画に反映することを目的としたものであるが、逆にK2020に含まれていないプロジェクトは、将来的にも無視されることになる。

　ここで興味深いことはGRが、以上のようなコミューン間の利害調整が絡む計画の策定に、リーダーシップを執ることのできた背景である。以下では、周辺コミューンの立場からGRとの関係を検証する。各コミューンで共通して述べられるのは、GRの創設に当たってイェテボリの政治指導者が、関係するコミューンの政治指導者の間での所属政党を超えた信頼関係を醸成するうえで果たした役割であるとともに、GRが今後一層その重要性を高めることである。

(2) 周辺コミューン

　1）レルム[3]　レルムは、19世紀後半の鉄道の開通後に一戸建て住宅の建設などで拡大した町である。主要な高速道路と、イェテボリからストックホルムに向かう鉄道とが通過する交通の要所にあり、ウェストラ・イェータランドの主要空港であるランドベター空港とも至近の距離にある。コミューン内の工業地域にはボルボ自動車などのイェテボリの大企業への供給業者も存在するが、住民の多くはイェテボリに通勤している。

　現在レルムは、周辺コミューンが待望する鉄道の複線化が、町の伝統的な地域環境を破壊するとして計画ルートの変更を強力に主張しており、この点では他のコミューンとは対立的な立場にある。他方で今後の発展方向としては、コミューン内の300にも上る湖をはじめとした豊かな自然環境を維持しながら人口を増やすために、住宅の拡散を抑制して中心地域での集中的な開発を進める

とする基本計画を決定している。また、隣接するコミューンと共同で設立した会社を主体として、両コミューンの境界地帯に産業地域の建設を計画しており、敷地面積との関係で多くの雇用が望めるオフィスやサービス業の立地を勧誘するため、BRGの協力を求めている。

レルムコミューンの政治指導者によれば、レルムは環境を維持するためにアパートの建設を拒否して一戸建て住宅の建設などを優先してきたため、GRの結成以前は、政府の住宅融資の配分をめぐってイェテボリや他のコミューンと対立してきた。現在のレルムにとってGRは重要であり、とりわけインフラ整備では、ストックホルムとの対抗上でGRが結束する必要がある。またイェテボリ中心部のインフラ整備は、イェテボリへの通勤者の多いレルム自身の問題でもある。さらには、文化・劇場やスポーツ施設の問題など、協同の必要な事業がますます増えていることや、難民の受け入れのコミューンの間での割り振りなど、GRでの調整と協同が必要な問題が増加している。

2）クンゲルブ[4]　イェテボリの北部に隣接するクンゲルブは、歴史的にはヨタ川が分岐する交通の要所に造られたノルウェーの要塞を出発点とする。現在のクンゲルブの利点は、ノルウェーの首都オスロに至るハイウェイと鉄道、そしてイェテボリ市空港に近く、ランドベター空港にも45分で行けるというアクセスの良さにあるとされる。

現在のコミューンの包括プランでは、クンゲルブを取り巻く2つの川の計3か所にトンネルを設けて、イェテボリおよび東部のコミューンとのつながりを良くすることとともに、クンゲルブの中心地域を半円状にめぐる道路を新たに設けて、その内側に開発を集中することが計画されている。現在のクンゲルブでは8000人の市民が他市に通勤し、逆に6000人が通勤に来ているが、イェテボリ経済からの一定の自律性を保つため、産業地域を設けて食品・建設・ボートなどの小規模な会社の設立を促すように計画している。自律的な産業基盤を確保するうえでも、現在1万5000人の中心地域の人口を、2万3000人にまで増やすことが必要であるとする。ただ、起業支援のシステムを立ち上げる計画は無く、この点ではBRGに頼ることになる。

コミューンの幹部は、GR設立の前と後では、コミューンの相互関係につい

て、すべてが変わったとする。重要だったのは相互の信頼の積み上げであり、この点ではイェテボリの政治指導者であるヨーラン・ヨハンソンの役割が決定的だった。彼が各コミューンの政治家を集めて、会食やミーティングを繰り返し行って情報交換を積み上げる中で、政治家の視野が広がり、所属する政党を超えた信頼の積み上げが実現していった。GRの最初の事業はメンバーコミューンが各々の住民を対象に運営していたギムナジウムへの通学を相互の住民にも許可するもので、例えばクンゲルブの生徒にとっては、コミューンの2つのギムナジウムがそれぞれ数学とその他の科目に各々専門化していたためにきわめて限られていた選択肢が、一気に広がった。その後は、インフラの実現をはじめとして協同の必要な範囲がますます拡大している。クンゲルブから見たGRの将来像として、例えばどのコミューンでも高所得者の移住を期待するのは当然だが、難民の受け入れなどもコミューン間での調整と計画が必要であるため、GRの計画は教育とインフラだけでなく住宅計画などの社会建設も含めて、ひとつのリージョンとして包括的なものになることが必要とされる。

3) ヘルリッダ[5]　ウェストラ・イェータランドの主要空港であるランドベター空港が位置するヘルリッダでは、空港を貫く形で新たな高速鉄道の建設が、中央政府レベルで構想されている。コミューンはこれをふまえた新たな包括プランを作成中であり、高速鉄道の構想では物資輸送が想定されていないため、一部に物資輸送を加えるように要求している。作成中の包括プランでは、高速鉄道の駅の設置とその周囲の住宅地開発を抑制的に進めてサービス需要の急増を避けることをめざしており、各種の住宅種別を織り交ぜた住宅開発が構想されている。また空港に隣接した地域は企業地域として、ロジスティクスの企業や会議場などを確保し、ランドベター空港での会議を可能にするとされる。期待されているのは、空港と高速鉄道とが組み合わさることで、スウェーデン南部やストックホルムとのつながりが大きく改善されることである。コミューンは多くの土地を所有しているため、高速鉄道にともなう周辺開発でのイニシアをとることが可能であり、また新規開発地での企業の誘致は、BRGが一括して行っているため、コミューン自身の対策は不要であるとされる。現在のヘルリッダは、毎年人口が増加するとともに、イェテボリをはじめとした

地域への通勤人口も増えている。こうした中でヘルリッダから見たGRの役割として重要なものは、インフラの整備である。ヘルリッダとしてはK2020を補強する形で、高速鉄道に関連する問題を要求している。また、例えばイェテボリ中心部を流れるヨタ川の対岸に通勤する市民にとっては、イェテボリのインフラ整備は自分自身の問題であり、この点では、ヨタ川の下を通るトンネルを実現するために、政府に対して協同して要求していくことになる。現在、イェテボリ中心部へ乗り入れる車に課税して、これを財源としてイェテボリ市内のインフラを整備して、公共交通を拡充し混雑を減らすプロジェクト（西スウェーデンパッケージ、本節5参照）が進められており、課税権は中央政府にあるが、GRの各コミューンは、住民の信任を得る役割を持って協力している。

　GRでの協同は前進しており、例えば移民のイェテボリへの集中などにも各コミューンで住宅提供を分担することも考えているが、ただ将来的にもひとつのコミューンへの統合は問題外で、あくまで協同の深化が中心となるとされる。

(3)　GRの組織と特徴

　交通インフラの計画に関わるGRの役割は、GRの制度的な立場を象徴する。インフラの計画権限はリージョンに一部委譲されているが、他方で土地利用に関する許可権限はコミューンにあるため、VGにとっては制度的にも、コミューンとの協議と調整が求められる。GRの役割は、こうしたプロセスを媒介することであり、13コミューンの要求を調整するとともに、VGの意志決定プロセスにコミューンの意見を反映する。他方では、GRが存在感を増すにともない、単に調整機関という以上に所属コミューンを代表する組織としての立場の明確化が求められている[6]。

2　スカラボリのコミューンとコミューン連合

(1)　スカラボリ地域の概要

　スカラボリは、地理的にはストックホルムとイェテボリとを繋ぐ国土上の幹線に位置する肥沃な農業地帯という特徴を持っている。スカラボリでは、1800年代後半からのスウェーデンにおける近代産業の発展と、とりわけストックホルムとイェテボリとを結ぶ鉄道の開通（1868年）を通じて地域産業が発展した。

その特徴は、一方でストックホルムとイェテボリの技術・資本面での影響を通じて、両都市での需要の急増に対応する製造業が、各々の地域で拡大したことであり、反面ではスカラボリ地域の一体的な経済圏域の形成という形をとらなかったことである。他方この地域は、VGが発足した1999年までは独自のランスティングが置かれていたエリアであり、スカラボリ住民としての意識はあるとされている。

地理的には中心都市であるシェブデや、リドシェピンを中心とした地域、そしてイェテボリやトロールヘッタンへの通勤が多い西側の地域とに大きく分かれて、複数の構造を持つ地域とされる（図表3-3）。以下に主要な都市であるシェブデとリドシェピンの現状を概観する。

(2) スカラボリの主要コミューン

1）シェブデ[7] スカラボリの中心都市でティブロにも隣接するシェブデは、歴史のある町である反面、中世に町を襲った何度かの大火によって復興が閉ざされていた。発展の契機になったのは、ストックホルムとイェテボリとを結ぶ鉄道の開通である。その直後にシェブデに立地したボート用のモーターを生産する企業は、1900年代初めにはイェテボリに発した大企業であるボルボ自動車にエンジンを供給した後に、ボルボ自動車によって買収されて、その主力工場となっている。現在、人口約5万のシェブデの経済は、従業員数約5000人の2つのボルボ工場（ボルボ自動車とボルボトラック）と軍事基地そしてシェブデ大学の3つの柱で成り立っており、その他の企業の多くはボルボ工場に関連する企業である。こうした中でのコミューンの産業戦略の重点は、ボルボ工場を中心としている。具体的には、ボルボ工場の生産効率を高めるためにも、スカラボリの全域に散在する関連企業をボルボ工場の周辺に集中立地させるとともに、ボルボ工場の生産の繁閑に適応して関連工場から労働力を支援するシステムの創設が計画されている。このための用地整備がコミューンによって進められている。同時に、現在はアジアなどの企業から送られた部品をいったん国外で集中してからシェブデに配送するシステムになっているため、これをシェブデに直接納入するようにロジスティクスを改善することなどが検討されている。これらは、シェブデとイェテボリを繋ぐ交通インフラの改善に向け

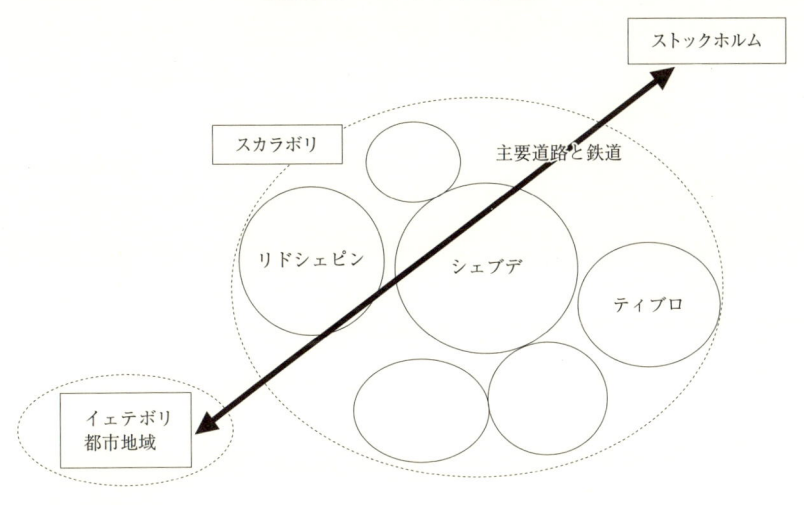

第3章　ネットワークとしての広域政府システム

図表3-3　スカラボリの位置

出所：筆者作成。

た要求の背景となっている。

2) リドシェピン[8]　ヴェーネン湖に面したリドシェピンは、歴史的にはストックホルムと西岸のイェテボリとを繋ぐ舟運・陸通の幹線上に位置し、また地域的にはスカラボリの商業と流通の中心地であった。19世紀にヴェーネン湖からイェテボリへの直接の就航を可能にするトロールヘッタンの運河ができてからは、湖の舟運が一層重要になった反面で、その後の鉄道の開通は、交通の要としての位置をシェブデに奪われる結果を齎した。

リドシェピンの産業の歩みを象徴するのは、磁器の製造業とその中心となった企業（レストランド：Röstrand）である。中世のストックホルム近郊に発し、スウェーデンで最初の磁器製造会社とされるレストランドは、とりわけ第2次大戦後に業績を拡大した。この間には、いったんイェテボリに移した製造拠点を、工場用地の拡張が難しいために、再度リドシェピンに引き上げている。1955年には1400人の従業員を抱えたこの会社は、低価格品の輸入増加に直面して1990年代には生産を縮小した (Lidköpings commune 1995)。

現在のリドシェピンの経済に大きな影響を与えているのは、空軍のテスト基

71

地と病院である。産業の内訳では、約2500の私企業のうち95％が従業員2〜25人の小企業で、製造業の割合が大きい。多くの企業は下請けではなく完成品を作る独立型企業で、プラスティックや研磨産業などとともに例えば薬のカプセルを病院に納品している企業など、地域経済の中心地であった歴史を反映して多様な産業構成となっている。現在のコミューンが想定しているのは、湖に面した景観を売り物にして内外の資本を呼び込むこととともに、イェテボリへの通勤者の住宅地として人口を拡大することであり、このためイェテボリへの直通列車の増便をはじめとしたインフラ整備が重要とされている。

(3) コミューン連合の発足と組織・活動

1) コミューン連合の発足経過　スカラボリでは、2007年に新たにコミューン連合が発足した。これ以前にはスカラボリの15コミューン全体に跨る組織として、各コミューンの政治家による情報交換の役割を中心としたコミューン連合と、政治家および行政職員の組織[9]、そしてスカラボリの政治家・企業・大学および社会団体によるパートナーシップ組織[10]との3つが併存していたが、これらの再編・整備を行ったとされる[11]。その直接の背景となったのは、スカラボリの主要コミューンの代表者がVGの援助を得て作成した報告書『知識経済とスカラボリ―地域発展の条件についての研究』であるとされている[12]。コミューン間の共同作業を通じて作成されたこの報告書では、グローバルな経済競争の中での今後の経済発展の鍵が、市民の教育水準の向上やITの普及そして人口の集中を背景とした企業の増加と集中などにあるとしたうえで、スカラボリ地域全体が、いずれの指標からも大きく立ち遅れていることを指摘している。そして今後のめざすべき方向として、経済活動の集中している地域をより重視すべきであるとして、シェブデをはじめとした中心地域への投資の集中を促している。それはスカラボリコミューン連合が、利害の各々異なるコミューン間の調整組織ではなく、むしろ各コミューンの利害を超えた独自の判断で意志決定を行うべきことと、その正当性を明確にしたものである[13]。

スカラボリの内部に中心地域を設定して投資を集中することが、2つのボルボ工場への部品供給企業を集中立地させようとするシェブデの戦略と、一致することは事実である。この点ではコミューン間での対立点も多いはずである

が、リドシェピンを含む全コミューンがこれを受け入れたことは注目される。スカラボリの全15コミューンの政治指導者がサインした合意文書では、シェブデをスカラボリの中心地域として発展させることが明記されている。この点では、シェブデの経済拡大が、周辺地域の住宅需要と人口増加を齎すことが意識されたようである。スカラボリの一体化をめざす方針についての、シェブデコミューンの認識は、「中心地であるシェブデへの経済活動の集積が、スカラボリのコミューン全体にとっても利益になることが理解された」というものである。[14] この点は、シェブデへの通勤圏が他のコミューンを含む広い範囲に広がっていることをひとつの根拠としている。同時に、スカラボリ地域内での経済・社会活動の広域化にともなって、コミューン間での共同事業も拡大しており、隣接する数コミューンによる共同の消防事業をはじめ、福祉関係の事業や、住宅地開発にともなう資材購入のノウハウの支援などの相互協力も進みつつあることが、コミューン間の共通認識を高めたとされる。

　他方で、前章で検討した人口1万の小コミューンであるティブロにとっても、スカラボリコミューン連合が、スカラボリ全体としてのインフラの改善に向けて、VGへの影響力を強めていることには、利害の一致があるといえる。ティブロではVGについても、その発足当初は「イェテボリに権限が集中する」という見方で、ティブロの得にならないという声が多かったようである。しかし現在では、イェテボリからティブロを経てストックホルムに向かう鉄道や道路の整備は、「ティブロの家具企業が全国に配送するうえでも大きなメリットがある」との認識に変わりつつある。ティブロからは幹線路までわずか18kmであり、たとえティブロに直接つながる道路整備が後回しになったとしても、コミューン連合とVGを通じてスカラボリのインフラが改善されることはメリットが大きいとする。[15]

　2) コミューン連合の組織と財政[16]　　コミューン連合の組織形態では、各コミューンから人口を基礎に選出された議席数の議会と、各コミューンの政治代表者15人から成る執行委員会、そして、環境・開発、文化、健康・社会、開発の4つの分野別委員会が置かれている。行政レベルでは、15のコミューンと連合との各々の事務長による定期会合と、その下での社会福祉や産業などの

分野別組織が置かれている。この定期会合や分野別組織の役割は情報・経験の交流が中心である。

　連合の組織実態は、基本的に調整組織と言えそうである。職員は事務長を含めて7人だけで、財政的には加盟コミューンとVGから各々9百万sekの拠出金で運営している。同時にこれと併行して、事業ごとに関係するコミューンと国およびEUからの補助金／分担金で事業を実施しており、事業費総額は6千万sek程度に上る。さらに連合が取りまとめるインフラ計画は、VGによる計画の作成に直接反映される。[17]

(4)　スカラボリの産業戦略[18]

　連合が実施またはコーディネートする開発・産業政策の基礎は、2007年にコミューン連合が決定した"スカラボリ開発計画"である。これは同時に、VGのRTP（リージョン開発プログラム、第1章で詳述）の一環として位置づけられている。開発計画では、"スカラボリ住民"としてのアイデンティティを強調するとともに、先述した報告書『知識経済とスカラボリ』の内容を受け入れることが明記されている。スカラボリの産業戦略のひとつの中心はゴティアサイエンスパークで、シェブデコミューンとシェブデ大学およびVGとによる事業である。シェブデ大学とゴティアサイエンスパークはITをはじめ、ゲーム産業などへの支援を中心としているが、スカラボリのさまざまな製造業、例えば家具や製材、自動車などの開発にも関わっている。また、ティブロコミューンがVGとの協同で設立したマーケティングとクラスター形成をめざす事業会社（IDC West Sweden）は、現在では100社が加盟して事務所をゴティアサイエンスパークに置いている。

　コミューン連合自身が今後の産業開発の中心に置いているのは、この地域で盛んな酪農業での家畜の糞尿を活用したバイオガス生産をめざす、バイオガスプロジェクトである。これはスカラボリ開発計画の作成過程での関係者間の議論を通じて発案された事業で、その出発点は、ボルボ工場だけに頼る産業構造では不安定という認識があったとされる。具体的には個々の集落ごとに家畜の糞尿を集積してガスを生産するとともに、これをパイプラインで繋いで、リドシェピンなどの数か所に設ける工場に集中するというものである。バイオの研

究開発プロジェクトと農家とを繋ぐための農家の組織が設立されて、関心を持つ企業も参加してきている。またこれには、EU補助金が大きな役割を課している。連合のディレクターによれば、EU補助金は、地域レベルから見た場合には徐々に使いやすくなっており、事業の運営上では補助金の情報が重要であるため、日常的にEU委員会との連絡をとっていて、時にストックホルムよりもEU本部が置かれたブリュッセルの方が、近いと感じることもあるとする。連合が主導するこのプロジェクトは、再生可能エネルギーの開発・発展を進めるとしたスカラボリ開発計画にも連動しており、これに向けて"スカラボリ公共交通ヴィジョン2025年"では、2025年までに域内公共交通の90％を再生可能燃料とりわけバイオガスで賄うとしている。

(5) スカラボリコミューン連合の総括と評価

　コミューン連合の性格は、その活動内容と財政面からも単一組織としてよりも、調整機関として捉えることが正確である。その組織と活動の内容は、"上から"すなわちVGやEUの政策を契機にするとともに、"下から"すなわちコミューンと地域産業に発する戦略との両面から捉えることができる。それは、内発的発展を展望した経済圏域の形成と産業構造改革をめざす、緩やかな統合として理解することができる。

3　フィルボダルコミューンとコミューン連合

　14コミューン（人口26万）から成る地域であるフィルボダルでは、コミューン連合が2005年に、各々に異なる旧ランスティングの3つの地域を統合する形で発足した。この地域の発展を展望するうえで問題とされているのは、各々に発展の条件と課題の異なる地域を網羅していることである。南部では前章で検討したトロールヘッタンが雇用の面でも重要な位置にあるとともに、貿易港としてまた造船業の拠点としても独自に発展した経過を持つ西部のウデバラ、およびヴェネルスボリの3つの都市が各々独自の発展経過を辿ってきた。[19]他方で北部は人口も少なく、また北部の海岸沿い地域はノルウェーの経済との密接な関係を持っている。

　フィルボダルでのコミューン間での連携は、EU基金の受け皿としての意味

が大きかったようである。例えば連合の発足以前には、トロールヘッタンとウデバラを含む4つのコミューンによる組織（Fyrstadregionen）が、製造業の衰退地域としてEU構造基金を受けることを目的に設けられていて、他の地区にも同様のものが置かれていた。フィルボダル連合は2005年に各地域の組織を解消して再組織したものである。

　コミューンの立場からは、コミューン連合の役割は、EU構造基金の受け皿としての意味が大きく、構造基金を受けるうえでの発言力を持つためにも連合は不可欠とされる[20]。他方でコミューン連合の担当者からは、コミューン間の情報交換の場としての機能が強調されている[21]。

　コミューン連合が将来像として重視しているのは、この地域がノルウェーの首都で経済の中心であるオスロとイェテボリとの中間に位置するとともに、ノルウェーでも経済発展が著しい地域に接していることである。その意味で、これらの経済中心地へのアクセスに有利な交通インフラ計画に向けてのコミューン間の利害調整が、重要な課題とされている。この地域の詳しい検討は、筆者の今後の課題としたい。

4　シュハラドのコミューンとコミューン連合

　シュハラドは、前章で紹介したボロースを中心とする地域である。この地域は全体として、テキスタイルの生産と行商の歴史を原点とする、小規模なテキスタイル企業とテキスタイルから派生した製造業の集積地としての特徴を持っている。以下に、コミューン連合とともに、筆者が調査の機会を得たウルリスハムンとスヴェンリュンガの2つのコミューンの事例を紹介する。

(1)　シュハラドのコミューン

　1）ウルリスハムン[22]　ウルリスハムン（人口約2万2000）の産業はテキスタイルを中心にするとともに、織機等に起源を持つ金属製品生産などを主体としている。多くが自営もしくは2～3人の労働者を持つ小企業であるが、高級カーペットや織機などの生産・販売で世界にマーケットを広げている企業も見られる。このうちでテキスタイル企業の特徴は、デザイナーが経営して一家で代々引き継いできたものが多く、衣類にほぼ特化していることである。また、

ボロースのようなロジスティクス企業や製造過程の一部を持つものとは違い、デザイナーによる製品企画・発注・販売に特化した面があるとされる。経営スタイルは、製品を企画してアジアや東欧に発注・生産し、ヨーロッパ各国のマーケットで販売するものが多いとされる。低価格製品との競争での強みは、価格は多少高くても信頼できる製品という点にあり、伝統的なテキスタイル産地としてのウルリスハムンのブランドイメージも販売に貢献している。

ウルリスハムンのテキスタイル産業を象徴するのは、人口わずか500人程度のイェールスタッド（Gällstad）である。主要なバス路線から車で1時間ほどの森の中に位置するこの町の、販売高の80％以上は海外市場によるが、町のブティックでの販売に毎年100万人近い人々が訪れている。企業の構成は20社が製造関係で、35社が小売販売などである。以下は、イェールスタッドの代表的な企業の経営スタイルである。

① Ivanho[23)]

「衣服の製造とともに小売店を併せて経営しており、製品はカジュアルウェアとともに、ゴルフウェアを中心とする。家族経営の企業を引き継いで経営を拡大してきたが、販売好調なため隣接する廃業した工場を買い取って工場を拡張している。生産工程は、フリーランスのデザイナー（ノルウェー）から新製品のカラースケッチが送られてきたものを、専任のデザイナーと自分で協議し、最終的に製品企画を決めている。ノルウェーのデザイナーは、パリのモードにも眼を配っている。企画ができた後に、撚糸をイタリアやポルトガルなどから輸入して、ここで織り上げる。さらに生産量が多い場合には、バルト3国の企業に裁断などの簡単な工程を委託し、再度こちらに送り返して来た後に、最終的に製品として仕上げて販売している。織り上げるのはイタリア・日本・ドイツのメーカーが製作した機械で、これに自分がプログラムを打ち込んで織っている。機械メーカーとは常時コンタクトがあり、性能も常に更新されている。プログラム設計の技術は、自分自身で各国で学んできた。マーケットは主に北欧諸国で、各国に専任のセールススタッフを計7人置いており、小売店を回って売り込んでいる。ボロース大学とは技術開発の点での連携があり、現在、音響を吸収する新素材を、技術援助を受けて生産している。」

② Seger Europe AB[24)]

　「1947年に当時少年だった創業者が、家族で製造した各種の靴下をバイクに積んで売り歩くことから出発した会社である。その中でスポーツウェアの生産・販売に目を付けて事業を拡大した。スポーツウェアに特化した生産が可能だったのは、家族の技術レベルの高さだけではなく、地域的にも必要な援助を提供する風土が寄与したといえる。現在、スポーツ用の帽子は毎年、ソックスは1年おきにモデルチェンジを行っており、各種のスポーツ選手の特殊な要望に応えた製品開発を行っていて、北欧では大きなシェアを維持している。製品開発では、夫婦2人のデザイナーを置いており、彼らがスポーツウェアの全国フェアに行って製品開発の動向や選手や団体との交流を通じて企画を練る。これを通じてサンプルを作ったうえで、選手などに試用してもらう作業を年内に行い、翌年から新製品を売り出している。製品は、イタリアなどから撚糸を輸入して当地の工場ですべて製品化している。ほとんどの工程が糸からソックスまでを自動化しており、部分的に作業員が手作業を行っている。機械はドイツなどからの輸入で、性能向上のために2人の担当者を置くとともに、メーカーとも日常的に連絡をとり、また機械の国際フェアにも参加している。機械の性能は新製品ごとに向上している。当社の製品の性質上、日常的にスポーツ選手や団体との接触が不可欠であり、その意味で大都市周辺での立地がより有利といえるが、この土地から出発した企業であり、また従業員はすべて仕事を通じて熟練を積んできていて、こうした点からもここを離れるわけにはいかない。販売は、グローバルな販売を進める持株会社であるNew Wave Groupのネットワークによっている。数年前にこのグループの傘下に入り、現在の当社はこのグループの所有であるが、現実の感覚としてはパートナーに近い。」

③　イェールスタッドの特徴[25)]

　イェールスタッドの企業団体の代表者によれば、地域産業の歴史的な出発点は、土地が痩せていて収入が得られず仕事が不足したことにある。人々は、冬季に家で布地や衣服を織り、夏には全国を行商して生活した。こうした中から、小規模企業と家内での針仕事や、ポストオーダーの仕事が発展した。現在のテキスタイル業では、外国との厳しい競争を強いられている。反面でイェー

第3章　ネットワークとしての広域政府システム

ルスタッド精神の特徴は、率先して物事に取り組む能力と決して諦めないこと、また皆が兄弟付き合いしていることである。これには、プレスクールから一緒に育ったという経過もある。ここから、互いに学び、褒めたり批判したり、助けあうとともに競争しあい、また各々の成功体験を他のものにも広げるといった習慣が生まれた。また知り合いの成功を賞賛するとともに、これを自分にとっての挑戦として受け止める気風がある。さらに経営の波の中で、互いに労働者の雇用を心配し、また繁忙時には人を派遣するなどの援助を互いに行ってきた。この点では、互いに企業秘密にする部分も存在しているが、それには触れない形で援助する習慣ができている。

コミューンの産業政策では、1994年に創設したギムナジウム（学生数約1000人）のコースに、実際の経営者がメンターになって学生を指導する起業家コースを設けている。またEUとの関係では、特にEU補助金を活用した事業が重要な役割を持ち、業種横断的な企業の参加による研究視察を通じたゴミ処理技術の検討や、例えば衣料品の素材の追跡と証明技術など、製品の信頼性を高めるための共同の技術開発に活用されている。コミューンの将来構想の中心に置かれているのは、交通インフラの改善である。イェテボリからウルリスハムンを経てストックホルムをつなぐ高速鉄道の計画とともに国道の改善を通じて、ウルリスハムンがスウェーデン南部の交通インフラの中心になるとして、ロジスティクスの拠点としての関係企業誘致も視野に置かれている。こうしたインフラ整備を進めるうえで重要なのは、VGとコミューン連合の役割である。

2）　スヴェンリュンガ[26]　スヴェンリュンガ（人口約1万）の産業は、前章で検討したボロースと同じく農民のテキスタイル生産と行商から出発しており、1800年代には、18歳から55歳の人口の18%はテキスタイルの行商人だったとされている[27]。現在の機械産業などもテキスタイルを起源としている。また豊富な森林資源を背景とした建築業も重要な産業で、広く国内を市場にしている。

スヴェンリュンガには約1300社の企業があるが、このうちで30人以上の従業員数のものは10社にとどまり、90%以上が5人以下の小規模企業である。その特徴は、自動車や家具や携帯電話などの部品として使用されるテクニカル・テキスタイルを中心としていることである。比較的従業員数の大きい会社で

は、1959年に創業したBlåkläder（ブロクレデール、従業員100人）は、作業着の生産に特化しており、スリランカとベトナムに置いた工場で年間約200万着（2010年）を生産して、スヴェンリュンガにいったん集荷したうえで、フィンランドやドイツをはじめ13か国に置いた子会社を通じて販売している[28]。このほか、テキスタイルから発展したフィルターの生産や、これに関連する製品の生産に関わる企業などが見られる。

　スヴェンリュンガのテキスタイル産業は、とりわけ1970年代以降の国際競争で衰退を迫られて、1990年頃を境にほとんどの企業が衣服の生産からテクニカル・テキスタイルへと転換した。この転換が可能だったのは、歴史的に培われた企業家精神が旺盛だったことで、業種の転換と新たな市場獲得に成功した。製品は主に半製品が多く、例えばモバイルの部品など、最終市場よりも他企業への供給が中心になっている。こうした顧客の獲得は、各企業が各々に開拓していったといえる。企業の経営スタイルは、ボロースと同じで各々が世界の市場を相手にしており、スヴェンリュンガに立地する企業相互間の取引関係や下請け関係はあまりないとされる。コミューンの産業政策責任者によれば、産業の特徴と展望は次のとおりである。

　第1に、スヴェンリュンガの産業の柔軟な適応力である。小規模企業が多いが、技術水準は伝統に裏づけられて高く、多額の設備投資をしていないこともあって、経営方針も柔軟に転換できる。全体として、2008年の経済危機にも一定の打撃はあったもののすぐに立ち直った。その点では、小企業で小回りの利く優位があり、将来的な見通しは楽観的である。反面で問題は、企業経営に一定の余裕があるため、事業を拡大して社員を増やす意欲があまりないことである。

　第2に、今後の技術・製品開発の条件であり、ボロース大学の存在が大きいとされる。この点では、ボロース大学が主導するスマートテキスタイル（後述）は非常に重要であり、また、大学の研究者によるセミナーなども開かれていて、刺激になっている。コミューンも大学のボードメンバーに加わっていて、"我々の大学"という意識が強い。

　第3に、スヴェンリュンガの立地条件などである。ボロースからわずか

30kmの距離であり、大学との近さもあって、企業を呼び込むことにも問題を感じていない。また、企業からは、取引先を広げるためにも新たな企業誘致を望む声が強く、企業誘致のための土地開発を進めている。コミューンの役割として大きいのは、外国などとの交流の窓口になることで、ここで重要なのはコミューン連合の役割であり、連合を通じて全国的な起業支援組織（CONNECT Väst）やその他の組織と企業にも連携できる。

(2) シュハラドコミューン連合[29]

シュハラドコミューン連合は、VGの発足にともない1999年に、シュハラドの8つのコミューンと隣接するハーランドリージョンに属するヴァルベリコミューンを加えて発足した。ヴァルベリは材木輸出の基地として、シュハラド地域の木材産業との強いつながりを持っている。

連合のひとつの特徴は、当初から単なるコミューンの代表者会議ではなく、独自の決定権限を持つ組織として出発したことである。この背景は、各コミューンがいずれも経済的に苦境に立たされていて、何らかの対策を必要としたことにあるとされる。連合の目的では、シュハラドを競争力に満ちた成長地域とするためにコミューンに共通の利益を高めることや、VGや政府機関との協力を進めることなどが掲げられており、教育と能力開発や交通インフラの整備などの、各コミューンに共通する戦略的な問題を中心に協同するとされている。

連合の長期戦略である「シュハラド開発計画2013」は、後述するVGのRTP（リージョン開発プログラム）の一部とされており、内容的には具体的な方針というよりも協同の戦略目標を定めたヴィジョンとしての性格が強いといえる。強調されているのは次の点である。第1に、優先すべき事業として、イノベーションと起業家精神そして企業経営にとっての環境条件を強めることや、協同と知識の普及を進めること、また環境に優しい生産と消費スタイルに貢献すること。第2に、産業、学問、社会経済および政治の間の協同の発展を通じた知識産業の起業や、教育と知識の普及を通じて持続可能な発展を実現すること、またインフラと交通手段の改善を通じて、シュハラドの一体的・集中的な労働市場（通勤圏域）を実現すること。第3に、シュハラド開発計画の目標に合致

する企業間の協同プロジェクトへの資金援助は、連合とともにボロース大学とシュハラドの経済界および社会経済団体による、パートナーシップを通じて決定すること。

　これらは全体として連合が、シュハラドにおけるイノベイティブな産業発展に向けた、協力の枠組みとしての意味を持つことを示すといえる。連合の組織上の性格は、その財政に端的に示されている。連合財政の内訳は、**図表3-4**に示すとおりである。収入面では、VGおよび中央政府による連合の事業と個別プロジェクトへの援助を中心とした補助金と、加盟コミューンによる分担金を中心としている。また支出面では、各種団体・企業が実施する事業への補助金と、職員人件費およびその他の経費で構成されている。支出のうちのプロジェクト補助金32百万sekは、ボロース大学が主宰する主要な事業であるスマートテキスタイルへの3百万sekをはじめ57団体に交付されている。[30] 連合の担当者によれば、スマートテキスタイルの一環として開催されているセミナーや、共同研究のプロジェクトを通じて企業間の交流もできつつある。連合の財政運営は、国およびVGの補助金と加盟コミューンの分担金を財源として、革新的な事業を財政的に奨励するとともに、企業と大学などのアクターとの協力を媒介する仕組みともいえるようである。

　連合の独自事業では、数学を中心とした教育方法の先進的なセンターであるNAVETは、世界的にも注目されて多くの専門家の視察を受けている。[31] さらに、シュハラドの各コミューンが運営するギムナジウムでは、正規教科に加えて300時間の専門職業教育を実施する事業（テクニックカレッジ）を、地域の企業との連携で発足・実施しており、連合はこの事業の推進主体となっている。

　連合の重要な役割のひとつは、交通インフラの整備に向けた働きかけである。イェテボリからボロースを経て内陸の中心都市のひとつであるイェンシェピンに向かう高速鉄道の構想に期待が集まっており、またこれとともに国道の整備などをはじめ、シュハラド内の各地域間を結ぶ交通インフラの整備が大きな課題とされている。こうしたインフラ整備の課題は、連合が纏めた「シュハラド公共交通ヴィジョン2025」で具体化されて、VGを通じてその実現がめざされている。

第3章　ネットワークとしての広域政府システム

図表3-4　連合財政

(1,000sek)

	基礎的業務	援助事業等	独自事業	計
（収入）				
リージョン補助金	575	18,191	1,300	20,066
国庫補助金	57	4,238	2,730	7,025
コミューン負担金	14,529	300	8,032	22,861
他	1,444	1,090	5,133	7,830
計	16,605	238,19	14,798	57,782
（支出）				
プロジェクト補助金	−48	−31,997		−32,045
人件費	−5,011	−3,197	−7,761	−18,170
施設維持費など	−3,334	−5,392	−6,941	−16,049
計	−8,393	−40,586	−14,702	−66,264

出所：シュハラドコミューン連合 Årsredovisning 2009。

(3) シュハラドの産業支援システム

　シュハラドの産業を支援する拠点としてのボロース大学の歴史やSPなどの研究機関の役割は、前章で見たとおりであるが、これらとともにコミューン連合の役割などを含む支援システムの全体像は、**図表3-5**に示すとおりであり、以下に概要を示す。

　第1に、シュハラドの産業政策に大きな影響を与えているのは、ボロース大学およびその学部であるテキスタイル大学をはじめとした中央政府の施設である。ボロース大学の理事会は、学長、VG および企業、ならびに教員と労働組合および学生を各々代表する者によって構成され、現在の理事長にはVGの前執行委員長が就任している。さらにテキスタイル大学を含む6つの学部の各々の理事会は、周辺コミューンなどを含めて外部から4名と学部内から5名および学生代表3名の理事で構成されている。

　第2に中央政府機関による事業である。"スマートテキスタイル"は、ボロース大学がイノベーションの促進のための政府機関（VINNOVA）の補助を受けて主導しているプロジェクトで、テクニカル・テキスタイルの開発、すなわち新素材開発を通じたテキスタイルの幅広い活用を中心としており、この地域での大学・研究機関を要としたテキスタイルクラスターの形成をめざしている。このために企業と研究者との共同開発が、ボロース大学をはじめイェテボリに

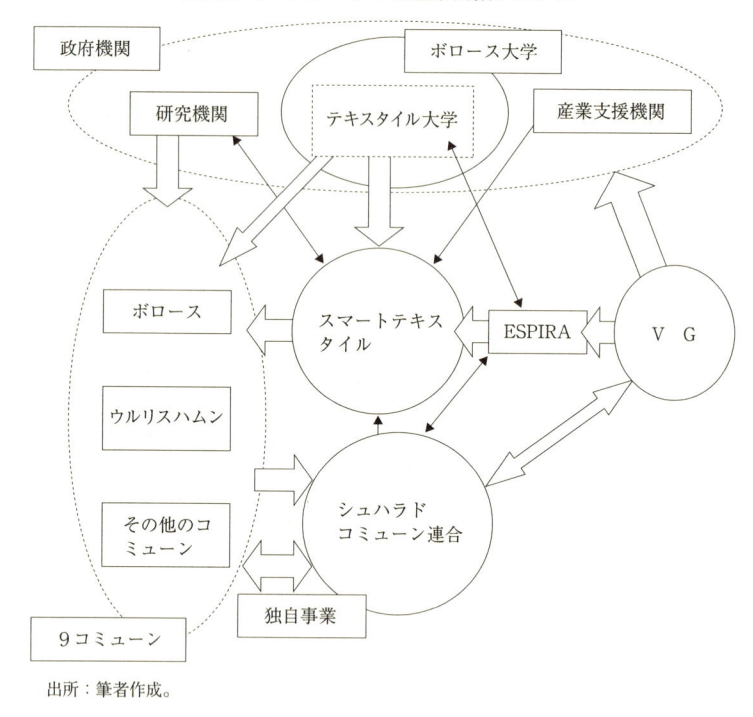

図表3-5　シュハラドの産業支援システム

[図：政府機関、ボロース大学、研究機関、テキスタイル大学、産業支援機関、スマートテキスタイル、ESPIRA、VG、ボロース、ウルリスハムン、その他のコミューン、9コミューン、シュハラドコミューン連合、独自事業の関係図]

出所：筆者作成。

立地するチャルマース大学やボロースに立地するSPなどの研究機関との連携を通じて進められている。これにはVGやコミューン連合も一定の額を補助している。

　第3に、各コミューンの特徴と政策である。シュハラドのコミューンは、ボロース（10万人）以外では、人口1万前後の小規模コミューンが多い。各コミューンでは、スウェーデン西岸の約60コミューンが設立した組織であるWest Swedenを通じたEU補助金の獲得と補助事業の実施や、ギムナジウムでの職業教育などの特徴的な事業を展開している。

　第4に、コミューン連合の役割である。シュハラドのコミューン連合は、独自の事業主体としての側面を一部持つとともに、コミューン間およびコミューンとVGやボロース大学、さらには経済界との調整を通じた革新的なプロジェ

クトへの支援事業、そしてコミューンの要求をVGの計画などに反映する調整機関としての役割を持つ。

第5にVGの役割である。VGは、政府の計画にリージョンの要求を反映する調整機関としての役割を果たしている。さらに、コミューン連合の事業への財政補助とともに、起業支援組織であるエスピラ（Espira Tillväxtcenter）を通じてインキュベーターとしての施設提供やボロース大学と協同でのモード・仕立て服事業への支援などの事業を行っている。同時に、大学の起業支援組織の全国的なネットワークや、全国的な起業支援組織（CONNECT Väst）とシュハラドとを結ぶ役割を果たしている。

以上は全体として、前章で検討したように地域産業のイノベーションを支える地域システムを構成するということができる。

5 ウェストラ・イェータランドリージョン
(1) リージョンの財政および政治システム

VGの政治システムは、直接選挙で選ばれたリージョン議会（149議席）の下に、リージョン執行委員会および、医療・保健、開発そして環境および文化等の各委員会が置かれている。VGが直接実施する主要な事業は病院経営を中心とする保健・医療事業であるが、同時に、RTP（リージョン開発プログラム）の作成・決定を要として、政府機関とコミューンとの政策調整や協力関係などを進める役割を果たしている。図表3-6は、VGの決算概要を見たものである。支出のほとんどが医療・保健関係で、この点では従来のランスティングの特徴を引き継いでいる。反面で開発関係の支出額はわずかであるが、多くがコミューンが実施する事業に対する補助金であり、補助対象となった各事業では、直接関係するコミューンや民間の基金さらに政府機関などからの補助金をあわせて受けていて、VGの補助金支出はこれら資金の呼び水的な役割を持つ。

VGの政治システムで注目されるのは、リージョンの意志決定システムにおいてコミューン連合が制度的に位置づけられていることである。具体的には、リージョンの開発・環境・文化に関わる各委員会での決定に先立って、VGとコミューンとが意見調整を行う一種の協議機関であるBHU[32]が制度化されてい

図表 3-6　VG 2011 年度決算の概要

(単位：百万 sek)

	決算額		事業部門別交付金額	
	項　目	金　額	事業部門	金　額
業務純費用	業務収入	6276	医療・保健	30294
	業務費用	−42646	開発委員会	1607
	減価償却	−1205	環境委員会	69
	計	−37576	文化委員会	906
経常的収支	税　収	29617	公共交通	1415
	国庫補助金	8278	サービス部門	87
	利子収支	90	執行委員会等	3026
	年金積立	−1273	計	36419
	計	36712		
合　計		−863		

注：国庫補助金の内訳は、医療関係補助金 3837、平等化交付金 3203、他 1238。
出所：Västra Götalandsregionen Årsredovisning 2011 より筆者作成。

る。BHU は、VG 側のメンバー（執行委員会の正副代表者と開発・環境・文化に関わる各委員会の代表者など）と、4 つのコミューン連合が選出した各 4 名の代表者の計 16 人とによって構成される。VG の発足間もない 2001 年に設けられた BHU は、2010 年には VG 執行委員長以下の主要な政治家を出席メンバーとするなど、体制を強化されて事実上はすべての重要案件について、事前に協議して政策上の方向性を確認する場となっている。一例として 2011 年の BHU の議事録の一節によれば、学生数の少ない大学の縮小という中央政府の方針とともに、スカラボリのシェブデ大学がこれに該当することが報告されて、当該大学と関係コミューンおよび関係者による会議を設けてこれへの対策を講ずることが確認された。こうした BHU の協議経過はすべて、ホームページ上で公開されており、VG にとって BHU は、その決定や政策に実行性を持たすために必要とされている。

(2) VG の社会資本政策

1) VG インフラ計画　ウェストラ・イェータランドでは VG の発足にともない、域内の交通インフラ計画の作成が VG に委ねられた。VG インフラ計画は、スウェーデン交通インフラ計画（2010〜2021 年）の一環として、各コミューンおよび中央政府と VG との調整を通じて作成されたものであり、国の財政支出による事業費 58 億 sek が割り当てられている。その特徴は次のとおりである。

第1に、中心都市であるイェテボリの経済発展を、ウェストラ・イェータランドの経済全体の牽引車として位置づけたうえで、都心部と周辺地域の交通体系の一体的な改善が計画されていることである。特徴的には、中央政府の主要事業のひとつとして別途に計画された、イェテボリ都心部のアクセスの改善をめざす事業計画（西スウェーデンパッケージ、総事業費340億sek）[33] と、イェテボリコミューン連合（GR）が通勤圏域の拡大を想定して作成した交通・地域整備計画（K2020）とを、VGインフラ計画の前提としていることである。結果的には中央政府とVGおよびコミューン連合の合作ともいえるVGインフラ計画の内容は、交通インフラの計画と実現に関わる中央政府の権限と、土地利用許可に関わるコミューンの権限との調整としても捉えられる。[34]

　第2に、中心都市であるイェテボリ都市圏の拡大に焦点を当てながらも、他の3つのエリアでの一定の独自性を持つ発展を想定していることである。イェテボリ都市圏以外の3つのエリア（シュハラド、スカラボリ、フィルボダル）での、域内でのアクセスとエリア間のアクセスおよび、各エリアから全国的な交通軸や空港および港などの交通拠点へのアクセスの改善が重視されている。この点では、ウェストラ・イェータランドが、各エリアに副次核を持つという多極型の構造となっていることを前提している。

　総じてVGインフラ計画は、大都市を中心とする広域エリアを単位として交通インフラを整備するという中央の政策に対応するとともに、リージョン内の各エリアおよびコミューンの利害との調整を図ったものといえる。

　2）大学・研究政策　　ウェストラ・イェータランドでは、中心都市のイェテボリにチャルマース工科大学とイェテボリ大学という全国規模の大学を持つとともに、その他3つのエリアごとに大学が設置されている。このうちイェテボリ大学とボロース大学の収入構造は**図表3-7**に示している。両大学の比較では、教育に対する交付金が基本的に学生数に比例するのに対して、イェテボリ大学では政府機関等による事業目的を特定した補助金の大きさが顕著である。この点はイェテボリ大学で、医学部がVGの病院と一体になって医療と臨床研究を進めており多額の補助金を受けていること、また製薬大手企業のアストラゼネカ社との共同プロジェクトが多いことなどを反映している。[35] 他方で、ボ

図表3-7　大学の総収入（2010年度）

（単位：100万 sek）

		交付金	手数料	補助金	他	計
イェテボリ大学 （27,000）	教　育	1,871	147	31	2	2,051
	研　究	1,647	320	1,127	19	3,113
	計	3,518	467	1,159	21	5,165
ボロース大学 （6700）	教　育	440	26	15	1	482
	研　究	51	10	33	0	94
	計	491	36	48	1	576

注：「研究」には、研究者教育を含む。「手数料」は、委託研究などの手数料収入。「補助金」は、政府機関等による事業目的を特定した補助金。（　）内は、学生数。
出所："Universitet & högskolor" Högskoleverkets årsrapport 2011 より筆者作成。

ロース大学でも決して研究開発の体制を欠くわけではなく、地域産業との強い連携を持って共同開発などを進めている。

　大学とVGを含む地方政府および産業界との相互関係などの現状は次のとおりである。第1に、チャルマース工科大学とイェテボリ大学には、研究者や学生の起業を支援するインキュベーターや持株会社が置かれており、毎年各々5～10社程度のベンチャー企業が起業を果たしている。さらに両大学は、中小企業等の技術改善に向けた共同プロジェクトや分野別クラスター形成に加わるなど、地域産業のプラットホームとしての役割を演じているとされ、この点では、イェテボリの産業構造の多様化をめざす政策に寄与している。[36]第2に、4つのエリアの各々にVG等が設置したサイエンスパークなどには、各大学がボードメンバーとして関わっている。VGと各エリアのコミューン連合やコミューンは、大学・研究機関などとの連携を通じて、企業と研究機関等のネットワーク形成の要としての役割を演じつつある。第3に、中央政府による先端プロジェクトへの資金援助が、個別の研究・開発の成果にとどまらず、雇用や起業の増加に向けて行われており、大学と企業および地方政府によって設立された地域のネットワークが実質的な事業の受け皿になっている事例が多いことである。

6　ウェストラ・イェータランドにおける広域政府システム

　ここではウェストラ・イェータランドにおける多極型の広域圏形成と、その

中での広域政府システムの特徴と役割とを探るという視点から、この節を総括する。ここでの検討課題は、第1にウェストラ・イェータランドの広域的な地域構造である。第2に、VGの組織的な位置づけと機能である。第3に、全体としての広域レベルでの政府システムの特徴と機能である。

(1) 広域構造

政治的に設定されたエリアとしての性格が強く、元来は一体的な経済圏域とはいえなかったウェストラ・イェータランドでは、VGの設置を契機に政治的にも経済的にも一体性が高まりつつあるといえる。現在のウェストラ・イェータランドの地域構造は、全体としてイェテボリの影響を受けながらも、各コミューン連合のエリアで緩やかに結びついた形になっている。GRを除く各エリアでは、元来は一体的な経済圏域としての実態を必ずしも持たなかったといえるが、大学やサイエンスパークの設置などとともにコミューン連合に媒介された事業を通じて横のつながりを持ちつつある。こうした経過では、EUの構造補助金とVGとが媒介的な役割を果たしている。総じていえば、制度的に決定された多様なエリアを含むウェストラ・イェータランドが、多極型の広域圏に向かいつつあるといえる。

(2) VGとコミューン連合

VGの組織的な性格を検討するうえでのポイントは、図表3-8に示したように、一方ではEUから中央政府そしてコミューンに至る垂直的な政府間関係の中での、VGの位置である。同時に他方では、コミューンおよび関係機関などの水平的な調整組織としての役割である。

多段階統治システムの中でのVGの位置を象徴するのは、基本戦略としてのRUP（リージョン発展プログラム）とその具体化としてのRTP（リージョン開発プログラム）である。このうちRUPは、2005年にリージョンと4つのコミューン連合によって、経済界や大学および市民組織などとの協議を通じて作成され、リージョン議会で決定されたものである。持続可能な発展を目標とするこのヴィジョンの産業政策では、ウェストラ・イェータランドの産業が国際市場への強い依存という特徴を持つとしたうえで、競争力を高めるための研究機関との協力や、環境適応型の製品開発などの必要性を強調している[37]。RUPにもと

図表3-8　ネットワーク構造とVG

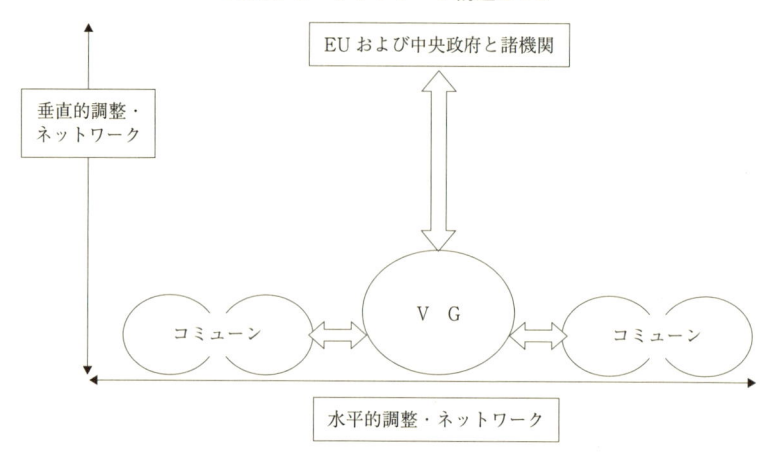

出所：筆者作成。

づいて作成されたRTPの特徴は、第1に、RTPが、4つのコミューン連合が各々作成した開発計画を、不可欠な構成部分と明記していることである。第2に、RTPの役割は、コミューンとVGおよび大学や研究機関、また他の国家機関やEUプログラムの下にある財政的な資源をコーディネートし、政策上の優先順位を設けることとされていること。第3に、ウェストラ・イェータランド域内でのEU構造基金や各政府機関が執行する開発に関わる財政資源の利用に当たっては、RTPにもとづくことが前提条件とされていることである。こうした規定は、VGに広域エリアにおける中央と地方の政府システムの要としての役割が期待されていることを示している。

　VGによる事業や諸決定の背景にあるのは、一方では大学・研究機関の地方立地やインフラの計画権限の委譲を進めている中央政府レベルでの政策であり、他方ではインフラの広域的な利用などを含む各コミューンの戦略である。さらにこれらは全体として、EUの政策の影響下にある。図表に示したようにVGは、これらをつなぐ役割を通じて、すなわち上からの権限委譲と下からの広域的な調整との両者の受け皿として、制度的な位置を確保している。

(3) 広域政府システム

　ウェストラ・イェータランドにおける、VGとコミューンを含む全体としての広域政府システムの特徴とその評価である。基礎単位としてのコミューンが、一定の独立性を持ってEUや国外マーケットとの連携を模索しながらも、コミューン連合を通じてVGの意志決定に関わっている。コミューン連合は、メンバーコミューン間の利害調整および大学・研究機関とコミューンレベルの産業とを直接橋渡しする役割を持つ。これらがVGとの調整と連携を通じて緩やかな調整機能を持った広域政府システムを構成するとともに、中央政府権限の授権の受け皿としての機能を果たしている。

　以上からウェストラ・イェータランドリージョンの広域政府システムは、一方での地域経済の内発的発展を進める政策、他方でのEUから中央政府そして広域的な政策展開との、両者を広域レベルで調整する機能を持つ、コミューンを基礎単位としVGを要とした一種のネットワークということができる。

第3節　スコーネの広域政府システム

　この節ではVGとともに全国に先駆けてリージョンが発足したスコーネの現状を検討する。1600年代後半にデンマークからスウェーデン領に編入され、33のコミューンから成るスコーネ地方（人口約120万）は、ウェストラ・イェータランドとは異なって地域的な一体感が強く、リージョンとしてまとまりやすい地域とされている。スコーネでは1999年に、東部と西部の2つのランスティングが合体するとともに、レーンの権限が一部委譲されてリージョン（以下、当地の呼称に倣ってリージョンスコーネとする）が設けられた。以下では、各コミューンとリージョンスコーネの現状と相互関係を検討する。[38]

1　スコーネの産業構造と特徴

　スウェーデンの南端に位置するスコーネは、国内農業生産の25％を産出する農業地帯として、農業に関連した製造業を生んできた。またスコーネ西岸の諸都市では、造船業をはじめとした製造業が発展してきた。他方でその産業構

造は、多様な産業構成の反面で一部の有力企業を除けば、地域全体を主導する有力産業の不在が特徴とされている。スコーネでは、1990年代初期の経済危機とその後の経過を通じて、経済・産業構造の転換を余儀なくされた。スコーネの就業人口は、1990年の52万8000人から、1991年の危機を経て1992年には44万8000人に減少し、1990年の水準を回復したのは2007年のことである（Region Skåne 2009）。他方でこの間、製造業から知識・情報型産業への転換が進められてきた結果、現在スコーネの主要都市であるマルメとルンドの経済活動は、ルンドでの研究開発型投資と、マルメでの事業所サービス業などを中心にして、大きく拡大している。

1990年代以来の急激な変化を遂げつつあるスコーネの地域構造は、マルメとルンドおよびヘルシンボリとを含む西部に全120万人の人口のうちで90万人が集中しており、西部地域での経済拡大が続いている。この反面で、リージョン発足以前には東部の中心都市であったクリスチャンスタッドを含む、東部での経済がやや停滞しており、失業率も西部との比較では相対的に高い水準になっている。

スコーネの変化を象徴するのは、マルメとデンマークの首都であるコペンハーゲンとを、海峡を横断して直接つなぐエーレスンドブリッジの開通（2000年）である。これを契機に、デンマーク側からのマルメへの投資が増大するとともに、コペンハーゲンの空港へのアクセスが改善され、ヨーロッパ中心部との時間距離が短縮されて、マルメとルンドを中心とした地域での投資の拡大が続いている。こうした過程は、ルンドとマルメの産業・経済がスコーネ内の各地域よりも、北東ヨーロッパもしくは世界的な経済活動との直接的な連携を強めつつあることを示している。

スコーネの経済構造を考えるうえで念頭に置くべきは、各企業がヨーロッパと世界レベルの企業連携やマーケットの拡大を模索している中で、経済活動が面的に広がる可能性はむしろ狭まっていることである[39]。

マルメでの企業の集中にともなってエーレスンドブリッジの交通量が急増していることは、マルメの経済発展がむしろコペンハーゲンとの狭い範囲での関係強化の中で進むことを予想させる。他方で各地域では、産業構造の変化に直

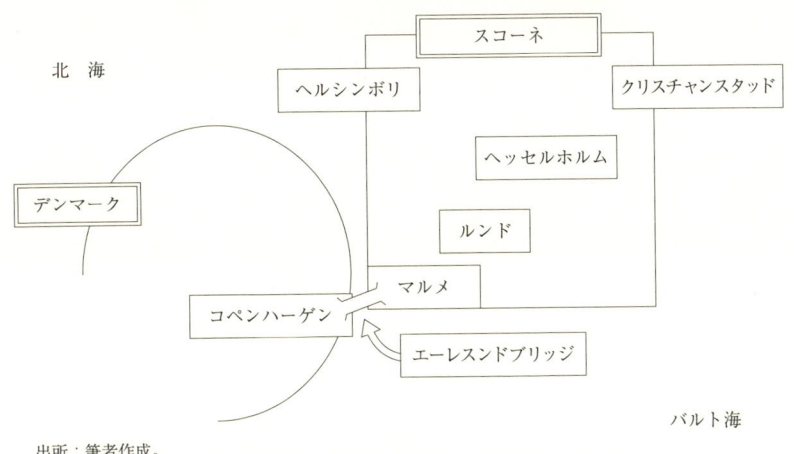

第3章　ネットワークとしての広域政府システム

図表3-9　スコーネの主要コミューンの位置関係

```
        北　海
                    ┌─────────┐
                    │ スコーネ │
                    └─────────┘
           ┌─────────┐       ┌───────────────┐
           │ヘルシンボリ│       │クリスチャンスタッド│
           └─────────┘       └───────────────┘
                        ┌─────────┐
                        │ヘッセルホルム│
                        └─────────┘
   ┌───────┐           ┌─────┐
   │デンマーク│           │ ルンド │
   └───────┘           └─────┘
                   ┌─────┐
                   │マルメ│
           ┌─────────┐└─────┘
           │コペンハーゲン│
           └─────────┘  ┌───────────────┐
                        │エーレスンドブリッジ│
                        └───────────────┘
                                        バルト海
```

出所：筆者作成。

面する中で、マルメとルンドの後背にある住宅地域としての発展とともに、マルメとコペンハーゲンを中心とする地域の経済拡大に直接リンクした産業の発展を実現することが、政策上の焦点となりつつある。この背景としては、リージョンスコーネの発足にともなって2つのランスティングが各々に行っていた交通機関の運営が一元化されたことにより、スコーネの北部や北東部からマルメへの交通アクセスが改善されたことが指摘されている。

　総じてスコーネではリージョンの設置を契機に、マルメとコペンハーゲンを中心とした地域一帯の開発（エーレスンド開発）に象徴される、大陸との連結を前提にした多極型の広域化が進んでいるようである（図表3-9）。以下では、各地域の主要コミューンおよびリージョンの現状と役割を検討する。

2　主要都市とコミューン連合

　スコーネの33のコミューンは、リージョン発足以前には2つの旧ランスティングのエリアごとにコミューン連合を設けていた。この2つのコミューン連合はリージョン発足とともにいったん解散したうえで、スコーネの全コミューンで構成するスコーネコミューン連合に再組織された。ただしこの新しいコミューン連合は、コミューン相互の政治的な意志決定の調整に関わるものでは

なく、サービス提供などの機能に限定されている。

　リージョンスコーネの発足後数年を経て、新たに4つのエリアごとにコミューンの連合組織が設けられて、それぞれにコミューン間の意見を調整してリージョンの政策決定に反映させることをめざしている。ただし、こうしたコミューンの連合組織の役割は、リージョンスコーネの意思決定過程の中で制度化されたものではなく、その役割にもエリアごとに相違がある。他方でコミューン間での共同事業は全体的に増大しており、とりわけ2005年以降には、コミューン合併への機運に対する代案としての小コミューンによる共同事業が増加したとされる。その直接の理由として、共同事業を通じた事業運営の効率性を示そうとしたことが指摘されており、福祉委員会の共同設置すら見られる[40]。以下では、筆者が調査の機会を得た範囲での、主要コミューンとコミューン連合の現状を概観する。

(1) マルメおよびルンドと南西地域

　南西地域には、マルメとルンドをはじめとした11のコミューンが含まれる。この地域ではマルメとルンドへの集中が続くとともに、コミューン間での関係の深まりが認められる。とりわけマルメとルンドへの、周辺コミューンをはじめコミューン外の地域からの通勤者が増大している。いくつかの周辺コミューンでは、就業人口の5割以上がマルメとルンドをはじめ居住するコミューン外に通勤しており、その背景として、ルンドでの新規従業者の増加にともなって周辺コミューンで住宅を確保する傾向、またマルメの高所得者層が周辺コミューンに居を移したことなどが指摘されている。こうした変化は、通勤圏域の拡大とともに、ギムナジウムへの広域的な入学許可などの、隣接するコミューン相互間での協同事業の広がりをもたらしている。マルメとルンドをはじめ隣接5コミューンによる消防事業や、水道・下水などの事業を実施する協同組織の設立などが進められるとともに、公共施設や障害者施設の共同運営などが検討されている。さらに、隣接コミューン間での道路などの都市計画の面での調整が増大している。

　他方で、他の地域が主としてリージョンスコーネの決定にコミューンの利益を反映するために設置しているコミューン連合については、緩やかなネット

ワーク組織を設けて年に数回の情報交換をすることにとどまっており、専任の行政職員が置かれているわけでもない。その理由として、リージョンに要求を反映するための組織は、あえて必要はないとされる。[41] 以下、マルメとルンドの現状を概観する。

1) マルメ　　スコーネ最大の都市であるマルメ（人口27万）の経済は、産業構造の変動によって大きな影響を受けてきた。1970年代からの造船業とテキスタイル産業の衰退によって対外的な競争力のある企業の多くが姿を消した中で、1990年代初めの経済危機による国内需要の落ち込みによって、当時の雇用の25％が減少したとされる。これに併行した高所得層の郊外コミューンへの転出によって、コミューン財政は、危機的な状態に陥った。マルメコミューンの開発政策の転機になったのは、1990年前後における造船業の最終的な破綻と、その後に期待されたサーブ自動車による工場立地計画の中止である。コミューンはこれ以降、従来の工業都市から知識都市としてのイメージの転換を図るとともに、これに向けた事業を地元経済界とのパートナーシップの強化を通じて展開していった（Dannestam 2009）。

マルメ経済の回復は、1990年代前半に政府が決定したプロジェクトによるところが大きいとされる。1991年にエーレスンドブリッジの架橋が決定され、1996年にはマルメ大学の開校が決定して、1997年にはすでに6000人の学生を迎えてスタートした。その後2000年のエーレスンドブリッジの開通によるコペンハーゲンへのアクセスの改善を経て、企業の立地とともに人口と住宅建設の増加を実現した。[42] マルメでの事業所立地は、コペンハーゲンの企業が土地の安さとコスト上の優位を狙って来ているものが多く、コペンハーゲンで職を持つデンマーク人が、マルメの土地の安さから住宅を購入する場合が多いとされる。2007年では毎日1万7600人がエーレスンドブリッジを通勤（うち2300人は通学）のために通行しており、うち90％はマルメ側からの通勤で、1年間の通行量は、対前年比で28％の増加を示している。[43] さらに海岸部での住宅地再開発にともない、いったんは郊外コミューンに転出した高所得層の市内回帰が見られている。

マルメではコペンハーゲンとのアクセスを一層改善するために、以前には市

街地の外周を大きく迂回していた鉄道線路を地下化して市中心部を縦断し、エーレスンドブリッジに直接繋ぐ"シティートンネル"の開通が、主要なプロジェクトとして実施された。狙いとされたのは、コペンハーゲンを中心としたデンマーク側との一体的な開発である。コミューンの開発担当者によれば、マルメの優位は、北ヨーロッパの中心都市であるコペンハーゲンに近く、またその空港にも隣接していることにある。その反面で、物価や労賃もコペンハーゲンに比すれば安く、大学もあり優秀な労働力も確保しやすい。こうした点で、エーレスンドブリッジは決定的な意味を持っており、これにリンクした形で主要なプロジェクトが計画または実施されている。この中で造船業の広大な跡地である西埠頭開発（VH: Västra Hamn）では、住宅や大学を含めた土地利用とともに、マルメ大学がメディアについて高いレベルにあることから、メディアとソフト関係の企業の立地が重視されている。さらに今後の主要プロジェクトは、マルメからコペンハーゲンに至るルートの中間に位置し、シティートンネルの完成によってコペンハーゲン空港まで15分程度の距離となったHyllie地区の再開発である。ここにはホテルやオフィスビルと大規模なショッピングモール、さらに競技場を設ける予定で、空港に隣接した一中心地にすることが構想されている。またメディカルクラスターとして、マルメ病院に隣接した一区画に、医薬に関わるベンチャー企業の集中立地が計画されている。マルメ病院は、ルンド病院ともすでに経営を統合しているため、病院との密接な関係を通じて革新的な新製品開発などが期待できるとされる。[44]

　主要プロジェクトに偏りがちなマルメコミューンの政策では、増加の続く移民をはじめとした就業困難者への起業支援などが進められており、全体としての経済拡大は、就業機会を増やすと説明されている。こうしたマルメの経済拡大は、スコーネでの広域的な産業連関を前提したものとは言い難いが、他のコミューンからはマルメの経済拡大にともなう雇用機会の増加に期待が集まっている。

　2）ルンド[45]　　マルメから内陸側へ約20kmの距離にあるルンド（人口約11万）では、歴史的に、包装業大手のテトラパック社や牛乳とバターとの遠心分離機から出発した企業のような、農業とつながりを持つ製造業が立地してき

た。これら食品関連産業は不況に強い面があり、またルンド大学とルンド病院との雇用によって安定した雇用構造になっていた。さらにルンド大学は、多くの子会社を設立して研究成果の企業化を支援してきた。現在のルンドでは、研究・開発型の企業の集中が続いており、その背景は、ルンド大学をはじめとした研究機関の存在とともに、エーレスンドブリッジの建設によってコペンハーゲンの空港を容易に利用できることによる立地上の優位が要因とされる。

　ルンドでの企業集中の中心となっているのが、ルンド大学と企業が共同出資して開発したイデオンサイエンスパークとその周辺地域である。イデオンサイエンスパークは、研究成果をビジネスとして起業するためのプロジェクトとして始まったものであり、3つのインキュベーター組織が置かれている。イデオンサイエンスパークに立地する企業は2～3人の創設メンバーとわずかな社員で出発する起業家が中心で、研究者と企業家との二股を掛けた者も多いとされる。企業の取引関係では、ソニーエリクソンが進出して以降は、ソニーエリクソンがリーダーシップをとったジョイントプロジェクトが多数を占めている。ここでは小企業が下請け業者的な位置にあり、その意味では垂直的な企業間関係ともいえるが、反面では世界各地の顧客も抱えている。また、小企業間でのネットワーク型開発もあり、ソフトウェアの共同開発で他に売り込んでいる。他方で問題点として、小規模な企業が成功してミドルサイズの企業になると、インターナショナルな企業になることをめざして、コペンハーゲンもしくはむしろマルメに移転してしまい、その意味ではイデオンサイエンスパークが起業の場に偏している面があることである。

　現在のルンドコミューンの開発戦略を巡る最大の焦点は、中性子の実験施設であるESSS（European Spallation Source-Scandinavia）の誘致である。科学技術の粋を集めたこの実験施設が、ルンドの周辺に建設されることが現実的な見通しになりつつある中で、ハイテク関連企業の一層の集中が期待されている。コミューンは、ルンド市内からイデオンサイエンスパークとその周辺の企業立地地域を経て、さらにESSSの予定地を含む北東地域に企業の立地拡大をめざす開発計画を進めており、ルンドでのミドルクラス以上の企業の集積をめざしている。この開発プロジェクトでは対象土地の多くが教会の所有で、またコ

ミューンも大きな土地を持っているため、開発にともなう土地問題はあまり大きくない。プロジェクトの中心は軽鉄道の敷設で、この費用（20億sek）がコミューンの初期投資になる。不動産会社とも交渉が進められており、コミューンはオフィスを建設する権利を販売して費用を回収することを計画していて、このためフランスの見本市（MIPIM Cannes）に出席して海外の企業に立地を呼びかけるなどの働きかけをしている。

ルンドコミューンでは、ハイテク企業の集中と居住環境の向上を掲げた"ヴィジョン ルンド"をルンドの将来像として超党派で作成し、企業と人口の集中を促している。中世都市の趣の残る都市環境を活かした文化的環境と、先端技術・産業の集中がルンドの将来像とされている。また、中高所得層の市民が増加する一方で、コミューンではセグリゲーション地域の出現を防ぐために共同住宅と戸建て住宅とをミックスした住宅地開発を進めており、結果的に移民のセグリゲーションが起こりにくく、社会環境としても安定していることが強調されている。

コペンハーゲン空港へのアクセスの改善を中心に大陸との連結を強化するとともに、先端的な研究機関と企業の誘致を通じて飛躍しようとするルンドの戦略は、リージョンスコーネのRTPでも重要な課題とされている。反面でこれが、スコーネの中心都市としてのルンドというよりも、ヨーロッパ規模の先端科学技術の核としてのルンドをめざすものであることは明らかである。

(2) ヘッセルホルムと北東地域

北東地域では、ヘッセルホルムやクリスチャンスタッド等の7コミューンが、ネットワーク組織としての北東スコーネ（Skåne Nordost）を構成している。その活動内容は、EU北東スコーネ事務所を設けてEUと各コミューンとの連携を強めることや、ルンドのESSSに関連した事業の推進など各コミューンによる事業相互の調整が主体のようである。[46]

北東地域の中心都市であるクリスチャンスタッド（人口約7万9000）は、17世紀初めにデンマーク国王によって設けられた都市であり、合併前の旧ランスティングでの政治・経済の中心地としての歴史を持っている。現在の産業は食料・飲料品を中心としており、1600の食料品会社と数百の関連会社が集中し

ているが[47]、マルメやルンドとの比較では影の薄い存在になっている。以下では、クリスチャンスタッドと並ぶ北東地域の中心都市で、筆者が調査の機会を得たヘッセルホルムの現状を紹介する。

　ヘッセルホルムは、1800年代後半の鉄道駅の開設によってできた比較的新しい町である[48]。軍事基地の存在（2000年に撤退）とあわせて「鉄道と軍の町」としてのイメージが、対外的には定着してきた。従来の主要な産業は、自動車部品などの金属製品や家具、材木等の生産であるが、知識産業への転換を図るための戦略を進めつつあり、キーワードはロジスティクスと大学そして文化である。具体的には、鉄道の交差点であるとともに主要道路にも接する優位を生かして、ロジスティクスの拠点とすることである。ヘッセルホルムにはロジスティクスセンターなどの建設が中央政府機関によって計画されているため、コミューンはその周辺の総面積200haを開発して120haの工業用地を整備し、ロジスティクスの関連会社の誘致や倉庫などを整備する計画を進めている。コミューンの計画では、ヘッセルホルムはトラック輸送と鉄道との交差点として、内陸輸送からエーレスンドブリッジを経た国外輸送へ、またトラックから鉄道への切り替えの拠点になりうる。ロジスティクスの中心はコペンハーゲンであるが、ヘッセルホルムは土地が安いことも含めて、代替拠点としての役割を果たしうるとする。

　これにあわせて、クリスチャンスタッド大学との連携で大学講義を開設しており、ロジスティクスに関わる専門家の養成や会社員の教育も進めていて、大学の充実が今後の発展戦略の重要なポイントとされる。さらにロジスティクスと大学に並ぶ目標は、文化である。これは「鉄道と軍の町」としてのイメージを一掃して、住民を呼び込みルンドとマルメへの通勤者の居住を促進することを狙いとしており、町のイメージを変えるために文化センターや劇場の建設をはじめ、多くの参加者が見込める文化イベントを企画している。ヘッセルホルムは立地上、コペンハーゲンを含めた地域への短時間での通勤が可能で、かつ自然豊かな地域としての売り込みを進めている。コミューンの開発担当者によれば、「マルメやルンドの発展は、ロジスティクスの必要性を増すことも含めて、ヘッセルホルムの利益にもなる。その意味でも、今後はスコーネの一体性

が増していくと思う。またリージョンスコーネは、特にコミューン間での協同を進めるうえで大きな役割を果たしている。」

(3) ヘルシンボリと北西地域[49]

　北西地域は、1600年代にスコーネがスウェーデン領に編入されて設けられた2つのランスティングに分割されていたが、1996年に当時のコミューン連合の解散にともなって、ヘルシンボリをはじめとする10コミューンの連合組織がランスティングの境界を跨る形で結成された。コミューン連合が、この地域の開発と発展の可能性を生かす取り組みの基礎として決定した"市場計画"（1998年）では、組織の目標を「積極的な発展に貢献し、エーレスンドリージョン（エーレスンドブリッジを中心とした一帯）の開発から最大限の成果を獲得する」としている。[50] これにもとづいて産業や観光や文化等の分野で事業が進められており、これら協同活動は、各コミューンの職員によって運営されている。コミューン連合の活動内容は、4年ごとの選挙の後にコミューンの間で交わす協定が基礎になっており、執行委員会は各コミューンの代表で構成され、各コミューンの人口に比例した分担金で運営している。また執行委員会の業務の調整と各事業の実施は、中心都市のヘルシンボリが担当している。コミューン連合の目標として重視されているのは、この地域が全体として31万人もの人口を有すること、またオスロからイェテボリを経てデンマークに至る高速道路の要所として、エーレスンド開発の一画を占める位置にあることである。[51] 同時に強調されているのは、北西スコーネのコミューンが全体として利益を得ることとともに、中心都市であるヘルシンボリが発展のエンジンとしての役割を果たすことである。

　ヘルシンボリ[52]は、北海とバルト海を結ぶ海峡を望む海上交通の要所に位置し、デンマーク領であった時代には交通税をとる関所が置かれていた。現在のヘルシンボリは小規模な流通関係企業の集中した町であり、数百の小規模な販売企業が集中している。核となっているヘルシンボリ港のコンテナ取扱量は、イェテボリに次いでスウェーデンで2位の大きさにある。港湾としての特徴は、後に見るイェテボリ港のようにアジアとの輸送を直接担うハブ港ではなくて、例えばロッテルダム港からの積み替えで届いたコンテナを、スウェーデン

各地に輸送する役割である。港湾の取り扱い能力は、スコーネの中心都市であるマルメのそれを上回っている。

　ヘルシンボリの産業は、以前には商業以外にも靴やテニスボール等の消費財産業があったが、ほとんどが1990年代の経済危機の際に破綻して、港沿いに跡地が残っている。今後の産業戦略としては、何よりもロジスティクスの要としての発展をめざすことであり、現在構想されているのは、対岸のデンマークの都市であるヘルシンイェール（Helsingör）との間を横断橋またはトンネルで連結することである。この計画が実現すればヘルシンボリは、大陸への輸送に直接つながる位置に立つとともに、ヘルシンボリからコペンハーゲンに行く時間距離が一気に短くなって、エーレスンド開発の一環としてのヘルシンボリの立地が一層強められるとする。他方で、今後の地域経済を展望するうえで、マルメの発展は、ヘルシンボリからの通勤者の増加を含めて有利に働き、商機を広げる機会にもなるとされる。

　こうした交通インフラの改善を念頭に置いた将来戦略として重要な位置を占めるのが、ヘルシンボリ中心部の再開発計画であるH+（Hplus）である。この計画では2035年を目標に、これまで海岸沿いの工場地帯と市街地とを隔ててきた鉄道を市の中心部で地下化して、地上をオフィスやITの先端産業地域に換えようとしている。2009年現在では、倒産した靴工場の跡地にルンド大学のサテライトを誘致して3500人の学生を擁しているが、これを近い将来に1万人にまで充実することが構想されている。地下化の費用は約20億sekで、これはコミューンが支出するが、地下化した上部の地面にビルを建てる権利を販売することで、費用は回収できるとされる。オフィスの需要は充分に見込まれており、産業界も積極的である。こうしたヘルシンボリの発展は、周辺コミューンにとっても有益である。北西スコーネでは、各コミューンが一体となる必要があり、とりわけ政府にインフラの整備を要求していくうえで一致することが必要とされる。

3　リージョンスコーネのヴィジョンと政策

　各コミューンの戦略には、次のような特徴がみられる。第1に、エーレスン

ド開発の中で、一定の優位を占めることである。第2に、「知識経済」への転換を念頭に置いて、産業構造の高度化を図ることである。第3に、スコーネ全体の開発が進む中で、住宅地域または観光地域などの形で、独自の位置を確保することである。各々の側面についてコミューンごとで力点の置き方が相違することは当然であるが、他方でこれらは、スコーネの全体としての利害が、エーレスンド開発とつながるインフラの整備をはじめとした課題を通じて一致することを示している。リージョンスコーネの役割と求心力は、こうした現状を反映している。

　リージョンスコーネのRUP（リージョン発展プログラム）では、スコーネを、"エーレスンドリージョン"の一部であるとともにバルト海南部エリアの中心であり、またスウェーデンの大陸への玄関口の位置にあるとしたうえで、将来ヴィジョンを描いている。[53)]力点が置かれているのは、"知識リージョン"をめざすためにエーレスンドブリッジの両岸に位置するコペンハーゲンとマルメとルンドを中心とした地域すなわちエーレスンド地域での、一体的な研究・開発型の発展をめざすこと、またスコーネの特徴が各地域の多様性と多極型の地域構造にあることをふまえて、バランスのとれた一体的な発展をめざすことである。このため、スコーネ内の各地域間およびデンマーク側とのアクセスの改善に向けたインフラの整備が重要とされている。

　このうち、スコーネ各地域のバランスのとれた発展をめざすことについては、リージョンスコーネが、各地域の大学・研究機関との連携や起業支援システムなどを通じて媒介的な役割を果たしている点で、ウェストラ・イェータランドリージョンと共通する。他方で、エーレスンド開発の一環として先端的な産業の拡大をめざす戦略と、スコーネ内のバランスのとれた発展をめざす戦略とは、時として摩擦を生じることは十分考えられる。この点で重要なのが利害の調整システムである。

　スコーネリージョンと各コミューンとの意見調整は、当初にはリージョン議会の代表者による各コミューンへの直接の訪問を通じて行われていたが、2006年にはBTH[54)]の設置という形で制度化された。BTHはリージョン議会に直属する委員会として、4つのコミューン連合の各エリアに対応した4つの小委員会

が設けられて、各地域とのつながりを持つリージョン議会議員によって各々構成されている。BTHには議会への動議提出権が認められるとともに、メンバー議員は分野別の委員会にも重複して所属するため、各分野で問題を提起することができる。総じてBTHは、コミューンおよびコミューン連合の要求をリージョンスコーネの決定に反映するとともに、各分野別の委員会が施策の検討に当たって各地域の意見を集めるうえでの窓口としての役割を持つといえる。言い換えればウェストラ・イェータランドリージョンとは異なり、リージョンが主体となってコミューン連合や市民との意見調整を行ううえでの役割が期待されているようである。

4　スコーネの広域圏形成と政府システム

(1)　スコーネにおける多極型リージョン化

　スコーネでは、1990年代の経済危機が深刻だったことにも関係して、各コミューンの開発戦略がエーレスンド開発との連携に集中した観がある。全体としての特徴は次のとおりである。

　第1に、経済危機に直面したスコーネ地域のアクターは、先端的な技術開発もしくは知識産業への転換と、ヨーロッパもしくは世界規模の経済活動とのつながりを強めることを通じて、経済の再建を図ろうとした。これは中央政府の、地域レベルでの投資環境の整備を通じて投資の促進をめざす政策とも連動して進められた。

　第2に、リージョンスコーネのヴィジョンおよびインフラ計画でも、大陸へのアクセスとりわけエーレスンドブリッジにつながるインフラの整備が焦点となったこと。スコーネの中心都市であるマルメとルンドでは、コペンハーゲンとりわけその空港とのアクセスの改善などを前提に、大規模なプロジェクトを中心とした開発計画が進められている。

　第3に、各コミューンでは、大学や文化施設の設置などを通じて立地上の優位を高める試みと併行して、エーレスンド開発に連結することで発展の契機をつかむことを模索している。同時に、マルメとルンドでの経済拡大にともなう雇用機会への期待が一定の共通意識になっている。

結果としてスコーネのユニークさは、マルメとルンドという中心都市の影響圏域が拡大する一方で、大都市と周辺都市から成る City Region の拡大という単一構造で説明しうるものではないことである。むしろ各地域がEU規模の経済の一環としての性格を強めようとしていることと並行して、社会・経済活動の広域化が進んでいる状態とも表現することができる。その特徴は次のとおりである。

　第1に、リージョンスコーネが客観的に果たしてきた役割である。リージョンスコーネの発足にともない、2つのランスティングに分かれていた交通機関の運営が一本化されたことを通じて、交通・移動の側面からスコーネの一体化が高まり、実質的にはマルメとルンドへの通勤圏もしくは労働市場の広域化に結果した。それはリージョン規模での社会的・経済的な統合が進む実質的な背景として、マルメとルンドが「リージョン経済のエンジン」を自認するうえでの客観的な背景を成した。

　第2に、各地域の産業政策が、スコーネ内の水平的な連関よりも、主としてヨーロッパ・世界規模での経済的アクターとの連携を通じて、もしくはそれを意識した形で進んでいることである。こうした中で、スコーネの将来像についての関係者の暗黙の前提は、南西部のマルメ・ルンド地域とともに、北西部のヘルシンボリを中心とした地域や、北東部のクリスチャンスタッドを中心とした地域という、複数の核構造をともなう地域構造の発展といえる。

(2) 政治的統合の進展と広域政府システムの特徴

　スコーネの広域政府システムの構造は、リージョンスコーネの設置と政策展開、リージョン規模での社会的・経済的な相互依存または統合化の深まり、そしてエーレスンド開発を手掛かりとしてヨーロッパ諸国の経済との連携を強めようとする各コミューンと企業レベルの戦略という、3つの側面から捉えることで、その全体像をより明確にすることができる。

　第1に、リージョンスコーネが政府から授権された権限を背景に、政治的な統合化に向けた要としての役割を果たしていることである。地域の投資環境を高めるためのインフラを整備するうえで、中央政府との交渉力の強化が重要性を高めたことは、コミューンのリージョンスコーネへの結束を高める役割を果

たすことになった。スコーネ域内の各地域が、各々にデンマークをはじめ世界経済とのつながりを強めようとしている中にあって、「スコーネはひとつ」が強調される客観的な理由が、中央政府との交渉力の強化にあることは明らかである。

　第2に、リージョンの開発計画で「バランス」が強調されていることに示されるように、リージョンスコーネが、スコーネ全体の産業構造の高度化をめざす産業別ネットワーク形成に向けた事業や各地の資源活用などを通じて、スコーネの全体としての経済発展に向けた取り組みを媒介する役割を果たしつつあることである。この点では、各コミューンとの協調関係が一定の役割を持つといえる。

　第3に、コミューン連合の位置づけである。ウェストラ・イェータランドと比較した場合の特徴は、リージョンスコーネでの政策決定過程におけるコミューン連合の役割が、インフォーマルなものにとどまっていることである。それはマルメとルンドの影響力の大きさを示すとともに、他面ではエーレスンド開発すなわちコペンハーゲンとマルメを中心とした地域での経済拡大に焦点をあわせたインフラ整備が、各コミューンに共通した要求となっていること、言い換えればインフラ計画をめぐるコミューン間の利害の一致を示している。

　これらは全体として、スコーネにおける多極型広域化の特徴を反映するものであり、リージョン政府をはじめとする広域政府システムが統合の要としての位置にあるといえる。

第4節　多極型開放システムと広域政府システム

　第2節および第3節で検討した2つの地域での経過は、地域経済のグローバル化と経済活動の広域化に対応した、ネットワーク型の広域政府システムの形成過程として捉えることができる。この中でリージョンには、水平的調整と垂直的調整との両面の要としての役割が求められている。

1　多極型広域圏の形成

　2つの地域における、コミューン間の相互関係と経済的・社会的な構造変化の特徴は次のとおりである。

　第1に、広域エリア内での各地域が、ヨーロッパ規模またはグローバルな経済活動との連携を通じて発展可能性を追求する中で、各地域の産業構造は、主として北ヨーロッパレベルで経営を展開する企業の拠点、もしくはそうした諸企業が集積した結節点としての特徴を強めている。それは広域エリアの経済構造を捉えるうえで、中心と周辺という単一構造にとどまらずに、「多極化」を分析視角に加える必要性を示している。

　第2に、地域経済の動的な再編成が、政府とリージョンおよびコミューンの各政府部門と企業との、パートナーシップを通じて進んでいることである。企業のネットワーク化や製品開発システムなどを含む地域産業の自律的発展をめざす試みが、政府やEUの政策を手掛かりに、インフラ整備や大学・研究機関の設置を重要な契機として進んでいる。

　第3に、地域経済・社会活動の広域化である。広域エリアでの道路や鉄道などの交通インフラの整備にともない、中心都市への通勤圏域の拡大をはじめとした土地利用の広域化が進んでいる。これに併行して、広域または旧ランスティングのエリアにおける、コミューン間の社会的・経済的な一体化が強まりつつある。

　地域経済・構造の動態を以上のように捉えたうえで、広域政府システムの形成に関わるウェストラ・イェータランドとスコーネの、主要な特徴は次のとおりである。

　第1に、広域的な政府システムの、下からの形成である。インフラの拡充に向けた要求を実現するための各コミューンの戦略とともに、共同事業の広がりや、EU構造補助金の受け皿の必要性などの多様な要因を背景として、リージョンを核としコミューン連合を含む広域的な統治システムの形成が進んでいる。

　第2に興味深いのは、コミューンの利益をリージョンの意志決定に反映させるメカニズムが、程度の差はあれ形成されていることである。それは一面で

は、リージョンの調整機関としての性格を示している。

　第3に、広域的な統治システムの要としての、リージョンの役割である。中央政府との関係から見たリージョンは、研究機関やインフラ整備への広域的な調整機能とともに、中央政府からの権限委譲の受け皿としても機能している。同時に、リージョン内での社会的・経済的な統合が、一定の摩擦を含みながらも進んでおり、ここでは中央政府から委譲されたインフラの計画権限が、リージョンの求心力とこれを軸とした広域レベルでの政治的な統合の要となっている。これらは相俟って、ネットワーク型の多段階統治システムの構築に向かっている。

2　多段階統治と広域政府システム

　スウェーデンの広域政府改革の経過で注目すべきは、中央政府からリージョンへの権限移行とともに、コミューン間の利害の水平的調整や中央政府機関の運営面での分権化などを通じて、リージョン内での統治システムの再編成が進んでいることである。こうした経過は、中央政府と基礎的政府との中間に位置するリージョンの機能を、多段階の政府によるネットワーク型の広域政府システム、すなわちリージョンを軸にコミューンを基礎とした地方政府システムの、要としての側面から捉える必要性を示している。

　こうした改革の背景を成した経済的な要因として、EU加盟とスウェーデン経済のグローバル化にともなって、地域経済が直接にヨーロッパ経済との結びつきを強めたという意味での、多極型の開放システムへの移行を指摘することができる。それは主に次の点から、調整を通じたネットワーク型の広域政府システムの必要性を高めた。

　第1に、垂直的すなわち中央と地方とのネットワーク型の調整である。広域エリアが中央政府の産業戦略の基本単位となった中で、広域および地域レベルの産業政策と全国レベルの政策・計画との柔軟な調整が求められていることである。中央政府が、リージョンに焦点を当てた社会資本整備を進めるためには、リージョンおよびコミューンの戦略との調整が必要であることや、イノベーションの拠点としての大学・研究機関の機能を地域産業の特徴に適合して

整備することの必要性は、社会資本整備とその運用を、多段階の政府による統治システムを通じて実施することの重要性を高めた。

第2に、水平的なすなわち広域エリアでのコミューン間のネットワーク型の調整である。地域産業がグローバルな経済活動との直接の結びつきを強めた結果、社会・経済活動が広域化する一方で、産業・経済構造の面での多極化が進んでいる。こうした中で、各地域の独自性を前提としたうえでの、広域的な調整システムが客観的にも必要とされた。

以上のような経過と特徴は、経済・社会活動の広域化を念頭に置きながらも、コミューンを基礎単位とした、広域レベルでの政策調整や地方政府システムを構想するうえで示唆的である。ネットワーク型の広域システムを前提とした場合、地方政府の各レベルは、次のような位置づけと役割分担が可能であろう。

第1に、コミューンを多段階統治システムの基礎単位としての側面から捉えることである。経済的には地域産業を下支えする役割であり、地域産業ネットワークの基盤もしくは舞台としての地域環境を整えること。

第2に、中間的なレベルでの共同システムとしてのコミューン連合の役割である。内発的発展に向けた資源の共同利用やパートナーシップの形成とともに、リージョンの計画とコミューンとを橋渡しすること。

第3に、垂直的かつ水平的なネットワークの要としての、リージョンの役割である。それは通勤圏の拡大にともなう政策調整や、研究機関やインフラ整備への広域的な対応とともに、中央政府からの権限委譲の受け皿としても機能しうるであろう。

1) Greater Gothenburg Region "Verksamhetsinriktning och Budget for GR år 2011".
2) この項は、筆者によるBo Aronsson (GR Planeringschef) へのインタビュー (2008年8月) による。
3) この項は、筆者によるHenrik Ripa (レルムコミューンコミッショナー) へのインタビュー (2010年3月) による。
4) この項は、筆者によるMiquel Odhner (クンゲルブコミューンコミッショナー) へのインタビュー (2010年3月) による。
5) この項は、筆者によるAnnette Eiserman-Wikström (ヘルリッダコミューンコミッショナー) へのインタビュー (2010年3月) による。

第3章　ネットワークとしての広域政府システム

6) 注1)に同じ。
7) この項は、筆者によるHåkan Ahlström（シェブデコミューンディレクター）へのインタビュー（2008年9月）による。
8) この項は、筆者によるKenth Lindstrom（リドシェピンコミューンディレクター）およびPer-Eric Ullberg Ornell（リドシェピンコミューン）へのインタビュー（2009年3月）による。
9) Skaraborgssamverkan.
10) Tillväxt Skaraborg.
11) Skaraborgs Kommunalförbund "Årsredvisning 2009".
12) 注7)に同じ。
13) これに照応する形で、Tillväxt Skaraborgは、活動の初年度（2005）には40の事業に総額75mkrを拠出しており、パートナーシップの枠組みとしての役割を果たしていた組織であるが、スカラボリの発展計画の中間総括の中で、スカラボリの中心都市が不明確であるとともに経済開発に関連する事業が輻輳しており統一性を欠くことを強調している（Hlvtidsutvärdering av tillväxtprogrammet: Tillväxt Skaraborg, 2006, p.3）。
14) 注7)に同じ。
15) 筆者によるBörje Malmsten（ティブロコミューン）へのインタビュー（2008年9月）による。
16) この項は、筆者によるThomas Jungbeck（スカラボリコミューン連合ディレクター）へのインタビュー（2010年9月）による。
17) 注11)に同じ。
18) 注16)に同じ。
19) Fyrbodals Kommunalförbund "Tillväxtprogram Fyrbodal 2008-2013".
20) 筆者によるPar Lowenlid（トロールヘッタン経済局長）へのインタビュー（2009年8月）による。
21) 筆者によるLass Linden（フィルボダルコミューン連合ディレクター）へのインタビュー（2009年8月）による。
22) この項は、筆者によるUlrika Geeraedts（ウルリスハムンコミューン、インターナショナルコーディネーター）へのインタビュー（2011年3月）による。
23) 筆者によるEleonore Örtlund（Ivanho CEO）へのインタビュー（2011年9月）による。
24) 筆者によるPer Segerqvist（Seger EuropeAB VD）へのインタビュー（2011年9月）による。
25) 筆者によるDaniel Göök（Näringsliv Ulricehamn AB：コミューンの所有企業職員）およびNils Nilsson（イェールスタッドの企業組織代表）へのインタビュー（2011年9月）による。
26) この項は、筆者によるJonas Widerström（スベンリュンガコミューン経済局長）へのインタビュー（2011年3月）による。
27) Svenljunga Kommun "Historiska axplock".
28) Blåkläder ホームページ（http://www.blaklader.com2011/06/09）による。

29) この項は、筆者によるPeter Albinson（シュハラドコミューン連合開発コーディネーター）へのインタビュー（2010年9月）による。
30) Sjuhärads Kommunalförbund Årsredovisning 2009.
31) 同上。
32) Västra Götalandsregion "Instruktion for Beredningen för hållbar utveckling" Regionfullmaktige 19/10/2010, 159.
33) 西スウェーデンパッケージの特徴は、国と地方との共同出資を前提としたことである。総額340億sekの内で国の負担を170億sek、地方負担を170億sekとしたうえで、地方負担の内140億sekは、イェテボリ都心部に進入する車輛から徴収する混雑税（国税）で、ほかは、イェテボリ市とVGおよび隣接するハーランドリージョンが10億sekを各々負担する。
34) Västra Götalandsregion "Förslag Till Regional Plan för Transportinfrastrukturen i Västra Götaland under Perioden 2010-2021", 2009.
35) 筆者によるSahlgrenska Academy（イェテボリ大学医学部）学部長 Olle Larköへのインタビュー（2012年3月）ほか関連資料による。なお、詳細は第4章参照。
36) イェテボリ市の産業政策について、詳細は槌田2011を参照されたい。
37) Västra Götalandsregionen, "Vision Västra Götaland: Det Goda Livet", 2005.
38) この項は、筆者が2006年10月にAgne Gstafsson（ルンド大学）の援助を得て行った以下の方々へのインタビューによる。なお、以下の表記は各々所属する政党をさす。S：社会民主党、fp：国民党、M：穏健党、G：環境党。マルメコミューン：Anders Rubin（コミッショナーS）、Henry Tordenström（Senior Research Officer: Department of Strategic Development）、Kristina Ohlsson（Coordinator of EU affairs）。ルンドコミューン：Lennart Prytz（コミッショナーS）、Tove Klette（コミッショナーfp）。リージョンスコーネ：Pia Kinhult（コミッショナーM）、Anders Lindeberg（コミッショナーG）、Johanna Essemry（political secretary S）、Gunne Arnesson Lovgren（Head of Strategic Development）、Eskil Martensson（Development Manager）、Stig Ålund（スコーネ地方政府連合ディレクター）、Stephan Muchler（Chamber of commerce South Sweden President and CEO）。
39) ここで興味深いことは、こうした事業展開が小規模な企業にも広がっていることである。筆者によるStefan Moreus（Företagarna Skåne副会長）およびThomas Mattsson（Företagarna Skåne）へのインタビュー（2008年8月）によれば、フェーレタガルーナ・スコーネは、一人企業をはじめとした小規模な企業を組織しており、メンバーの50%が製造業であるが、エーレスンドブリッジの開通を契機に、ヨーロッパ北部との経済的なつながりを拡大している。この結果、例えば、テントを製造する一人企業が、ドイツのアウトドア用具の小企業と、セットでの宣伝と販売をヨーロッパ規模で企画・実施するなど、企業間の連携が国を超えて拡大している。
40) 筆者によるStig Ålund（スコーネ地方政府連合ディレクター）へのインタビュー（2006年10月）による。
41) 筆者によるChrister Persson（マルメコミューンSenior Advisor）へのインタビュー

(2008年9月)、および、注45)のルンドでのインタビューによる。
42) Malmö Stad "Malmö Trade & Industry".
43) Skånetrafikenのホームページによる。http://www.skanetrafiken.se/templates/InfomationPage (2008年9月11日参照)。
44) 筆者によるAgneta Möller (マルメコミューン：NÄRINGSLIVSKONTORET/TRADE & INDUSTRY AGENCY) へのインタビュー (2010年2月) による。
45) この項は、筆者によるルンドコミューンでの以下の方々へのインタビューによる。
　・2008年9月：Tove Klette (コミッショナーfp)、Anders Almgren (コミッショナーS)、Mats Hansson (計画責任者Planeringschef)
　・2009年3月：Mats Helmfrid (コミッショナーM)、Anders Almgren (コミッショナーS)、Uldif Rkunja (財政局ディレクター)
46) Skåne Nordost (http://www.skanenordost.se/sv/skane-nordost/Om-Skane-Nordost1/).
47) Kristianstadホームページ (http://www.kristianstad.se/sv/Om-kommunen/) による。
48) この項は、筆者によるCharlotte Fogde Andréasson (ヘッセルホルムコミューンコミュニケーション・市場責任者) へのインタビュー (2009年3月) による。
49) Skåne Nordväst (www.skanenordvast.se).
50) VERKSAMHETSPLAN FÖR SKÅNE NORDVÄST 2007-2010.
51) Skåne Nordväst "309000invånare Tio utmaningar for nordvästraSkåne".
52) この項は、筆者によるSten-Åke Tjärnlund (AAA TEAMWORK AB、前コミューン計画担当職員) へのインタビュー (2009年3月) による。
53) Region Skåne "Regionalt utvecklingsprogram för Skåne 2009-2016".
54) Beredningarna för tillväxt och hälsa (直訳すれば、「開発および保健審査会」)。

第4章　イェテボリ市の都市政策と都市経営

はじめに　地域開発の論点

　本章では、福祉の充実と地域経済との統合的な発展に向けた地方政府の政策スタイルを、イェテボリ市の政策の分析を通じて検討する。最初に地域開発をめぐる論点をふまえて、本章の課題を整理したい。

　第1に、経済グローバル化が進む中での地域経済戦略である。経済グローバル化とEU統合は、国民経済システムの解体を促して基礎単位としての地域経済を前面に押し出す。他方で、地域に立地する企業がグローバル企業の経営戦略の下に置かれる中で、地域経済は企業の国外移転や事業の縮小・淘汰という不安定要因にさらされる。こうした中で地域経済の自立的な基盤を確立するうえでの課題は、地域の教育制度や文化・環境などとともに研究機関や起業支援などを含む経済活動の基盤的条件としての地域経済システムを確立することにある。ここでの地方政府の基本的な役割は、「経済活動の容器」としての地域が持つ固有の特徴をふまえた地域経済システムの確立である（中村2004）。

　第2に、地域内再投資の論点である。経済グローバル化がもたらす影響を、資源の地域循環という視点から見た場合の問題は、グローバル化した大企業が地域の資源を活用する反面で、そこから得た利益を地域外に流出させていることである。この中で地域発展に必要なのは、地域で得られた利益を地域内に再投資することを通じて、雇用を増大させ産業基盤を発展させるためのシステムである。ここでは地方政府の政策が積極的な役割を果たしうる（岡田2005）。

　第3に、市民の生活向上を中心課題とする地域開発の論点である。産業地区やネットワーク論などの地域開発に関わる理論に対する批判として、これらの

理論が地域の具体的な諸資源の分析から出発する点での積極面を持つ反面で、地域的な社会関係や人間の能力発展などのすべての要素が、産業の発展に有益な範囲でしか考慮されていないとする論点は的を射たものといえる（Moulaert 2003）。これに対して求められるのは人々の生活向上を目標に据えた地域開発の理論であり、それには地域の社会的および人的な資源を生かした産業戦略とともに、地域内での経済循環の実現を通じて付加価値を高め雇用の場を確保する戦略が求められる（宮本 1989）。

　第4に、都市／地域政策の課題を明らかにするうえで必要な、地域分析の基本的な方法論である。地域経済のグローバル化と産業構造の変動は、地域社会の構成そのものの変化と、これにともなう社会的格差や集積の不利益に起因する都市問題を生じ、これらに対処する独自の政策課題を生じさせる。経済的・社会的な変化の中にある現代の地域を分析するうえでは、都市経済（構造）／都市問題／都市政策の相互関係を、動的に捉えることが必要である（宮本 1980）。「経済活動の容器」としての都市／地域をマネジメントするうえでは、こうした変化を全体として捉えた政策が必要といえる。

　地域発展の戦略を検討するに当たって本書が念頭に置くのは、第1に、グローバルビジネスが地域経済への影響力を高めている中で、地域経済の基盤を形成するための地方政府が主体となった政策展開が重要性を増すことである。第2に、そうした政策は、地域の固有の経済的また社会的基盤に根ざすとともに、地域の全般的な環境を高める総合的な政策の一環として展開される必要があることである。第3に、地方政府の政策には、産業基盤の整備とあわせて、変化の中にある地域課題への対応が必要であり、財政的な視点からは、地域産業の発展を財政的な裏づけとして地域環境の全般的な向上を進めるという意味での都市・地域経営という視点が求められることである。

　本章では以上のような視点から、地域社会の総合的な発展に向けた地方政府の役割と政策を、イェテボリの事例を通じて明らかにする。本書の基本的な視点は次のとおりである。

　第1に、経済のグローバル化の下での、地域の経済構造に注目する。イェテボリでは、外資による主要企業の買収が進む一方で、立地上の優位を背景とし

た内外の企業の集中が見られる。本章では、イェテボリの地域経済を、歴史的に形成された固有の社会・文化・経済的条件を基礎とする実態的な存在として捉えるとともに、地域に立地する企業がグローバルなサプライチェーンの一環としての性格を強めていることを念頭に置いて、地域経済の構造を複眼的な視点から捉える。

　第2に、地域内での再投資を促して固有の産業基盤を創造する戦略である。ここではイェテボリ市による、市有企業の経営を通じて地域内の再投資を促すとともに、起業の支援や先端産業の成長をめざす政策に注目する。

　第3に、セグリゲーションなどの都市問題への対応をはじめ、地域の全体的な環境を高める総合的なマネジメントのためのシステムである。ここでは市の財政政策を、一方の地域社会と地域政治、他方の地域経済との連結点として、言い換えれば市が地域社会の総合的な発展を導くための手段として捉える。これをふまえて、企業と人口の集中にともなって生じた需要を地域の産業発展に活かすシステムと、財政政策を通じた資源再配分による都市問題への対応に注目する。

第1節　イェテボリ都市政策の全体像

1　イェテボリ市の政治システム

　スウェーデン第2の都市であるイェテボリ市（人口約50万）が直面しているのは、経済のグローバル化の下で地域の経済基盤を維持するとともに、セグリゲーションをはじめとした地域問題に対処して、市民の福祉を高めるという難しい課題である。社会民主党を中心とする左派ブロックの政党が市議会の多数派を占めるイェテボリ市では、1980年代の後半から政治と行政システムの改革が進められてきた。その背景として、次の点を指摘できる。

　第1に、地域経済のグローバル化である。イェテボリでは1990年代当初の経済危機を経て外資系企業の立地が進む中で、インフラの整備や企業間ネットワークの形成などを通じた地域産業基盤の整備が、市の政策上の重要な課題となった。

第2に、イェテボリの地域構造と地域問題の特徴である。1960年代後半に都心外周部に大量の市営住宅を建設してきたイェテボリでは、地域産業の構造変化にともない、市営住宅を中心とする地域に低所得者と移民が集中するセグリゲーションの拡大が、都市問題の焦点になりつつある。

　第3に、市と市民運動を含む私的セクターとの相互関係である。1990年以降のコミューンの財政難とともに、一方でのサービス供給の民営化をめざす穏健党首班の中央政府による政策と、他方での協同組合事業の広がりは、財政運営手法の見直しとともに、市と市民社会との相互関係の再構築を必要とした。

　イェテボリ市は、分権型の政治システムを通じてこれらの課題に対応しており、各分野はとりわけ財政システムを通じて相互に関連している。その特徴は、次の3つの側面から捉えることができる。

　第1に、イェテボリ市が100％株式を所有する会社（以下、カンパニー）が、イェテボリ港の経営やエネルギー供給事業などを通じて、産業基盤の整備や基礎的なサービス供給などの事業を実施している。各カンパニーの経営は、市執行委員会（以下、執行委員会）が任命した取締役会の下で独自の責任において行われ、カンパニーの損益は、住宅や産業関係等のグループごとで、持ち株会社の段階で調整されている。

　第2に、地域分権の制度を通じたサービスの提供である。市のサービスは、イェテボリの全域を10に分けて設置された地区議会[1]、および政策分野別の専門委員会によって実施されている。地区議会は福祉・教育・文化に関わる市民サービスを、独自の判断と権限で、直属の行政組織を通じて実施している。

　第3に、私的セクターや市民組織の役割である。私的セクターによるサービス供給を促進する法改正にともない、企業や協同組合によるサービス提供が、市のサービスと同様に財政支出の対象とされた。またこれと併行して市民の組織活動や障害者の労働者協同組合への支援と財政補助が、自律的な組織化への支援として行われている。

　これら3つの領域の要に位置するのは、図表4-1に示したように市議会と執行委員会であり、各委員会とカンパニー取締役会のメンバーの任命とともに、財源配分と方針決定を通じて全体を調整している。さらに、議会に直接責任を

第4章　イェテボリ市の都市政策と都市経営

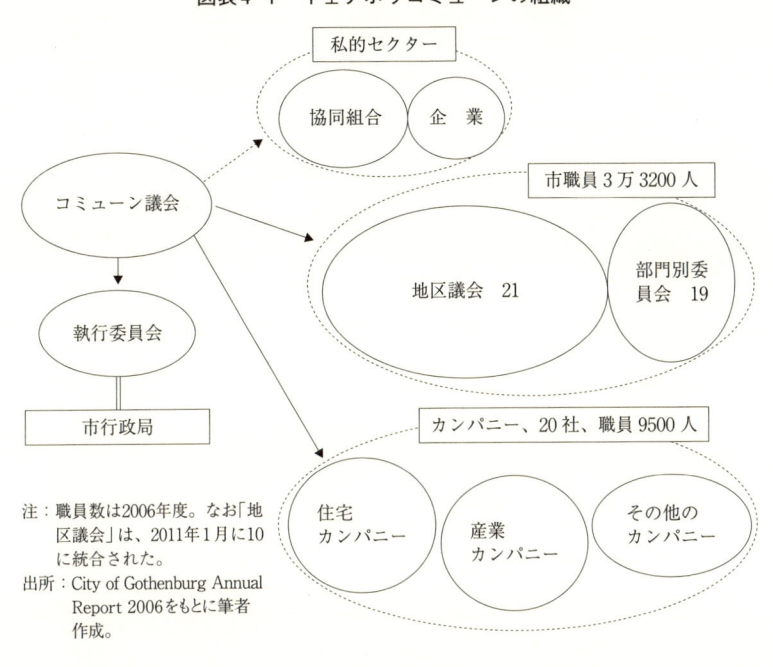

図表4-1　イェテボリコミューンの組織

私的セクター
- 協同組合
- 企業

コミューン議会

執行委員会

市行政局

市職員3万3200人
- 地区議会　21
- 部門別委員会　19

カンパニー、20社、職員9500人
- 住宅カンパニー
- 産業カンパニー
- その他のカンパニー

注：職員数は2006年度。なお「地区議会」は、2011年1月に10に統合された。
出所：City of Gothenburg Annual Report 2006をもとに筆者作成。

持つ監査委員会による会計および業務遂行状況についての監査や、執行委員会に直属する市行政局（City Office）による政策分野別の総括が行われている。システム全体としての特徴は、事業と経営単位の責任と権限を明確にしたうえでの総合化という点である。

2　イェテボリ市の財政構造
(1) イェテボリの財政構造とカンパニー

　イェテボリ市の政治システムの全体像は、その財政構造を通じてより明瞭となる。スウェーデンの地方政府には企業会計方式が導入されており、地方政府が所有する子会社とあわせて、連結会計による決算報告が行われている。図表4-2は、イェテボリ市財政の本体とカンパニーとの、2つの部門での財務状況の推移を示している。図表4-2で注目されるのは、総資産額と自己資本の増加に見られるように、財務状況が年々堅固さを増していることであり、その前提

には人口の伸びと平均所得の増加があることは明らかである。これにともない市民の地方税納税総額（リージョンとイェテボリ市を含む）は、2001年の187億sekから2006年の246億sekへと、30％以上の増加を示している[2]。図表4-3、図表4-4は、イェテボリ市とカンパニーとの各々の2006年度決算状況を示したものである。市からは各カンパニーに対して取締役会メンバーの任命や、ミッションの設定を通じたコントロールが行われている。さらに市財政からは、内部銀行を通じた再融資の形で15,264百万sekをカンパニーに融資しており、イェテボリ市の金融市場での信用力を活用した融資と説明されている。図表4-3の貸借対照表の項で、市の負債額が大きいのはこのためである。図表4-3、図表4-4をはじめとしたデータからまず指摘することができるのは、イェテボリ市とカンパニーとの両者をあわせた財政規模の大きさである。2006年度の経常支出合計は326億sek、投資総額は50億sekに上っている。さらに合計職員数は4万人を超えている（図表4-2）。

(2) 　地区議会と分権型財政システム

　イェテボリでは1990年に市域を21のエリアに分けて地区議会を発足させ（2011年より10に統合）、各々に財政運営とサービス提供を委ねている。これについては、イェテボリが周辺コミューンを合併して市域を拡大した結果として、地域ごとに抱える問題や市民層の違いが大きいことが指摘されている。各地区議会は、市財政からの交付金と事業の実施にともなう使用料収入等によって事業を実施する形をとっている。図表4-5に見られるように、2006年度決算による各部門の経費に対する市財政からの交付金の支出総額は184億sekである。この内訳は地区議会への交付金が145億sekで、これは市の交付金総額の8割に上るとともに、地方税収と政府一般補助金との合計額193億sekの75％に当たる。地区議会への交付金は、後に見るように各地区議会の人口構成や経済状態を基礎として算出され、結果的には地域間での資源再配分の役割を果たしている。以下各節では、市の産業政策とカンパニー経営および地区議会を通じた地域政策の3つの分野について、現状を検討する[3]。

第4章 イェテボリ市の都市政策と都市経営

図表4-2 イェテボリ市とカンパニーの資産状況の推移

年　度		1995	2000	2005	2006
純利益	市	42	404	2,592	452
百万sek	カンパニー	764	740	948	610
総資産	＊連　結	40,630	44,978	62,364	63,400
百万sek	市	16,529	19,890	33,015	32,163
自己資本	＊連　結	4,165	6,605	13,426	14,833
百万sek	市	204	1,208	4,848	5,301
総資産／自己	＊連　結	10	15	21	23
資本比率%	市	1	6	15	16
職員数	市	46,095	31,966	32,438	33,197
（人）	カンパニー	8,905	8,168	8,511	9,540

注：＊印は、市とカンパニーとの連結決算額。なお、1995年〜2000年の市職員数の減少は、この間にイェテボリ市が実施していた医療業務を、VGに移管したことによる。
出所：Gothenburg Stad"Statistisk Årsbok"により筆者作成。

図表4-3 市財政
(2006 決算 百万sek)

（経常勘定）Operational Accounts	
＊　収　入	
・　税　収　：	17,286
・　平等化補助金　：	2,015
・　手数料他　：	6,599
計	25,900
＊　支　出	
・　人件費／物件費他　：	23,943
・　　他　：	1,505
計	25,448
＊　純収益	452
（貸借対照表）	
＊　総資産　：	32,163
・　固定資産　：	26,600
・　流動資産　：	5,563
＊　負　債　：	26,863
＊　資　本　：	5,300
＊　投資額　：	1,245

出所：Gothenburg Annual report 2006.

図表4-4 カンパニー財政
(2006(23社連結)百万sek)

＊　経常収入　：	15,731
＊　経常支出　：	15,121
＊　純利益　：	610
（貸借対照表）	
＊　総資産　：	52,394
＊　負　債　：	40,541
＊　資　本　：	11,853
＊　投資額　：	3,845

出所：図表4-3と同じ。

図表4-5 各分野での手数料収入などを除く経常費への市交付金
(2006年度　経常勘定　百万sek)

地区議会／委員会	市交付金
地区議会	14,512
教　育	1,548
土地／住宅	−207
インフラ／環境	1,367
文化／レジャー	600
他	592
合計	18,413

出所：図表4-3と同じ。

第2節　イェテボリの地域経済と産業政策

　本節ではイェテボリ市の産業政策を、産業構造の転換と地域経済のグローバル化の中での変化とを念頭に置いて考察する。イェテボリ港を中心に発展したイェテボリでは、第2次大戦後の経済成長を通じて大企業を中心とする産業構造が形成された後に、1970年代末には造船業が壊滅し、さらにこれを引き継いだ自動車等の大企業の多くが1990年代から、外資に買収されてグローバルな経営戦略の下に置かれるなどの経過を辿ってきた。他方でイェテボリ市の政策は、港湾を中心としたインフラの整備と、大学と研究機関との連携による先端産業の誘致と起業支援などを重点としており、全体としては多様な業種構成を持った先端産業の育成が目標とされている。本節では、イェテボリ地域経済の構造と産業政策の検討とともに、グローバル化の中での地域の産業基盤形成という視点から、これらの政策の到達点を論じる。

1　イェテボリの地域経済の特徴

　1600年代に北海への輸出拠点として国家戦略の下に建設されたイェテボリは、内陸部の資源を含む木材・鉄鋼の輸出基地として拡大するとともに、イギリスやドイツなどの技術と人材を通じた工業化を進める中で、単なる原料品の輸出基地からの脱却を実現していった。19世紀の産業革命による工業化を経て、1900年代の当初には造船業とテキスタイルが主要な産業になるとともに、現代の主力産業が発展した。スウェーデンでも独特の企業風土を持つ地域として知られているイェテボリの特徴のひとつは、地域の歴史を通じて形成された、世界の市場を視野に置く経営感覚である。それは近代では、有力産業だった繊維業から織機工業が成長し、またここで発明されたボールベアリングを生産するSKF社（Svenska Kullagerfabriken）が短期間に世界企業として拡大したこと、さらにSKFの子会社として設立されたボルボ自動車が戦後に一気に経営を拡大する経過を辿ったことにも示されている。こうした企業文化は、イェテボリが有力企業の苗床としての役割を果たす基盤になったようである。もう

第4章　イェテボリ市の都市政策と都市経営

図表4-6　イェテボリ都市圏 (GR) の外資系企業

	1996	1998	2000	2002	2004	2006
企業数	780	889	1,222	1,631	1,739	1,969
事業所数	985	1,191	1,563	2,201	2,204	2,427
雇用者数	24,084	32,756	54,079	63,106	66,859	76,038

出所：BRG (Business Region Goteborg AB) "Facts & Figures" 2007.

　ひとつの特徴は、"イェテボリ・スピリット"と称される、企業間および労使間の協調的な企業文化である。それは、成功した商人による寄付の慣行を通じて病院や大学などが創設・運営されてきた歴史的な経過とともに、国立イェテボリ大学の前身である商業学校Handels Högskolanが、第2次大戦後にも各企業の寄付で創設された基金によって校舎建設や運営が行われてきた経過にも示されている（Olsson 1996）。他方、第2次大戦後の経済成長を通じて大企業が拡大する一方で、多くの企業が外部の周辺コミューンに移転したことは、イェテボリの産業の大部分が少数の大企業によって構成されるという特徴を強めた。

　1970年代以降のイェテボリ産業は、波乱の時期を迎えた。1970年代末にはドル危機の煽りを受けて造船業が壊滅し、この後自動車・IT・薬品などの企業を主体に地域経済の再生を果たした。1991年の経済危機は、イェテボリの産業に深刻な打撃をもたらすとともに、これに前後する資本投資の自由化は、イェテボリに発する大企業の海外展開の加速と、その一方での外資による主要企業の買収に結果した。この結果、図表4-6に示されたように、イェテボリ都市圏の外資系企業と従業員数は、1990年代の後半以降著しく増加した。この変化は、大企業を中心とした企業間関係にも大きく影響したようである。一例として、1963年に259を数えたイェテボリのボルボ自動車への供給業者は、イェテボリ港に隣接して部品供給基地が設置されたことと併行して再編成が進み、2000年には29に集約された。反面でイェテボリでは、北ヨーロッパの拠点としての立地上の優位に着目した外資系企業の立地が増加しつつある。また、例えばイェテボリに隣接するメルンダールに立地してイギリス資本に買収された製薬大手企業のアストラゼネカ社（医薬品）が、引き続き研究・開発の拠点として継続していることをはじめ、イェテボリでの企業の集中と雇用の増

図表4-7 イェテボリ都市圏の従業員規模別に見た上位5社
(人)

ボルボ自動車	10,025
ボルボトラック	3,325
SKF（ボールベアリング）	2,825
ボルボ情報テクノロジー	2,475
エリクソン	2,375

出所：BRG, "Göteborgsregionens 100 största arbetsgivare" 2011.

加が続いていることは、先端的な産業活動に適切な条件を持つ地域であることを示すものと受け取られている。結果的にイェテボリでは、図表4-7の従業員規模別に見た上位5社からも窺えるように、大企業が雇用の点からも大きなシェアを占める産業構造が形成された。さらに、イェテボリに立地する企業の多くは、後に見るように規模の大小にかかわらずヨーロッパおよび世界規模での経済活動をめざしており、その意味でイェテボリでの企業集積の特徴は、主として北ヨーロッパレベルで経営を展開する企業の拠点としても特徴づけることができる。

2 イェテボリの産業政策

(1) イェテボリの産業政策の概要

1970年代以降の産業構造の変化を通じて、イェテボリ市の産業政策において問題とされているのは、イェテボリが輩出した大企業が必ずしも地域に根を持たないことである。この点で示唆的なのは、1970年代に造船業が壊滅した結果、「ボルボなどの企業名は知られていても、イェテボリという都市の名前自体はほとんど知られていないことを痛感した」という、政治指導者の述懐である。[4] 重視されたのは、世界アスレティック大会などの国際的なイベントの開催を通じてイェテボリのブランド名を広げることであった。イェテボリ市の産業政策において重視されているのは、企業のフットルースな経営戦略を前提したうえで、ロジスティクスや研究開発上の優位などの、産業活動の拠点としてのイェテボリ自身の魅力を高める政策である。このため、内外の企業進出を誘導するとともに、大学や研究機関との連携を強め先端技術の活用や移民による起業を支援して、多様な業種で構成する産業構造を形成することが目標とされている。さらに新たに立地した企業を含めた企業間のネットワーク形成が重視されている。

こうしたイェテボリ市の産業政策の基本的な特徴は、次のように整理でき

る。第1に、港を中心としたロジスティクスの要としての利点を生かして、グローバルな経営戦略を進める企業の投資と立地を促すことである。第2に、大学と研究機関の集中を生かした、IT産業の誘致をはじめとした先端産業の育成である。第3に、イェテボリに立地する企業のネットワーク化を進めて、地域内での企業連携を強めることである。これには、起業支援を通じた多様な産業の育成があわせて目標とされている。第4に、こうした政策を、カンパニーを通じて実施していることである。

全体として、イェテボリ港をはじめとするインフラの利点を活用しながら、独自の研究・開発型の産業基盤を強化し、同時に多様な起業を支援するという方向がめざされている。こうした政策ではカンパニーが、住宅経営やクリーンなエネルギーの提供等を通じて、企業の集中が生み出す需要を地域内に取り込むとともに、集積利益を活用した経営と投資の拡大を行うことによって、環境都市をめざすイェテボリの優位を高めるために有効な役割を果たしている。

(2) 先端産業の誘致とクラスター形成＝リンドホルメンサイエンスパーク[5]

先端産業の拠点都市をめざすイェテボリの戦略を象徴するのが、イェテボリ中心部を流れるヨタ川の北岸に位置する、リンドホルメンサイエンスパークである。広大な造船業跡地の中央部に位置するリンドホルメンの復興は、イェテボリ産業の再生にとって重要な課題であった。IT産業の拠点としてこの地域の再生をめざしたイェテボリ市は、都市経済の再生に向けた工学系大学の設立やIT大手企業のエリクソンの誘致を通じて、大学と政府系機関およびIT関連企業が集中する地域開発を実施した（Sydow 2004）。

リンドホルメンの土地所有者はイェテボリ市のカンパニーのエルブストランデンABであるが、リンドホルメンでの事業運営についてはリンドホルメンサイエンスパークAB（以下、サイエンスパークAB）が担っており、そのボードメンバーは、チャルマース工科大学、イェテボリ大学、イェテボリ市、BRG、およびボルボグループ、サーブ、エリクソンなどの大企業という構成になっている。現在のリンドホルメンは、約2万人が通勤通学するIT産業と教育の拠点となっており、その内容は大きく3つのエリアに分けられる。第1には、エリクソンとその協力企業による縦型の企業集団である。現在リンドホルメンに

立地する275社のほとんどが、エリクソンの業務を担う関連会社とされる。これは、エリクソンが業務の繁閑に柔軟に対応しうるような関連企業の集中、いわゆるITクラスターの形成を、立地の条件として市に要求したことを反映している。第2には、ボルボやサーブなどの大企業と政府機関とのミーティングプレースとしての位置である。ボルボグループの開発関係会社等の大企業とともに、産業振興に関わる政府機関が立地しており、いくつかの開発プロジェクトを通じて情報交換を行っている。第3には、チャルマース工科大学を中心とするエリアである。大学教育と起業支援組織、および中・小規模企業を含む企業との共同研究開発の拠点としての役割である。

　リンドホルメンの現状を、大企業と政府機関とのミーティングプレースとして捉えた場合の特徴として次の点が指摘される。第1に、政策形成の場としての役割である。一例として、ELV（Electronic Vehicle）に関わるプロジェクトには、政府機関であるMSB[6]とボルボ等の大企業が共同研究のメンバーとして加わって報告書をまとめている。このプロジェクトは、ビッグビジネスにとっては、政府機関との情報交換を通じてELVの普及に必要な充電インフラなどの整備についての業界の要望を伝える場であり、政府機関にとっては産業界の戦略について情報を得ることができるとされる。第2に、企業横断的な情報交換の場としての位置である。ELVの例では、最終製品に至るコア技術の開発は各企業レベルで進めているが、コンセプトの発想や応用開発の段階では、業種を超えた情報交換が重要な役割を果たす。例えばボルボグループのトラックは、長期的にはトランスポートシステムの一環として捉え直すことも必要になるが、この点ではIT関係企業との情報交換の意味は大きいとされる。第3に、以上を前提したうえでの、製品開発の主として応用面での、実験場としての役割である。サイエンスパークABが主催するプロジェクトの多くは、製品開発の応用面での情報交換のプロジェクトといえるものである。同時に具体的な実験場の提供として、例えば、イェテボリ港を使った、トランスポートの実験・デモンストレーションなどの実績もある。

　こうしたビッグビジネス相互および政府機関とのミーティングプレースという特徴の反面で、リンドホルメンでは、自立的な起業家の集中と相互の刺激を

通じたクラスター形成という側面は希薄なようである。この意味でリンドホルメンの事業モデルの優位は、大企業の本社と製造拠点が立地するとともに中央政府にコネクションを持つ有力な政治指導者に恵まれた、イェテボリの優位そのものにあるともいえそうである。

(3) 大学を梃子とした先端産業の育成＝チャルマース工科大学[7]

イェテボリではチャルマース工科大学とイェテボリ大学およびVGが経営するサルグレンスカ病院ならびに政府機関が、複合的に先端産業育成の拠点を形成している。このうちでも中心的な位置を占めるのは、チャルマース工科大学である。東インド会社理事長の寄付による創設を出発点とするこの大学は、1984年に国立から基金による組織に転換した後に、多くの研究機関や起業支援組織を設立して、企業との共同による研究・開発を進めてきた。その全体的な構図と関係機関との相互関係は図表4-8（130頁）に示したとおりである。全体としては、次のような特徴を持つといえる。第1に、政府機関やVGとの連携とともに、企業との協同技術開発を通じた、イノベーション支援システムの拠点としての役割である。第2に、大学教育を通じた人材の育成であり、正規のマスターコースとして、企業との共同研究やこれを通じた起業の支援など、多くのコースが設定されている。第3に、起業支援や融資のための機関を通じたベンチャー企業の支援である。チャルマース工科大学がリンドホルメンに設けたインキュベーター組織（Chalmers Incubator）では、1999年から2010年の間に102のベンチャー企業が発足し、これによる2010年の雇用総数は415人である。

チャルマース工科大学の説明によれば、大企業が研究開発の外部化を進めている中では、企業との協同プロジェクトの役割が大きいとされる。とりわけ中小企業の研究開発には大学が設置した研究所（Chalmers industriteknik）が数十人の研究者を配置して関わっており、小規模企業の発想で研究者との共同開発を進めているものもある。そのほかにもチャルマースが設けた研究センターは各々が多くのプロジェクトを抱えており、企業との協同による研究開発プロジェクトでは、ハイブリッド車の研究開発という先端分野の共同開発プロジェクトや、自動車の安全性の追求という点から部品と素材そして現実の事故の分

析などを含む、研究と開発の息の長いプロジェクトが数年の幅で続けられている。

　イェテボリ経済の現状と大学の今後の役割について、チャルマース工科大学自身の認識は、筆者のインタビューでは次のようなものである。「イェテボリの産業構造は、少数の大企業が大きな影響力を持つことは事実であり、彼らが例えば外国の本社の指示でイェテボリの事業を縮小する事態を考えれば、決して安定的な産業構造とはいえない。ただしこれは現実の一面であって、大企業を中心とした関係から一歩下を見れば、中小企業を中心とした多くの独立のクラスターが見られる。独立したクラスターとしては例えば、石油化学のクラスターが挙げられる。石油化学は、現在の環境問題の流れの中で大きな転換を迫られており、単に石油の活用法だけでなく、維持可能な原料とそれを利用できる社会に向けた、インフラや生活スタイルの改善を含めて、全般的な検討が進んでいる。チャルマースの今後の役割は、大企業を含む産業クラスターの一部に加わるとともに、イェテボリ大学等との共同研究の場を構成し、また開かれたイノベーションスペースの一部にもなることを通じて、知識社会における知識基盤（Knowledge Platform）としての役割を果たすことである。その意味でチャルマースの役割は、中心と言うよりもホストとしての意味が大きい。」

(4) イェテボリ大学とサルグレンスカ病院

　イェテボリにおける先端産業育成の、もうひとつの拠点がイェテボリ大学（以下、GU）である。GUには、研究者・学生による起業を支援するための持株会社GU holdingが置かれて毎年数社の起業を実現しており、これにはVGも資金援助している。他方でイェテボリの地域経済に重要な位置を占める医薬品関係の産業政策の拠点となっているのは、GUの医学部に当たるサルグレンスカアカデミーと、VGのサルグレンスカ病院との一種の複合体であり、次のような特徴を持つ[8]。第1に、サルグレンスカアカデミーとVGのサルグレンスカ病院との両者は、協定にもとづいて一体的に運営しており、研究者は同アカデミーと病院とに二重に所属している。政府からはアカデミーと病院への研究補助金として毎年計720百万sek、またVGからは、政府補助への共同支出として400百万sekの補助金を受けている。サルグレンスカアカデミーではこれら

の研究費補助を使って、約200の研究プロジェクトが実施されており、サルグレンスカアカデミーの研究者は、大学研究者また病院医師としての立場でこれらの補助金を活用している。第2に、サルグレンスカアカデミーと製薬世界企業であるアストラゼネカ社とは、サルグレンスカ病院との連携をベースに、主に臨床実験に関わる130に上る契約を交わしている。サルグレンスカアカデミーの研究開発にとっても、豊富な研究・開発費を持つ同社との連携が重要とされている。第3に、VGやBRG、およびGUなどとの協同で、サルグレンスカサイエンスパークが設置されている。このサイエンスパークは、一種のインキュベーターとしても、またベンチャービジネスにとっては、政府系機関の金融支援を受けて製薬大企業と共同開発する場としても機能している。第4に、中央政府の補助事業である。政府の先端産業支援機関であるVINNOVAの補助事業BMV（Biomedical development in West Sweden）は、イェテボリにおける生命化学産業のクラスター形成を目的としており、サルグレンスカアカデミーとサルグレンスカ病院および製薬関係企業が受け皿となる組織を設けて、起業支援や協同研究などのプロジェクトを展開している。

　これとは別に、サルグレンスカアカデミーによりインキュベーター組織であるIIE（Institute for Innovation and Entrepreneurship）が設置されて、サルグレンスカ病院との関係を通じて医療・薬品関係のベンチャービジネスの起業を援助しており、毎年6社程度の小企業を送り出している。IIEによる起業支援やイェテボリの企業の現状は次のとおりである。[9]「IIEでスタートアップする小企業は、主にアストラゼネカなどの大企業が取引先となる。現在のイェテボリでは、水平的な企業間関係は少なく、大企業と関連会社という側面が強い。イェテボリでは研究・開発には一定の条件があっても、長期的な投資を受けることが難しく、またマーケティングの支援はできていない。このため、中小企業が成長すると拠点を国外に移す傾向はたしかにある。とりわけグローバルにビジネスを広げるうえで、イェテボリでは経営ノウハウを持つアシスタント企業を確保しにくい面がある。ただし現在は転換期にあり、大学を核に中小企業同士の企業間関係で独自の経営戦略を展開する構造に変化させたいという期待はある。」

(5) 企業誘致・ネットワーク形成＝BRG[10]

　イェテボリ市の産業政策の直接の担い手が、市のカンパニーのBRG（Business Region Goteborg AB）である。造船業が壊滅状態となった1974年危機後の1977年に設立されたBRGは、事実上はGRの事業としての財政上の支援を受けており、イェテボリと周辺12コミューンの地域産業を援助する役割を持つとされて、次のような活動を行っている。

　第1に、多様な業種構成を持った産業構造をめざすことである。これには、一定業種の衰退による地域産業全体への打撃を最小にするという意図が込められている。このため、外資によるイェテボリでの事務所開設に向けた売り込みと援助とともに、小規模企業の起業や経営および雇用などを含めた援助のプログラムが数多く実施されている。

　第2に、イェテボリに立地する企業や研究機関などを横につなぐ役割である。強調されているのは産業別のクラスター形成であり、自動車／バイオメディカル／ロジスティクスなどの産業分野別に、企業相互の情報交換などを目的とした組織がBRGを介して立ち上げられている。さらに、大学が起業を援助するために独自に設けた基金への紹介など、研究機関と企業およびコミューンとを媒介する役割を果たしている。

　第3に、コミューンの活動と企業とをつなぐ役割である。周辺の各コミューンに事務所が置かれるとともに、例えばイェテボリ市による姉妹都市である上海への訪問には環境面での技術力を持つ小企業をともなうなど、イェテボリのブランドイメージの向上をビジネスチャンスに結びつける役割を果たしている。

　財政面から見た場合、BRGの事業は約80名のスタッフによって行われており、2006年度決算では30百万sekの赤字を計上しているが、これは後述するイェテボリ市の持ち株会社GKFABを通じた財政支援を受けており、事実上は他のカンパニーの利益から補填される形となっている。

　以下に、筆者のインタビューから、イェテボリ地域産業の現状とBRGによる事業の概要を紹介する。[11]「イェテボリの利点は、港を中心としたロジスティクスの良さにある。ただ大企業にとって、それが決定的な意味を持つわけでは必ずしも無い。むしろ、オスロその他での立地と比較した場合の相対的な優位

に過ぎない。また大企業は部品供給先を世界に広げており、イェテボリの企業への発注を優先する意向はなく、新規立地する企業が増えてはいるが、大企業との取引企業が増えているわけではない。その点から見ても、大企業が、イェテボリの部品供給企業を活用することに、特にメリットを感じているわけではなく、彼らにとってのイェテボリのメリットは、研究機関などの活用という点にある。今後の展開を考えた場合に、例えばボルボやその関連企業で雇用が増えるとは考えにくく、むしろ技術進歩の速さから見て雇用は減少することがありえるし、日産ディーゼルやアメリカの会社を買収したボルボトラックが、生産拠点を海外に移す可能性もある。これに対して、造船業が没落した後のイェテボリで産業政策の中心に置かれてきたのは、多様化した産業構造を持つことであり、現在きわめて多くの業種が集まっている。BRGの政策の基本はクラスター（ネットワーク）形成にある。クラスターの具体的な活動には、情報交換やセミナーの開催とともに市場調査を含む基礎研究を含んでいて、多額の資金を会員会社と政府やEUからも受けている。大企業にとってのメリットは、クラスターに加わることで大学の研究・教育に関わる連携が得られるし、事実上の地方政府機関としてのBRGとの連携も得られる。業種別クラスターとは別に業種を超えた提携も多く、これにはいわゆるイェテボリスピリット——各企業間での共同的な気風が旺盛で、これまでにも町の振興のために多くの寄付を行ってきたという一種のソーシャルキャピタルの存在が大きい。具体的には、文化クラスター内部のヴィジュアル・クラスターが、自動車のクラスターと提携したり、自動車とITによるテレマックスの開発を進めたりなど。この部分ではミーティングプレースとしてのリンドホルメンの役割が大きい。」

　BRGによる中小企業への支援事業について、担当者の説明は次のとおりである。[12]「BRGによる小企業への経営支援プロジェクト（Growth 2000）には800社が参加しており、毎年200社が終了するため、新たに参加企業を発掘している。対象企業は、基本的に製造業とサービス業で、製造業は参加企業の20％を占める。BRGはコンサルタント会社と契約をしており、50名の専門スタッフの派遣を受けていて、参加企業には経営診断や経営危機への支援なども行っている。また政府の雇用機関のスタッフがBRGに常駐しているため、人材の

図表4-8　イェテボリの産業拠点

```
                              リンドホルメン
                              （共同開発）
                                 ↑↑
              大企業            │ │           
               ↓↑         政府機関         チャルマース
                ↓                           工科大学
    VG、病院  → 協同プロジェクト                 
      ↑↓                                   起業支援
      ↓                                    技術協力
     G U  →  サイエンスパーク               
               （医薬）      起業支援・共同開発
    BRG                                      
       ↘         ↓              ↓           ↓
              中小企業
    ネットワーク、
    経営支援、投資誘致
```

出所：筆者作成。

紹介と雇用の実績などもできている。プロジェクトに参加する企業にはさまざまな事業への参加機会があり、例えば近々上海に視察に行く予定で、これがビジネスチャンスの拡大につながる。経営支援プロジェクトの中では企業相互の交流の機会なども含まれており、プロジェクトの終了後にも情報交換が行われている。イェテボリの大企業は、例えばボールベアリングの世界企業であるSKFがいつまでここに居るかもわからないため、地域の産業は多様な業種で構成する必要がある。また移民集中地域での起業は、それなりにできており、能力のある移民も多い。ただ小企業は経営方針や企業の組織についてたしかな知識を持っておらず、これを支援することが重要である。」

BRGによるクラスター形成で、新分野でのクラスター形成の事例として紹介されるのが、カルチャー／メディア分野の"ブリューハウス（Brew House）"である[13]。これは旧清涼飲料工場を改装した敷地に、800人収容のコンサートホールと、文化関係の起業に関わるセミナーの開催やインキュベーター組織、約70社の音楽／メディア関係企業、および大学のメディア関係の教室が集中した一種の複合体である。その設立経過と運営は、イェテボリの企業文化の一側面を示している。ブリューハウスは、BRGによる文化／メディア関係プロ

ジェクトの一環として、関係企業の一種のミーティングプレースとして企画された。そしてイェテボリに発する大企業の寄付によって設けられたステナ財団からの資金援助によるコンサートホールの改築を通じて、2004年に発足した。ここに立地する企業の多くは一人企業であり、各々がヨーロッパ規模で顧客を開拓していて、企業間の業務上の関係は必ずしも密接なわけではない。ただここに事務所を持つことのメリットは、ミーティングポイントとして情報交換ができることにあるという。

(6) イェテボリの産業構造と政策

イェテボリの産業の特徴は、小数の大企業に依存した構造という点にある。同時に、BRGの資料に拠ってみても、新規に立地する企業の多くは、北ヨーロッパにビジネスを拡大するうえでの拠点としてイェテボリを位置づけている。他方で注目されるのは、大学や病院と大企業との連携を通じた、主として技術・製品開発の面でのプロジェクトが多様な形で実施されていることである。先の図表4-8は、これまでに見た拠点施設と政府関係機関および企業との相互関係を簡略化して図示したものである。全体としては大学と大企業との共同開発を軸としたイノベーションの拠点形成をめざしたものといえるであろう。同時に、チャルマース工科大学やイェテボリ大学の研究開発のプロジェクトでは、起業支援や中小企業の技術力向上なども重視していることは注目される。さらにBRGの事業では、企業の誘致とともに、イェテボリに立地する企業のネットワーク化を進めて、地域内での企業連携を強めることがあわせて目標とされている。こうした政策展開を念頭に置いて、次にカンパニーを通じた事業内容を検討する。

第3節 カンパニー経営と産業基盤形成

1 カンパニーの構成とその役割

イェテボリ市の政策展開の特徴は、住宅や交通、エネルギー供給、イェテボリ港などが、いずれもカンパニーによって運営されており、全体としても高い収益をあげていることである。イェテボリのカンパニーは、GKFAB[14]を持ち株

会社とするグループと、FAB を持ち株会社とする住宅会社グループ、およびその他のカンパニーに大別される。これらの持ち株会社自体は、イェテボリ市が100％所有する株式会社である。各カンパニーの損益は、基本的に持ち株会社の段階で調整されて、統合的な事業運営と採算上の調整を行う形になっている。また、持ち株会社のグループを超えた資金援助は、市の決定にもとづいて行われている。

　カンパニーの設立経過は、イェテボリの地域経済をめぐる変化とも結びついている。イェテボリでは1970年代初めの造船業の壊滅以降、地域産業の再建と雇用の確保に向けた模索が続けられてきた。これに加えて1990年代初めの財政危機は、イェテボリ市の財政運営スタイルを効率・効果を重視する方向に切り替えるうえで大きく影響した。これらを背景に、主要なカンパニーが1980年代の後半から順次設立された。

　カンパニーは主に次のように分類することができる。第1に産業政策やインフラの整備に関わるカンパニーである。これにはバス・市内電車を経営するカンパニーや前節のBRGなどが含まれる。これらのカンパニーの特徴として、不採算のカンパニーへの持ち株会社による資金援助を通じて、全体としてのインフラのレベルアップに貢献していることが指摘できる。第2に、持ち株会社の下でイェテボリ市の所有する住宅を経営するカンパニーである。持ち株会社への統合を通じてグループ内での資金援助を容易にするとともに、信用力の高まりを背景に金融市場からの融資を受けて、セグリゲーションが進む地域での再開発を進めている。第3に、イェテボリ市の事業運営の効率化を直接の目的としたものであり、購入・調達や保険契約の一本化を進めるために設立されたカンパニーである。また、コストを明確にするために、市の各部門が使用する施設をカンパニーの所有資産として、有料で市の各行政部門に貸し出すなどの手法がとられている。

　2006年度決算で大きく純利益をあげたカンパニーと、逆に赤字を計上したカンパニーの主なものは**図表4-9**のとおりである。純利益額が大きいカンパニーは、イェテボリ港ABのように歴史的に形成された港湾運営のノウハウとともにロジスティクスの拠点としての優位を背景にしたカンパニー、地区暖房

などの生活に結びついたサービスの供給を背景に事業を拡大しつつあるカンパニー（GEAB）、および住宅持ち株会社のカンパニーである。このうちイェテボリ港ABは1985年に、それまで運営に当

図表4-9　2006年度カンパニー別の税引き後利益額

(百万sek)

イェテボリ港 AB	148
Framtiden AB（住宅持ち株会社）	447
GE AB（エネルギー供給）	581
Got Event AB（イベント会社）	-87
BRG（産業政策／起業支援）	-38
イェテボリ・シアター AB	-50

出所：Gothenburg Annual report 2006.

たっていたイェテボリ市の委員会に代わる経営主体として設立された。これには、コンテナ船による海上輸送と内陸輸送との結節点としての港湾機能という、当時の港湾に求められた新たな役割を背景に、大規模な投資を通じて北欧のハブ港としての位置を確保するという経営戦略があったようである（Olsson 1996）。これに対して、イベントの開催を通じてイェテボリのブランドイメージを高めることを事業目的とするカンパニーや、オペラ劇場を経営するカンパニー、またBRGが赤字を計上している。これらのカンパニーの事業は、ある種のインフラともいえるものであり、イェテボリ市の決定を経てGKFABから資金援助を受けている。

さらに、財政構造の点で特徴的なカンパニーは、前節のリンドホルメンを含め造船業壊滅後に残された広大な跡地の再開発事業を担うエルブストランデンABである。このカンパニーは、中央政府所有の企業から土地を引き継いだ後に再編成されたものであるが（Sydow 2004）、その財政構造は、市の内部銀行からの借入金が総資産額の大きな部分を占めており、他方で保有資産の実勢価格は帳簿価格の48％高となって、イェテボリの経済拡大と土地需要の増加を反映している。[16]こうした点では、イェテボリ市のリスク負担による再開発事業の実施主体としての性格を持っている。

これらは全体として、カンパニーの経営がイェテボリの地域経済の再生と大きく関わるとともに、地域経済の拡大にともなう利益が、カンパニーの資産価値の増大や需要の増加を通じてイェテボリに内部化しうること、他方反面では、企業立地の増減などの地域経済動向が、カンパニーの資産価値の増加や経営状況にも大きく影響することを示すものである。以下に主要なカンパニーの

図表4-10　GEAB事業部門別売上高
(百万 sek)

発　電	113
配　電	820
地区暖房	2,084
ガ　ス	240
デ ー タ	115
他	196
計	3,567

出所：GEAB Annual Report 2006.

ひとつの経営戦略を検討する。

2　Göteborg Energi ABとサスティナブルシティー[17]

　Göteborg Energi AB（以下、GEAB）は、イェテボリ域内のエネルギー供給を担うエネルギーカンパニーとして、環境都市としてのブランドイメージの普及とインフラ整備を進めるうえで中心的な役割を果たしている。その事業内容の特徴は、イェテボリ市から引き継いだ地区暖房システムの経営による収益力をベースに、クリーンなエネルギーの供給と開発に向けた、イェテボリ域内での投資を進めていることである。GEABは、GKFABを持ち株会社とするカンパニーであるが、自身で17の子会社（うち100％の株式を所有する子会社は8社）を傘下に持っている。グループによる2006年度の総販売額は3,567百万sekに上り、事業部門別の内訳は図表4-10のとおりである。地区暖房の提供を中心に電気・ガスの供給や冷房などに事業を拡大しており、中心事業である地区暖房システムの顧客別の市場シェアは、イェテボリの集合住宅の90％、産業の70％、戸建住宅の25％となっている（Annual Report 2006）。

　GEABの設立は、イェテボリ市の公益事業が拡大されてきた経過を直接の背景としている。1800年代半ばに市の事業として各々発足した街燈のガス事業と市内電車を中心とした電気事業は、1965年に事業部門として一体化された。さらに1980年から、イェテボリ港に隣接する石油精製施設の廃熱を、地区暖房に活用する事業が始められるにともない、それまで地域ごとに設置されていた地区暖房システムを繋いで、連結した配管系統と中央および地区別のパワープラントを持つ、一体化したシステムとしての整備が進められた。

　GEABが設立された1990年には、各地区のシステムをジョイントする設備投資は一段落していたが、設立後には、従来はイェテボリでも中心地域に限られていた地区暖房システムの範囲をイェテボリ全域に広げるための投資が進められた。また、熱の生産にゴミ廃熱やバイオエネルギーを活用することや、

図表 4 - 11　GEABの財務状況

(百万sek)

年　度	2002	2003	2004	2005	2006
経常収入	3,126	3,343	3,421	3,557	3,830
経常支出	-2,294	-2,504	-2,247	-2,385	-2,652
金融費用	-82	-78	-92	-71	-88
税引き後利益	261	237	389	425	427
総資産	6,536	6,781	7,507	8,794	9,910
内　固定資産	5,466	5,759	6,436	7,538	8,421
自己資本	2,421	2,586	2,759	30,131	3,308
資本／資産比率（％）	37.0	38.1	36.8	34.3	33.4
販売額	2,921	3,147	3,232	3,324	3,567
投資額	952	689	1,174	1,628	1,345
総資本経常利益率（％）	7.7	6.9	9.5	8.6	7.8

出所：図表 4-10 と同じ。

　CHP（熱・電気共同生産プラント Combined heat and power plant）の計画が進められるとともに、電気グリッドやガス供給への設備投資も積極的に進められた。これには市民への効率的なエネルギー供給という目的とともに、将来的な市場拡大への先行投資という判断があったとされる。現在の財務状況はグループ連結会計の経営指標（**図表4-11**）に見られるとおりきわめて健全であり、2006年度には持ち株会社のGKFABに配当金135百万sekと寄付金27百万sekを支払っている。GEABによれば、地区暖房の料金は全国平均と比べて5～10％の低さとなっている。これにはGEABが、イェテボリ市が過去に行った設備投資によるシステムを帳簿価格で譲り受けた結果として負債の小さいことが、隣接する石油精製施設からの排熱利用とあわせて、低料金を可能にしている。

　環境対策の面では、2006年度にCHPプラントの稼動を開始しており、これによってイェテボリの電気需要量の30％と地区暖房の熱量の35％を供給するとともに、二酸化炭素の排出量の削減に大きく貢献したとする。こうした環境対策の充実は、企業としての経営戦略にも合致するようである。GEABによれば、地区暖房システムでは事実上の地域独占が成り立っているが、ガスや電気の供給ではイェテボリ内部でも多くの競争会社があるため、イェテボリで市民（顧客）に選ばれる会社となるためには、環境対策での優位を持つことが重要である。GEABの経営とイェテボリ市の政策との関係について、次の点を指摘する

ことができる。

　第1に、イェテボリ市によるGEABの経営のコントロールという点である。現在の取締役会（ボード）メンバーは、市議会の各党の議席配分に応じて選ばれた9名（ほかに補欠3名）で、社長は市執行委員会の委員長が兼ねている。GEABには7％の総資本利益率の確保とCO_2の50％削減という課題が市から課されているが、経営上の直接の判断は経営陣に委ねられている。経営幹部によればGEABの設立は、設備投資の決定を早いテンポで進めるために不可欠だからで、政治的な決定プロセスで3か月もかかっていた判断をGEABの取締役会で即決できることになり、またあわせて労働条件も全体の組織とは切り離して決められるようになった。イェテボリ市との関係に関連して興味深いのは、CHPプラントの事業決定に当たっての政治的判断の重要性である。GEABのアニュアルレポートでは、環境指向のプロジェクトに対する税制上の優遇措置の実施を見通した、政治リーダーの判断の正しさが強調されており、中央政界とのコネクションが環境に関わる事業の経営に優位を齎すことを示唆している。

　第2に、環境政策と企業経営との関係である。当面のシンボル的なプロジェクトとして、ボルボトラックの工場へのCO_2を出さない電気・熱の供給事業が大きく宣伝されており、この事業はボルボとGEABとの双方にとって宣伝効果が大きいとされている。ただ、GEABの主要な課題は環境を守ることであり、ボルボとの提携による新事業は重要ではあっても主要事業のひとつに過ぎない。この事業のメリットは、大企業であるボルボとの事業がうまくいけば他の企業も提携を求めてくる可能性があるため、全体としてイェテボリの環境改善につながることにある。またイェテボリ市の指示による事業の具体例では、集合住宅が中心だった地区暖房システムを戸建住宅に延長する事業が着手されており、この事業そのものは利幅が少なくて経営上の優先課題ではないが、環境対策には貢献するとされる。

　第3に、企業としての経営状況とともに、今後の経営／投資戦略である。基本的な経営目標は環境にフレンドリーなエネルギーの供給を進めることであり、利益を出すことは環境の改善に向けた新規投資の実現のために必要な範囲

であるとされる。イェテボリ市から課された環境上の課題を達成するためには、今後さらにCHPのプラントも2機が必要であり、あわせて木材産業のペレット（木屑）によるバイオガスや風力発電などが計画されている。例えばボルボとの事業によって得た利益は、これらの事業への新規投資にまわすことができるとする。

　第4に地域経済への影響である。GEABの新規投資は70％がイェテボリとその周辺で行われており、建設事業だけでも1500人の雇用の場を生んでいる。今後5年間で60億sekの投資を計画しており、これはイェテボリの雇用にも影響する。

　カンパニーとイェテボリ市の政策との関係で興味深いのは、カンパニーの株式を上場せよとする穏健党の主張である。この主張によれば、市がカンパニーの経営を左右するには過半数株の保有で十分であり、少数株の売却で得た資金を市が現在抱える債務の返済に充てるべきとする。これに関連して、「株式を上場することで、事業の拡大に向けた融資が受けやすくなるのではないか」という筆者の質問に対して、経営幹部は「GEABは融資に困難を抱えていない」とする。株式を上場した場合には、過半数を市が持っていても、例えば戸建住宅への地区暖房の延長のような優先度の低い事業は実施しにくくなる。この指摘は、事業の拡大そのものではなくて地域への利益の還元を直接の目的とした、カンパニーの特徴を示すものといえるであろう。

まとめ

　イェテボリで1980年代以降に順次設立されたカンパニーの企業経営上の優位は、基本的にイェテボリ市の資産を引き継ぐとともに、企業の集中と人口増加にともなう需要の拡大を、経営の安定と拡大に結びつけることに成功している点にある。他方で、地域経済の視点から見たカンパニーの役割は、イェテボリへの企業の集中が生み出す需要や資産価値の増大を含む開発利益を、地域に還元すること、すなわちカンパニーの経営を通じて取り込むとともに地域内に再投資することによって、イェテボリの経済的・社会的な安定と優位を高めることに活用していることである。地域経済の大きな部分がグローバル企業の経

営戦略の下に置かれている中で、地域の経済基盤の優位を高める政策が重要性を増していることを念頭に置くならば、カンパニーの役割を総括するうえでのキーワードは、"地域内再投資"である。それは、地域経済のグローバル化が進む中での地域経営にとって、重要な戦略として位置づけることができる。

第4節　イェテボリの地域構造と人口動態

　イェテボリでの産業構造の転換と人口の増加は、必然的に地域社会の変化をともなうものといえる。こうした地域構造の変化を、地理的な視点から検討するに当たって示唆的なのは、アメリカの都市圏に関する研究である。1960年代の自動車交通の発展にともなう都市圏域の拡大は、大都市地域の郊外への拡大と併行して、黒人や少数民族グループの貧困階層が集中した都心部と、郊外の高所得階層が居住する地域という、分断された大都市構造を齎した (Netzer 1970)。こうした経過は、大都市圏域の地域構造を、産業と社会の構造変化の地理的投影として捉える必要性を示している。こうした問題意識に立って、以下この節では、イェテボリの人口動態を概観する。

　イェテボリでの地域産業の変化は、人口動態や地域構造にも大きく影響した。イェテボリ市は、第2次大戦後の経済拡大にともなう郊外地域での人口増加と自動車交通の増加にともない、周辺コミューンを順次合併して市域を拡大してきた。イェテボリにおける最近の人口動態と地域構造の変化を概観する中で、最初に注目されるのは、産業構造の変化と併行して人口の増加傾向が続いていることである。こうした傾向は、次のような人口動態をともなっている。

　第1に、**図表4-12**に見られる人口推移である。1970年代初めに40万を超えて増加を続けたイェテボリの人口は、1974年の経済危機と造船業の壊滅に直面する中で減少に転じ、1985年に42万5000人まで減少した後、再び一貫して増加しており、2011年には50万人を超えている。この点は全国的に進みつつある、人口と経済活動の3大都市圏域（ストックホルム、イェテボリ、マルメ）への集中化現象を示している。

　第2に、産業部門別に見た就業者構成の特徴である。**図表4-13**はイェテボリ

都市圏の産業部門別就業者構成を示している。工業都市イェテボリでは、元来製造業従事者が多かったのであるが、最近では金融・事業所サービ

図表4-12 イェテボリの人口と平均所得額（1000sek）の推移

年　度	1995	2000	2005	2006
人　口	449,189	467,029	484,993	489,797
平均所得	156	191	213	—

出所：City of Gothenburg "Statistisk Årsbok".

ス業が一定のシェアを確保している。他方で、公共行政とともに教育や社会サービスなどの就業者が合計で30％に達しており、福祉国家としての特徴を示している。

　以上のような人口増加と併行して、イェテボリとその都市圏域では、次のような変化が進んでいる。

　第1に、図表4-14に示された周辺コミューンからの通勤流出入の増大からも窺われるように、通勤圏域の拡大が進みつつあることである。これに併行して若年世帯の周辺コミューンへの転出が、一定の範囲で進んでいる。図表4-15に見られるように2006年の年齢別の人口動態で、30歳代の市民層が1900人の減少、また0～9歳代の幼児が1200人の減少となっていることは、住宅需要が大きい若年世帯の市外への転出傾向を示唆する。[18]

　第2に、移民とりわけ難民の転入増加である。図表4-16に見られるように難民の受け入れに寛大なスウェーデンの政策を反映して、中東その他からの移民が増大している。この表とは別に2006年度の移民の社会増3504人を母国別に見た内訳では、北欧とEUは220人にとどまり大部分が旧ユーゴやアジア諸国となっている。移民のうちでもとりわけ多いのは難民であり、毎年1000～2000人の難民が転入している。[19]

　第3に、イェテボリ域内での住居移動の増加と、これにともなう地域間での所得格差の拡大である。2006年度では、3万4400人が市内の他地域に住居を転じており、イェテボリ外への転出の3倍以上となっている。結果的にイェテボリ内の地区別の状況では、海岸沿いの平均所得のきわめて高い新興住宅地域における人口増加が比較的大きい。[20]

　第4に、地域格差とセグリゲーションである。第2次大戦後の経済拡大期に都心周辺のインナーエリアに市営住宅の建設が集中したこととともに、この地

図表4-13 イエテボリ都市圏(GR)の産業部門別雇用者の比率
(2005年、単位：%)

農・漁業、林業	0.5
製造業	17.6
電気・ガス・水道	0.9
建設	5.5
卸小売、通信	21.4
対人サービス、文化	7.2
金融／対事業所サービス	15.5
公共行政	5.1
教育、研究開発	10.7
保健／社会サービス	14.8
計	100

出所：BRG "Facts & Figures".

図表4-14 イェテボリでの通勤流動
(人)

年度	1995	2004
通勤流入	81,134	95,855
内：周辺コミューンから	69,045	78,383
通勤流出	28,741	39,732
内：周辺コミューンへ	18,680	26,132

出所：City of Gothenburg "Statistisk Årsbok", 2006.

図表4-15 年齢階層増加人口（2006年）

0歳～9歳	30歳～39歳
－1200	－1900

出所：図表4-14と同じ。

域が、造船業の壊滅などの産業構造の変動を経て、低所得者・移民の集中地域となったことは、セグリゲーションの背景を成している。

　結果的にイェテボリでは、人口の増加にともなって次のような地域的な特徴が形成されつつある。第1に、旧市中心部の歴史的街区と労働者住宅地域である。転出入者の増加する中で、年間に20％以上の転出入者が見られる地域もある。第2に、中心部からやや離れた地域で、1970年代初めに政府の指導の下で建設された市営住宅の多い地域である。現在は移民と低所得層のスウェーデン人が集中するという現象が生じている。第3は、海岸部を中心とした郊外に広がりつつある、主に先端企業を担う高所得層の住宅地域であり、この地域が新規住宅需要の大きい高所得層を吸収して郊外化の歯止めとなっていることである。

　こうした特徴の反面で注目されるのは、市民の所得水準が上昇する一方での、中間所得層が占める割合の高さである。図表4-12、図表4-17に見られるように、市民の所得水準が確実に上昇しつつある一方で中間所得層が大きな割合を示している。これは産業構造の転換が進む中でも、安易に低賃金構造を容認しないシステムが確立されていることを示すとともに、政府部門の雇用比率の大きさが反映しているともいえる。

　財政的な視点からすればイェテボリは、移民の集中による低所得者問題を抱

第 4 章　イェテボリ市の都市政策と都市経営

図表 4-16　移民の出身国別内訳
（本人または両親のうちのどちらかが外国で出生した者）

国　名	2000 年	2006 年
北欧諸国	15,176	13,596
他ヨーロッパ諸国 （内旧ユーゴ諸国）	30806 (13,555)	34551 (14,920)
アフリカ諸国	7,289	8,656
北アメリカ	1,771	2,134
南アメリカ	4,149	4,760
アジア諸国 （内イラン＋イラク）	28,137 (14,891)	36,200 (18,608)
他	518	378
計	87,846	100,275

出所：City of Gothenburg "Statistisk Årsbok" 2006 より筆者作成。

図表 4-17　所得階層別人口分布
(1000 sek)

所得階層	％
0	8
～79.9	14
～159.9	21
～239.9	24
～319.9	18
～399.9	8
～599.9	6
600～	2

出所：City of Gothenburg "Statistisk Årsbok" 2005.

えながらも、域内に高所得者層を維持していること、また平均所得前後の中間所得層の構成割合が高いことによって、全体としての税収基盤の拡大を実現している。他方で世界の大都市に見られるような、30歳代市民層の郊外転出と都心の空洞化の傾向は、一定度見られるもののそれほどにも深刻なものではない。結果的に現在のイェテボリは、住宅地域や商業・ビジネス地域とともにセグリゲーションの進んだ地域を包含しており、イェテボリ市には地域の多様性に対応した政策展開が求められている。こうした地域構造の特徴は比較的所得階層の高い地域では穏健党などの右派ブロックの、また低い地域では社会民主党をはじめとした左派ブロックの支持率が顕著に高いという形で、地域別に見た支持政党の特徴にも反映しており、イェテボリ市の政治システムを論じるうえでの前提条件として念頭に置く必要がある。

第 5 節　セグリゲーションと住宅カンパニーの経営

　この節では、イェテボリの中心的な都市問題であるセグリゲーションへの対策について、イェテボリ市の住宅政策と住宅カンパニーの役割を中心に論じる。

1　住宅問題と住宅カンパニー[21]

　イェテボリ市の住宅政策の課題は次のように整理できる。第1に、移民／難民の集中地域の出現すなわちセグリゲーションへの対応という地域問題に結びついた住宅対策である。第2に、1970年前後に大量に建設された市営住宅の経営／管理上の問題である。市営住宅の建設地域への移民・低所得者の集中は、住宅経営を困難なものにしてきた。第3に、イェテボリの人口の増加にともなう住宅需要の増加への対応である。住宅需要への対応は、若年世帯の郊外コミューンへの転出が見られる中で、イェテボリ市の課税基盤を維持するうえでも重要といえる。

　イェテボリ市の住宅政策を担う住宅カンパニーの役割と経営状況との評価に際しては、イェテボリでの人口と住宅需要の推移、およびセグリゲーションの動向を念頭に置く必要がある。イェテボリでは戦後の人口増加を背景に市による公共サービスが拡大されていき、とりわけ1960年代には住宅水準の向上が、保育サービスの充実と並ぶ大きな政治的な争点になった。この間にイェテボリ市では、1960年代後半から1970年代初めにかけて、多くの周辺コミューンを合併して市域を拡張するとともに土地の買収を進めていった。これはイェテボリ市が市営住宅建設を、政府が住宅建設を促進するために打ち出した"住宅100万戸計画"に連動して積極的に進める条件となった。

　1974年の造船危機と人口減少への転換は、こうした市営住宅の経営に重大な危機をもたらした。とりわけ市がまとまった住宅団地を建設した地域は、空き家率が増大する中で、移民と低所得者の集中地域になっていった。この傾向は、イェテボリの人口が増加に転じた1980年代半ば以後にも続き、1980年代末にはこれら地域の空き家率は50％にも達して、この地域の市営住宅の経営を担当するカンパニーは、経営危機に直面していた。

　こうした状況を背景として1992年に、住宅カンパニーの持ち株会社（FAB）を設立して、それまで独自に市営住宅を経営していた5つのカンパニーの経営を統合する改革が実施された。この統合は、8000戸の市営住宅を売却して債務の一部を返済することによって経営を身軽にしたうえで行われており、カンパニー相互の資金援助を可能にするとともに、持ち株会社の信用力を用いて金

融市場からの資金調達力を向上させることに主眼があったようである。2007年にはFABは、9つのカンパニーを抱える持ち株会社として、グループの全体では6万9300戸440万㎡のアパートと56万㎡の事務所など非居住スペースを所有しており、総資産額は244億76百万sekに上る[22]。またFABのボードメンバーは、市議会の各党の議席配分に応じて11名が任命されている。

　一般的なスウェーデンでの住宅需要スタイルとして、所得の上昇とともに貸家から持ち家そして戸建て住宅を求める傾向があり、これに照応してイェテボリ内に多様な住宅を提供するためには、賃貸住宅の建設とともにコーポラティブ住宅への転換が重要とされている。こうした中でFABにはイェテボリ市から、事業を通じてイェテボリの発展と住宅政策に対する市民の影響力を高めること等の任務が課されており、住宅供給では多様な住宅要求に対応するという意味で、ミクスド・ディベロプメントが重視されている。他方で、FABの住宅資産の多くがセグリゲーションの進む地域に立地する現状は、その経営上からもセグリゲーション対策への取り組みを不可避にしている。

2　セグリゲーションの拡大

　住宅政策についての重要な課題とされているのは、セグリゲーションの拡大、とりわけ移民集中地域への対策である。スウェーデンの移民は1960年代から1970年代に中心であった労働力移民から、移民や難民の受け入れに寛容な従来からの政策を反映して、難民の受け入れを中心とした政策へと転換したことが特徴であり、国内での受け入れ先の多くは都市部に集中している。難民の母国は、旧ユーゴ諸国やソマリアなどのアフリカ諸国また最近ではイラクからの難民が増加しており、1990年代には旧ユーゴ諸国から10万人を、また2006年から2007年の1年間ではイラクから9000人を超える難民を受け入れている[23]。他方で、単純工程の業務が海外に移転して縮小する中で、就職難が移民・難民とその第2世代に集中する傾向があり、同時に不熟練・低所得のスウェーデン人と雇用が競合している。このため、従来は社会民主党の支持基盤だった低所得者と移民の集中地域で、移民排斥を唱える極右政党（スウェーデン民主主義党）が急速に支持を拡大するという現象が見られる。スウェーデン政府は、

問題が集中する大都市地域を対象に、地方政府との共同で地域対策事業（メトロポリタン・プログラム：2000～2005年）を実施した。事業の背景として説明されているのは、1990年代の経済不況がとりわけ移民などの社会的に不利な立場にある地域と人々に、大きなダメージを与えたことであり、「階級社会が今や人種的な側面を持つに至ったこと」である[24]。

　イェテボリ市の資料では、イェテボリでのセグリゲーションが進んだとされる地域の人口は約8万5000人（2009年）で、その50～70％は本人または両親のいずれかが西側先進諸国以外の外国で出生した住民である。このうちの外国の出生地では、イラクをはじめソマリアや旧ユーゴ地域の住民が多いとされており、所得援助（social benefit）の受給者は地域によっては30～35％に上る。問題はこれらの人々が社会的な保護の受給者の立場に滞留するだけでなく、その子どもの世代にも引き継がれることである。また難民の多くが民主主義的な社会制度の下で権利を行使した経験を持っておらず、地方政治での選挙権を与えられていても投票率が著しく低いことが問題視されている。イェテボリ市では、こうした難民・移民の自立した社会参加を促すために、地方議会選挙への投票を促す事業を、専任のチームを設けて進めている。また中央政府のメトロポリタン・プログラムを受けて2000年から2005年の間に、4つの地域を対象に、国庫補助のほかに12億sekの資金を投じて事業を実施した。FABはこの事業を通じて重要な役割を果たしたとされる。

　この事業を総括した報告では、次の点を成果として指摘している[25]。第1に、子どもたちのスウェーデン語の習熟程度にあわせた教育が実施されるとともに、母国語と併行した教育やそのための技法の開発、また教師の専門性の向上が進められたことである。第2に、スウェーデン語の習熟や交流機会の保障などを含む成人教育が、雇用機会の拡大ともあわせて進められたこと。第3に、地域レベルの情報交換のための地域誌の発行や、情報を提供し相談に応じる専任スタッフを配置した地域拠点の整備などが、スポーツクラブの組織化などとあわせて進められたこと。第4に、地域の暴力行為などを一掃する地域活動が進められたことである。

　こうした対策は、次節で見るとおり主に地区議会を中心に進められている。

他方で、市営住宅の集中地域がセグリゲーションの進んだ地域と重なっていることは、住宅政策の視点からセグリゲーションへの対策を考える必要を強めている。次に、FABを通じた住宅対策を検討する。

3　FABの経営とセグリゲーション対策

　FABグループでは、その住宅資産の多くがセグリゲーションの進む地域に立地するという資産保有の特徴の結果、これら地域の再開発は事業の重要な柱となっている。こうした事業のシンボル的な位置にあるのが、ゴルドステン地域の再開発である。イェテボリの中心部から13kmに位置する人口約7000人のこの地域では、1970年前後に政府の「住宅100万戸計画」の下で建設された住宅が集中しており、1980年代には空き家率も増大して犯罪の温床ともされていた。反面でこの地域は、日本の大都市近郊で一般的な住宅団地よりも緑も多く、一戸当たりの面積などもイェテボリの一般的な住宅に比して遜色は無いが、外観が単調なためにスウェーデン人には人気が低かったということである。

　この地域の再開発に向けて、FAB の下に開発主体としての子会社であるゴルドステン住宅ABが1997年に設立された。新会社では、正副の代表者以外のボードメンバーは地域の住民から選出するとともに、地域の住民による各種のワークショップを組織し、1階のスペースでの菜園設置や、緑地に面して子どもの姿が見える集合洗濯室の設置などを含むリニューアルを実現していった。2007年現在ゴルドステン住宅ABでは、当初に引き継いだ2000戸の住宅に加えて、周辺700戸の住宅を経営して地域全体の再開発を進めており、以前には新規住宅建設の対象外と考えられていたこの地域で、コーポラティブ住宅や戸建て住宅の建設を通じたミックスド・ディベロプメント（混合型開発）の促進が進められている。経営的には、ゴルドステン住宅ABの総資産額は620百万sek（2007年度末決算）で各年度の税引き前利益は、2005年度以降10百万sek程度の黒字になっている。同時に、住宅の建替えや改装を含む地域再生に併行して、地域の失業者を対象としたガーデニングや施設管理者になるための訓練コースなどが実施され、BRGなどの支援も得て約40社の起業と1500人の雇用確保を実現したとされる。

この再開発事業は、今後のモデルともされているようである。ゴルドステン地域が含まれるグンナルド地区の再開発計画では、2008年現在4万5000人の人口を2020年までに7万5000人まで増やすとされている。[26] 都心から電車で20〜30分程度の距離にあり自然にも恵まれたこの地域での、計画実現の鍵を握るのは住宅の建設であり、FABの再開発／住宅建設事業は、住宅開発がビジネスとしても成功することを示すことによって、民間会社の住宅開発を促すものと位置づけられている。

4　セグリゲーションと住宅政策

　FABを要とするイェテボリの住宅政策の特徴は、次のように整理することができる。

　第1に、セグリゲーションと住宅政策に関連した特徴である。低所得者集中地域としてのイメージを一掃するミクスド・ディベロプメントに向けた再開発が、セグリゲーションが進む地域対策の要に置かれている。セグリゲーション地域の再開発は、低所得者を追いやるスラムクリアランスとは対照的な地域の再生事業として、自治主体の形成や再開発にともなう雇用機会を移民の就業の場に活用する政策とも一体的に進められている。こうした政策が、中間所得層に住宅を提供することを通じて、地域社会の安定とイェテボリ市の税収基盤の確保にも貢献していることは重要である。

　第2に、FABグループの経営とその内容である。図表4-18に見られるように全体としてのグループの経営は、イェテボリでの人口増加にともなう住宅需要の拡大を背景に良好なことであり、グループが保有する貸家住宅の空き家率（2006年度）は0.1％にとどまる。イェテボリでの住宅価格平均の2006年の対前年上昇率は11％、コーポラティブハウスでは2％に上っており、これにともないグループの固定資産の実勢価値は帳簿価格231億2百万sekに対して449億10百万sekに達していて、グループによる金融市場での資金借り入れを容易にしている。

　第3に、FABによる新規の住宅建設に際しては、市議会の意向を反映して、中間所得層の住宅需要を重視した形での住宅建設が進められていることであ

図表4-18　FABグループ連結決算

(単位：百万sek)

年　度	2002	2003	2004	2005	2006
総資産	22,096	23,015	23,685	24,429	24,477
自己資本	5,500	5,924	6,610	7,189	7,615
資本／総資産率(％)	24.9	25.7	27.9	29.4	31.1
賃料収入	3,787	3,912	4,082	4,166	4,182
純利益（税引き前）	220	579	933	808	447
投　資	1,346	922	928	848	675

出所：FAB Annual Report 2006.

る。とりわけ賃貸住宅の建設とともに市営住宅のコーポラティブ住宅への転換が強調されており、結果的には中間所得・高所得層の郊外化に対する、歯止めの役割を果たしているといえる。

　FABの経営は、一方での市場メカニズムの下での市営住宅の経営と、他方でのセグリゲーション対策という課題に対応しえているようである。良好な経営の前提は、イェテボリへの産業と人口の集中が長期的に継続していることである。住宅カンパニーがコミューン外の資産を保有することは法的にも認められておらず、イェテボリでの人口増加にともなうカンパニーの資産価値の増加と経営上の利益は、イェテボリ域内での住宅資産に投資される。これは、人口増加にともなう集積利益を地域に内部化するという点でも、評価することができるであろう。その意味で、資産保有のメリットを通じて、経済拡大の成果を地域社会の安定化につなげる役割を果たしているといえる。

第6節　地区議会と地域間財政再配分

1　地区議会の概要と財政配分

　スウェーデンの地区議会は、コミューン合併が1970年代初めに強力に進められた後に、1979年の地方政府法改正によってその設置が根拠づけられ、主に人口規模の大きいコミューンが設置している。その設立は、各分野別委員会の権限とされてきた政策の決定と実施を、各地区のレベルで統合するうえで不可欠の条件であったともいえる。イェテボリでは、多くの周辺コミューンを合

併して現在の市域となった1974年に諮問機関的な地域組織が設置され、その後の改革を経て1990年に21の地区議会を発足させ、さらに2011年より10に統合した。地区議会の設立理由としては、市民と決定権者との接点を広げることによって市民の影響力を高めることとともに、それまで全市レベルで部門別委員会によって縦割りに進められてきた各分野のサービスを、地域レベルで統合することによる効率化をめざしたものとされている（Westerståhl 1999）。

(1) 地区議会への権限委譲と財政運営

地区議会は、市議会の議席数に比例する形で各党から指名された委員（11名＋代理11名）で構成されており、イェテボリ市から配分された一般財源としての交付金と、市民からの手数料収入などを財源として、保育所・学校、高齢者のケア、個人・家族への所得援助、障害者ケアおよび文化事業を、独自の責任と判断で実施することとされている。地区議会の権限の範囲は、財政システムに端的に示されている。イェテボリ市全体としての政策方向と政策目標は、市議会が決定する予算書に示され、予算書ではあわせて、地区議会を含む各委員会への交付金の配分額が明記される。2009年度予算書では、イェテボリ市の基本的な政策目標であるサスティナブルシティーの実現に向けて、環境・経済・社会の各分野の目標とともに、開発や高齢者福祉などの政策領域ごとの優先課題が記されている。この予算を受けて各地区議会が決定する予算書（詳細予算）では、地区の直面する課題を事業評価アンケート（次章で説明）の結果を含めて分析したうえで、地区の政策上の課題が明らかにされ、各政策部門への予算配分額が決定される。各部門の支出内容は、部門別の委員会に、さらに最終的には事業単位での責任者の権限に任される。

イェテボリ市全体としてのシステムでは、地区議会の事業執行状況は、各地区議会の内部では各部門から提出される財政運営を主とした月別報告によって把握されるとともに、各地区議会から市議会に、財務状況とともに政策課題の到達状況を示した中間報告が提出される。執行委員会は、各地区議会からの中間報告を総括する形で独自に報告書を市議会に提出し、これらの報告は次年度の予算編成に反映される。

市議会による地区議会へのコントロールは間接的であり、例えば市議会がプ

第4章　イェテボリ市の都市政策と都市経営

図表 4-19　全地区議会の2007年度収支（経常勘定）

(百万sek)

経　費	手数料／補助金収入	純コスト	市交付金	2007年度利益
18,567	4,208	14,358	14,512	154

注：「純コスト」は、支出額から市交付金以外の手数料等収入を除いた額。

レスクール（保育所）の充実をめざす場合には、交付金の計算上で乳幼児の人数が多い地区への交付額を増加させるとともに、プレスクールの充実という方針が予算書に明記されることになる。ただし、実際にどの程度までプレスクールへの財源を増やすかの判断は、地区議会の権限である。他方で地区議会には、住民が他地区あるいは企業や協同組合が運営する保育所を選択した場合には、その事業主体に費用を支払うことが義務づけられている。

(2) 地区議会の財政と財源[27]

地区議会の財政は図表4-19に見るとおりで、次のような特徴が指摘できる。

第1に、各地区議会への交付金配分システムの特徴である。各地区議会には、人口や住民構成の特徴を指標とした金額が、使途を特定されない一般交付金として交付されている。その意味で地区議会には、一定の自治権を持った政治単位としての位置が与えられているといえる。

第2に、地区議会への交付金配分の積算方式である。交付金の積算では、1995年から各地区議会の財政需要に対応するために財源配分モデルが用いられている。2010年度予算での、各地区議会への財源配分は、図表4-20のように項目ごとに積算して配分される[28]。

第3に、市財政を通じた各地区への交付金は、明らかに高所得地域から移民集中地域への財源移転の側面を持つことである。図表4-21は、平均所得が各々最も低い3地区と最も高い3地区との、納税額と交付金額とを見たものである。この図表で見られるように、例えばエルブスボリ地区では住民1人当たり納税額50sekに対して1人当たり交付額は23sekとなっており、実質的に高所得地区から低所得地区への財源再配分が行われていることは、図表の数値の上からも明らかである。

図表4-20　地区議会への交付金配分（2010予算）イェテボリ市予算書

(msek)

交付金積算項目	配分原資
A) 人口割り財源	15,895,970,000 sek
B) 児童青少年に応じた追加財源（児童の年齢や、家庭の所得、移民などの社会的状況にもとづく配分）	8,000,405,000 sek
C) 高齢者・障害者・低所得者等に応じた追加財源	6,890,565,000 sek

図表4-21　平均所得の上位および下位3地区の、平均所得および1人当たり交付金

(2005年度)

地区	人口(A)	平均所得 1000sek	地区の納税額 (B) msek	交付金(C) msek	B／A 1000sek	C／A 1000sek
グンナルド	21628	148	534	861.4	24.7	39.8
ラリエダレン	23815	149	558	972.8	23.4	40.8
ベリシェーン	14526	118	286	643.6	19.7	44.3
エルブスボリ	18441	299	925	436.4	50.2	23.7
アシム	22420	300	1,105	576.5	49.3	25.7
トシュランダ	21134	268	894	533.9	42.3	25.3

注：「平均所得」は、16歳以上の所得のある者の平均額。「地区の納税額」は、2005年度の所得者数に平均所得を掛けた数値に、市の税率21.55％を乗じて算出した概数である。
出所：City of Gothenburg Annual Report 2005 および "Statistisk Årsbok" より筆者作成。

2　地区議会のサービスとセグリゲーション

(1)　セグリゲーション地域の地区議会

　図表4-21に見られるグンナルドは移民集中地区のひとつであり、人口約2万2000のうち半数が国外で出生した住民で、60以上の国々からの移民とされている。[29] この地区はソマリアや中東などからの移民が最初に住み着くところであり、例えばソマリアからの難民が居住した地域で、水道水の使用が急増したため調べたところ、"きれいな水は1日中流し続けるもの"という母国の習慣によるものだったなどの例も聞かれた。こうした人々がスウェーデン社会で自立することは容易でないようであり、スウェーデン社会で生き抜く手掛かりを得た者は、他の地域や郊外コミューンに移っていくため、結局それ以外の住民が滞留する地域になっているという。セグリゲーションが進んだこの地域では、学校にもスウェーデン人の子どもがほとんどいないため、この地区で生まれた移民の子どもが、満足にスウェーデン語を話せないという事態すら生じつつある。またスウェーデン人のように女性も外で働くのが当たり前という意識は必

ずしも無いため就業率も低く、所得の低さに拍車を掛けている。移民の中には母国から家族を呼び寄せて、3部屋程度の1軒のアパートに2家族で住んでいる場合もあり、居住条件は最悪になる。

　グンナルド地区議会の財政は**図表4-22**のとおりであり、母国語による援助や教育を含む、福祉・教育サービスの手厚さが窺える。地区議会の活動で重点が置かれていることのひとつは、住民の自主活動や組織への支援であり、活動拠点の提供や財政面を含めた援助が行われている。グンナルド地区の、"18歳までの子どもと家族への援助ユニット"の担当者によれば、この地域の子どもの問題は次のようなものである。[30]「子育てに関する問題で多いのは、難民として移住してきた親が定職を持てずに自尊心を失って酒や薬物に頼り、結果的に家族が崩壊するようなケースである。15歳以上のような年齢では、例えば引きこもって学校に行かないケースがあり、子どものほうでは度重なる失敗体験を通じてまったく自信を無くしているケースが多い。背景としては、移民の子どもがスウェーデン語にも馴染みにくいという問題や、彼らの親が定職を持たずに自信を失った状態の中で、自分の将来を描きにくいという問題もある。他方で、子どもの成長のうえで組織的な活動が果たす役割は大きい。この地域でもスポーツクラブや、また教会による団体活動が大きな役割を果している」。多くの問題を抱えた子どもたちへの援助事業にとって、財政上の問題は手厚い財源の再配分を受けてもなお深刻なようである。「以前にはユニットの職員は25名だったが、徐々に減って現在は15名になっている。財政上の理由で職員が削減された結果、仕事内容も重点に絞らざるをえなくなっている。例えば、以前には子どもたちが集まる場所を廻って話をする事業もあったが、現在は事務所での相談に限らざるをえない。」

(2) 地区議会独立運動

　図表4-21の平均所得の高い3つの地区は、いずれも独立したコミューンになることを要求して1998年に住民投票が行われた地域である。独立要求の直接の契機は、イェテボリ市からの交付金が、これらの地域での人口増加とりわけ児童数の増加と学校新設にともなう財政負担を、適切に反映していなかったことに端を発している。このうちトシュランダ地区では、社会民主党の議員を含

図表 4-22　グンナルド地区議会の 2007 年度決算概要など

2007年度財政収入（百万sek） コミューン補助金　929 他　補助金　161 手数料　他　115 計　　　　1,205			人　口　22,227 人
	2007年度決算 純コスト(百万sek)	担当職員数	備　考
保育所　他	127	335	児童数　1127 人
初等学校	289	464	児童数　2898 人
図書館／余暇	*19	57	
所得援助	251	167	被援助世帯数　1164 世帯
高齢者福祉	96	250	在宅ケア　216 人　施設　286 人
身体障害者福祉	114	213	障害者数　382 人
他	26	119	
計	922	**1605	

注：＊内：住民団体への補助金 1,256,000sek、＊＊内：フルタイム職員 1278 人。
出所：Gunnared Årsredovisning 2007 より筆者作成。

む半数の地区議会議員がこれに抗議して辞職した。これを契機に、独立したコミューンになることが財政的にも有利だとする主張が地区内で勢いを得た。この地区ではそれ以前にも、移民のための住宅建設を、反対運動を通じて中止させたという経過を持っている。[31]　結果的にこの要求は、アドバイサリーな住民投票の実施にとどまったが、注目されるのはその結果である。これら 3 地区以外のイェテボリ市民の 9 割近くが独立に反対したのに対して、各地区ではいずれも独立賛成が 50％から 60％に達した。

まとめ

　地区議会が実施する充実した福祉と教育サービスは、市民の地域社会への信頼や満足感などの高さに結果している。さらに、前節で見た移民集中地区における再開発事業の前提には、各地区議会による図書館の配置や移民に対するスウェーデン語教育、また若者が集まる場と機会の保障などの移民・難民への手厚い対策があることは重要である。他方で、移民集中地区への手厚い財政配分を市民の合意にもとづいて継続することは必ずしも容易ではないといえる。同時に今日の特徴は、市民がサービスの受益者としてのみならず、市民セクター

を通じたサービス供給者あるいは参画者としても立ち現れていることである。この点は、次章で詳しく検討する。

第7節　総　　括

　本節では、地域経済と地域社会の動的変化を念頭に置いた地域経営という視点から、イェテボリ市の政策を総括する。
　第1に、産業政策である。現段階でのイェテボリの地域経済の構造的な特徴は、ボルボ自動車をはじめとした有力企業とその関連企業の生産拠点である反面で、地域内での幅広い水平的な産業連関を構成するよりも、北ヨーロッパ規模での経営戦略を展開する企業の拠点としての側面が強いことである。こうした地域経済の構造的特徴を背景に、イェテボリ市が追求しているのは、スウェーデン国内および北欧各地をつなぐロジスティクスの拠点としての優位を活かすとともに、研究・教育機関を軸とした技術開発を進めて、先端産業の拠点としての再生をめざす戦略である。あわせて重視されているのは、一定業種の衰退による地域産業全体への打撃を最小にする意味でも、多様な業種構成を持った地域産業を誘致・育成することである。こうした政策は、女性や難民による起業の支援を通じた就業機会の確保という点からも追求されている。
　第2に、地域発展の戦略である。イェテボリ都市経営の基本的な特徴は、企業の集中と競争力の強化を促すとともに、結果として生じる需要の増大や資産価格の上昇などの利益を、イェテボリ市の財政運営とカンパニーの経営を通じて地域内に再投資し、地域経済の活性化に繋げることにあるといえる。カンパニーの企業経営上の優位は、企業の集中と人口増加にともなう需要の拡大を、経営の安定と拡大に結びつけることに成功している点にある。さらに企業と人口の増加は、イェテボリ市が多く所有する土地資産価格を高め、住宅政策の展開を容易にしている。移民集中地域でのミクスド・ディベロプメントは、地域社会の安定と市の税収基盤の確保にも貢献する。これらは全体としてイェテボリ市の財政基盤を支えている。それが可能な理由は、市が広大な土地の所有主体として、企業の集積にともなういわば開発利益を享受できることとともに、

カンパニーを通じて主要な基盤的インフラを提供するシステムを持つからである。

　第3に、イェテボリ市の財政を通じた資源再配分システムである。イェテボリの産業構造の転換と先端産業の集中が、IT産業を担う優秀な労働力の増加の一方で、変化に対応が難しい市民との2層構造を生みがちなことは容易に想像できる。イェテボリ市民の所得階層は、現段階では極端な格差構造を示してはいないが、その反面で、移民・難民の受け入れとも併行して、セグリゲーションの拡大が深刻さを増している。こうした中でのイェテボリ市の財政運営上の特徴は、カンパニーを通じた事業実施と地区議会への権限委譲という分権型の財政／政策運営にある。市財政は、各地区への交付金支出を通じた財政再配分の役割を果たしている。それはセグリゲーションが進む地域での手厚いサービスの裏づけとなっている。

　イェテボリ市の政策の全体としての特徴は、大学・研究機関との連携による産業サポートシステムの整備や地域内再投資を通じて地域の経済基盤を形成するとともに、産業の発展を財政的な裏づけとして都市問題に対応する政策を展開していることである。他方で、現在のイェテボリの政策全体が、人口と企業の集中が継続することを前提していることには、一定の慎重さを要すると思われる。イェテボリの地域経済の特徴は、有力企業への依存とともに、北ヨーロッパ規模での経営戦略を展開する企業の拠点としての側面が強いことである。これは、イェテボリに企業の集中が進む一方で、企業間の取引関係の拡大を通じて"集積が集積を生む"タイプの構造では、必ずしもないことを示すものである。この点は、前章で見たイェテボリ都市圏のインフラ整備計画（K2020）や最近進められている都心部の再開発プロジェクト（River City）等のイェテボリの開発計画において、都心部への企業の集中立地が将来的にも継続することが前提されていることを振り返るならば、考慮に値すると思われる。

　以上を念頭に置いたうえで、経済グローバル化が大きく進んでいるイェテボリの都市政策は、大学・研究機関を含む地域経済システムの形成による地域経済の安定化と併行して、企業の集中による需要の増加や土地資産の価値の増加を地域に再投資して内部化し、さらに地区議会の設置と財政資源配分を通じて

第 4 章　イェテボリ市の都市政策と都市経営

セグリゲーションをはじめとした都市問題への対応を進めている点で、現代的な都市経営のあり方についての重要な示唆を与えると思われる。それは言い換えれば、市とカンパニーの両者を含む財政運営を要として、地域経済の基盤の強化と「経済活動の容器」としての地域の発展とを相乗的に導く政策として捉えることができる。

1)　スウェーデン語での正式名称はStadsdelsnämnderで、直訳すれば市地区委員会の意であり、またスウェーデンの研究者の英文著作では Neighborhood council すなわち近隣議会とされている。これらの訳語は、スウェーデンのnämndすなわち委員会が地方政府の一機関でありながらも一定の独立性が法的にも保障されていることや、市長制度を持たないヨーロッパのCouncilが議決権とともに行政執行の権限をあわせ持つことを前提としている。これに対して日本の自治体では行政執行が市長権限に委ねられていることもあって、日本語での地区委員会や近隣議会の語感は、いずれも審議機関または協議機関的な印象を与えがちであるため、訳語としては必ずしも適切とはいえない。スウェーデンのStadsdelsnämnderは、後述するように独自の財政権限と決定権を持ち、2000人前後の職員を擁して事業を執行する点で、いわば小自治体ともいえる存在である。このため、むしろ"地区自治体"が適切とも思われるが、スウェーデン語の名称からはやや離れるため、本書では「地区議会」の訳を用いる。
2)　税率は、1995年の市とランスティングの合計で31.30％、2001年および2006年では、リージョンが10.25％と10.45％で、市が各年度21.55％。
3)　スウェーデン地方政府の会計では、各委員会の財政は各々が独立会計として財政処理されており、市財政から委員会財政への財政支出は補助金として計上されている。本書では、実態に即して「交付金」と訳す。
4)　筆者によるGöran Johansson（イェテボリ市執行委員長）へのインタビュー（2008年3月）による。
5)　この項は、筆者によるNiklas Wahlberg（Lindholmen Science Park AB President）およびBo Norrhem（同プロジェクトリーダー）へのインタビュー（2011年3月）による。
6)　MSB: Myndigheten för samhällsskydd och beredskap.
7)　この項は、筆者によるJohan Carlsten（チャルマース工科大学副学長）へのインタビュー（2010年3月）による。
8)　筆者によるSahlgrenska Academy（イェテボリ大学医学部）学部長Olle Larköへのインタビュー（2012年3月）による。
9)　この項は、筆者によるUlf Petrusson（イェテボリ大学IIE責任者）へのインタビュー（2010年3月）による。
10)　この項は、筆者によるBRGの次の方々へのインタビューによる。Jacob Broström（Senior international advisor）2005年3月、Henrik Einarsson 2007年3月、Anna-Lena Johansson 2008年3月。

11) Henrik Einarsson（注10））に同じ。
12) Anna-Lena Johansson（注10））に同じ。
13) Brew Houseについては、筆者によるIngrid Thornell（Brew House立地企業の代表）およびKristina Hejdenberg Sedström（Brew house Innovation: executive director）へのインタビュー（2008年3月）による。
14) Göteborgs Kommunala Förvaltnings AB（直訳では"イェテボリコミューン行政株式会社"の意）。なお、ABはスウェーデン語で株式会社の略語である。
15) Förvaltnings AB Framtiden（直訳では、"行政株式会社未来"の意）。
16) 年次報告（Älvstaden UtvecklingAB Årsbook 2009）によれば、同社の総資産額4290msekに対して、市からの借り入れは3435msekに上る。
17) この項は、筆者によるThore Sahlin（Goteborg Energi AB副社長）へのインタビュー（2008年3月）による。
18) City of Gothenburg Statiskbok Årsbook Göteborg 2006.
19) 同上。
20) 同上。
21) この項は、筆者によるAnders Thoren（FABコミュニケーション責任者）へのインタビュー（2008年3月）およびFAB資料による。
22) FAB Annual report 2007.
23) Press release Statistics Sweden 2007-11-13.
24) "Metropolitan Policy in Sweden"（http://www.storstad.gov.se）。
25) イェテボリ市 "Gothenburg and the Metropolitan Initiative"。
26) イェテボリ市 "Vision Angered-Angered I ett tillväxtperspeltive"。
27) 以下の分析・叙述は、統合前の21地区議会のデータおよび区分にもとづいている。
28) イェテボリ市予算（2010年）。
29) この項は、筆者によるRolf Svensson（グンナルド地区議会ディレクター）へのインタビュー（2008年3月）およびGunnared Årsredovisning 2007による。
30) 筆者によるDag Östlund（グンナルド地区議会若者チーム）へのインタビュー（2009年8月）による。
31) トシュランダについては、筆者によるG. Ryden（トシュランダ地区議会ディレクター）へのインタビュー（1998年3月）による。

第5章 地方政府と市民社会

はじめに　公共セクター改革の論点

　本章ではイェテボリ市の政治システム改革の経過を、市民セクターと地方政府の相互の統治能力という視点から論じる。

　最初に、世界的な規模で進みつつある公共セクター改革についての、主要な論点を整理したい。1980年代以来世界的に進んだ公共セクターの改革は、選挙を通じて選出された代表者による決定という手続き的正統性を重視する政策運営から、事業効果に重きを置く方向への転換を機軸に、民営化や経営単位への権限委譲などのさまざまな形をとって展開された。そこでは競争市場を絶対視する"小さな国家"への前進にとどまらず、行政の内部的な近代化や市場活用型改革、さらには政府権限の委譲と分権化を通じた民主主義を進める改革など、多様なメカニズムが導入されてきた（Naschold 1996, Wollmann 2004）。改革手法の中でも象徴的な位置にあるのが、NPM（New Public Management）と総称される、市場メカニズムと企業経営手法の導入を通じた改革であり、その特徴は「スーパーマーケット型国家モデル」とも表現される。そこでは公衆は、主権を持った消費者または顧客として捉えられており、従来の政治システムが持つ硬直性に対して、個人を直接志向する民主主義として登場した。反面でこのモデルの問題は、市場で選択する孤立した市民が、安定した民主主義システムの創造にどう貢献しうるかという課題に応えていないことにある（Christensen 2002）。他方で、サービスの実施単位への権限委譲と市場型経営スタイルというNPMの主要な改革手法では、個別のサービス供給の効率化が促される反面で、各セクションの専門家による狭い範囲の経営合理性が追求される結果とし

て、政府組織全体としての評価や判断の欠如が拡大されたとの指摘もなされている（Gregory 2007）。公共セクター改革の現状を協同組合などの市民セクターの役割を念頭に置いて検討するうえで、興味深いのは、公共サービス供給主体と目標設定・評価主体の、二重の多元化に注目する論点である。現代に至る改革の特徴は、公共サービスの供給主体が多元化しているだけでなく、企業や市民組織などを含めて多様な価値観を持った組織主体が、市民のニーズとの往復関係を通じてサービスの供給に加わっていること。言い換えれば、政策目標を設定し事業効果を評価する主体が、国家や政府にとどまらずに受益者である市民を含めて多元化していることである（Osborne 2010）。こうした意味での多元化の傾向を前提した場合、地方政府の統治機能に求められるのは、メタガバナンスすなわち多様なアクターの自律的な活動を調整しコントロールする役割である（Peters 2010）。これらの論点は公共セクターの改革を論じるうえで、多元化と民主主義そしてメタガバナンスとこれを裏づける統治能力がキーワードとなることを示唆する。

次にスウェーデンのコミューンの民主主義をめぐる論点を整理したい。スウェーデンの民主主義、もしくはスウェーデンで一般的な表現を用いるならば政府の決定に対する個々の市民の影響力は、議会に議席を持つ政党と市民団体そして個々の市民との三者の関係を通じて実現されてきた。それは制度的には次のような特徴を持っている。

第1に、コミューンの政治組織の構成と公開の議論を通じた決定システムである。コミューンは多くのヨーロッパ諸国と同様に首長を持たず、市議会に権限が集中するとともに、教育や社会福祉など各分野の具体的な政策の決定と実施は、各分野別委員会（Nämnd）に委ねられている。各委員会は議会での各党の議席数に応じて政党から推薦された専門家・団体代表などで構成され、市議会の決定の範囲内で決定と実施に責任を持つ主体として制度的にも保障されている。また主要な市民団体には、市議会での重要な決定に先立って見解を表明する権利（レミス）が与えられており、議会決定はこれらの見解に対する態度表明を含めて行われている（Trägård 2007）。

第2に、民主主義の制度が機能する前提として、市民のさまざまな組織的な

活動が重視されてきたことである。各分野の市民活動は、民主主義の担い手として政府からも支援を受けてきた。それは多くの国民が参加する学習サークルの活動や図書館の普及にも示されている。スウェーデンの政治を、市民が重要な政治課題に学習と討議を通じて意見を形成するという意味での"学習サークル民主主義"と特徴づける指摘は、こうした市民活動の重要性を端的に示している（Torstensson 1996）。

　第3に、市民生活に広く根を下ろした政党が、民主主議的な制度と市民活動とをつなぐ媒介項としての役割を果たしていることである。個々の市民の意見を反映した市民団体による市議会に対する影響力は、密接な関係を持つ政党を通じて発揮された。総じてスウェーデンの民主主義を実体化させるシステムは、政党への加入率の高さとともにこれと連携する諸団体が幅広い市民を網羅していることを前提として、批判的な論者の指摘を借りれば、政党と諸団体を通じたコーポラティズム型政治の枠組みの中で役割を発揮してきた（Amnå 2006）。

　こうした諸前提は、政党組織率の減少とともに、既存の団体の枠を超えた市民活動が広がる中で変化が進んでいる。同時に他方では、議会が決定したサービスを行政部門が一元的に提供する図式から、企業や協同組合などの供給主体の多元化が進みつつあり、この点は、公共サービスのプライバタイゼーションを推し進める穏健党首班の現中央政府の政策によって加速されている。こうした中で、政党・組織を通じた市民の参加と代表制民主主義による一元的決定という従来の枠組みにとどまらない、市民の参加と民主主義を支えるシステムの再構築が模索されている。

　以上を念頭に置いたうえで、イェテボリ市で1990年代以降に進められた政治システム改革を一瞥したい。現実に進められた改革が前章で検討したような種々の政策課題に対応して進められたことを念頭に置いたうえで、その主要な特徴は次のとおりである。第1に、1990年に実施された都市内分権改革としての、21の地区議会の設置である。その主要な目的は、決定権者である政治家と市民との距離を近づけることを通じた民主主義の拡大とされた。ただしその役割の再検討を通じて、2012年1月には10に統合された。第2に、事業の

実施単位への権限の付与と、市民アンケートを通じた事業評価システムの実施である。地区議会が実施する事業をはじめとした事業評価と、これを通じた事業内容の改善がシステム化された。第3に、市政と市民社会および市民セクターとの相互関係の深化である。企業や協同組合が市の財政負担によって市民サービスを提供する制度とともに、市民の組織的な活動に対する支援の制度化が進められた。第4に、これらの改革の背景には、1990年代当初の財政危機や、セグリゲーションの拡大をはじめとした政策課題の増大、中央政府による公共サービス供給への企業参入の制度化、さらには市場メカニズムを絶対視する穏健党の市政における影響力などの、政治的・経済的な環境とその変化があったことである。これらの改革は、一方での市が直面する政策課題や財政基盤の変化への対応と、他方での政治・行政システムの多元化とメタガバナンスへの必要性という、2つの側面を念頭に置いて捉えることができる。

　本章ではイェテボリ市の政治システム改革の経過と特徴を、市政と市民社会および市民セクターとの相互関係に注目して論じる。第1節では、イェテボリ市の事業評価を中心とする事業改善に向けた改革と、市民セクターへの援助と協同の試みを検証する。第2節では、市民セクターの活動とその変化の現状を検証する。第3節では、地区議会の統合の経過とその背景の検討を通じて、イェテボリ市の政治システムと改革の今日的な課題を明らかにする。第4節では、市民社会と市民セクターおよび地方政府との相互関係をふまえて、イェテボリ市の改革を総括する。

　以上を通じた本章の目的はイェテボリ市の政治システムの特徴を、市民と政治および行政システムとの両者が学習過程を通じて統治能力と評価能力を高める機能に注目して、検証することにある。

第1節　イェテボリ市の政治・行政システム改革の展開

　イェテボリ市では、市民の要求に感応的なシステムにするためのさまざまな改革が、地区議会の設置と併行して進められてきた。本節では、イェテボリ市の政治・行政システムの改革を、2つの側面から検証する。第1には、市内部

の政治・行政システムの整備である。市民アンケートなどを通じた事業評価の活用による事業の改善とともに、職員アンケートなどを通じた職場改善と職員の能力の向上を目的としている。第2には、市民との連携および市民活動への支援である。障害者委員会や若者議会の設置を通じた市の意志決定過程への参加・関与の強化とともに、市民組織への援助と協同による事業展開がめざされている。これらの改革は、事業評価を通じた内部改革という側面とともに、若者や障害者のやや特殊な要求を政治過程に反映すること、また精神障害者の地域生活の保障という新たな課題に向けた対応としての側面を持っている。

以下本節では、市民による事業評価や市の意志決定への参加という側面から、イェテボリ市の改革を検討する。

1 イェテボリ市の政治・行政システムの改善

最初に、公共セクター改革と政策・事業評価との相互関連に注目する論点を指摘したい。これによれば公共セクター改革の経過は、大きく3つの段階に区分して特徴づけられる。1960年代から70年代に進められた第1段階では、政府部門の積極的な役割を前提として、その近代化とともに効果の最大化が目的とされた。世界的な財政悪化の中で進んだ第2段階（1970年代後半から）では、政府部門の縮小と公共事業の効率性の向上が中心目標とされた。これに対してNPMと総称される1980年代後半からの第3段階では、それまでの改革手法を引き継ぎながらも、市場化を含め事業の実施単位に焦点を当てた改革が進められたことや、サービスの実施機関自身による内部評価に軸足を移しているという特徴を持つ。ここで注目するべきは、内部評価と学習を通じた公共セクターの改革である（Wollmann 2003）。事業評価を通じた改革のプロセスを学習過程として捉える指摘は、公共サービスの安易な市場化への代案ともいえるものであり、以下に見るようにイェテボリ市の改革を考察するうえで焦点のひとつである。

イェテボリ市の組織運営上の改革では、分権化と併行して、全体としての組織の改善とサービスの向上に向けた取り組みが、市民へのアンケートを通じた事業評価を中心に進められてきた。全体を通じた目標とされているのは、各組

織が次の点を前進させることである。第1に、目標管理型の事業展開を進めること。第2に、財政指標のみならず幅広い視野を持ったマネジメントを展開すること。第3に、各組織が「学習組織」として力量を向上させること。第4に、政治家と市民および市職員との間の、開かれた討論の場を設けることである。[1]

具体的な事業は次のとおりである。第1に事業評価アンケートを通じた、市のサービスに対する市民の評価と需要の調査であり、その結果を主に事業実施の場で活用することである。第2に、職員の働き甲斐やチームワークの発展を通じた組織運営の改善である。以下に、その概要を検討する。なお、以下での資料や数値はいずれも2009年の時点でのものである。

(1) 事業評価アンケート

事業評価アンケートは、サービスの質的向上に向けた重要なデータとして1998年から実施されている。[2] 16種類のアンケートが、協同組合などの私的セクターの利用者をも対象として実施されており、各アンケートの調査項目の内容は、現場職員を含む十数人のメンバーで作成している。回答方法は、満足度を1〜10までの指標で表す形式で、ISOのモデルなどを参考にして設計されたものである。アンケートは、環境問題などのサンプル調査の際には8000人程度の無作為抽出で行うこともあるが、通常は対象となる市民全員に配布して回収しており、回収率は60％前後である。

アンケート項目の内容は図表5-1、図表5-2のように、抽象的な満足度の評価にとどまらずに、個別サービスの具体的な評価に踏み込んでおり、業務改善に活用するための実践的な内容になっている。この中で、例えば所得援助者への対応では、適切な援助や助言を行うために、受給者へのアンケート（図表5-1）と併行して、援助対象者の精神的な安定度を客観的に評価する手法の開発などが、担当職員を含むチームによって取り組まれている。またプレスクールアンケート（図表5-2）に児童自身による評価項目が見られることは興味深い。政府によるプレスクールの指導指針で業務の基本に置かれているのは民主主義的な価値観であり、子どもたちは自らが社会的権利の主体であることとともに"すべての人々の平等の価値"を尊重することを学ぶこととされて、職員は個々の子どもたち自身の意見や関心と経験とに配慮するべきとされている。

図表5-1 所得援助対象者アンケート（満足度調査、全10項目34問の一部）

アクセス(4)	・担当者への電話連絡とアポイントの取り方および事務所へのアクセス
効率性(4)	・援助決定と給付の迅速さ、援助が必要時の職員による援助
情報提供(3)	・文書や口頭での説明、給付を受ける権利に関する説明のわかりやすさ
応対(4)	・事務所は快適で、訴えはよく聞いてもらえ、尊厳を持った扱いを受けた
尊厳(4)	・毎回、同じ担当者に落ち着いて話し、熟慮した取り扱いを受ける
法的権利(3)	・正当に取り扱われて、抗議することも可能で、担当者を信頼できる
関与(4)	・充分な時間で、自分の意見は充分考慮されて、援助内容が提案される
能力(4)	・職員は能力があり、自分の状況と訴えを理解でき、微妙な問題も話せる
援助全体(3)	・援助と助言は全体として期待に沿っており、採点すると最善〜最悪
状態の改善	・事務所にコンタクトした結果、状態は改善されたか

出所：イェテボリ市のアンケートより筆者作成。

図表5-2 保育所保護者・児童アンケート（部分）

保護者アンケート（全14分野の一部） ＊不満足から満足までの10段階で回答		児童アンケート ＊児童自身が、(怒った顔)(普通の顔)(喜んだ顔)から選んで記入
[快適] 3項目	・子どもは、保育所／先生／友達と、楽しく過ごしていますか	・保育所は楽しいか ・保育所に友達はいるか ・保育所ではいつも面白いことをしているか ・保育所で遊ぶことを自分で決められるか ・保育所に楽しく遊べることはあるか ・保育所での外遊びは好きか ・先生は好きか ・保育所でいつも何か新しいことを学べるか ・保育所の食事は好きか
[安心] 4項目	・子どもは友達に好かれていますか ・先生による子どもの不安感への対応	
[応対] 3項目	・先生は貴方の考え方を受け止めているか ・先生の子どもへの対応	
[教育]	・子どもの発達への援助 ・言葉の発達への支えと促し ・先生の子どもの落ち着きや平静さを創る力 ・先生の子ども同士が思いやる指導	
[参加と関与]	・保育所から受ける情報とその内容 ・保育所の業務への自分の意見の反映 ・子どもの成長・発達への先生と親の協力 ・地域の政治家は、保育所の財政についての親の声に耳を傾けているか	

出所：イェテボリコミューンのアンケートより筆者作成。

アンケートの内容は、こうした方向での保育内容に活用されているといえる。

アンケート結果はインターネットを通じて公開されるとともに、地区議会やカンパニーまた執行委員会の中間報告・年次報告でも重要な指標として参照されており、市議会による予算編成や地区議会による詳細予算作成の検討資料と

しての役割も持っている。アンケート結果の分析と対策の実施は事業現場の責任であり、例えば地区議会の学校であれば、経営部門（地区議会の行政責任者と学校部門の責任者および当該校の校長）が、結果の分析とともに執行委員会への報告を作成する。他方で、市行政局に置かれた組織改善を担当するクオリティグループ部門には、イェテボリ市の80の経営単位（地区議会と部門委員会およびカンパニー）のそれぞれに対応した形で80人のクオリティマネージャーが置かれており、アンケート結果をふまえた対応へのアドバイスを行っている。アンケートの基本的な目的は、事業現場に情報を提供して事業の改善に活用することにあり、クオリティ部門もアンケートの分析について執行委員会への独自の報告を行うが、基本的な責任は当該部署とされている。

(2) 学校運営とアンケートの活用

　以下に、アシム地区議会が運営するある公立学校（Nygårdsskolan）の現状について紹介する。[3] アシムはイェテボリでも所得階層の高い市民が多い地域で、生徒たちの成績は優秀であるが、他地区の学校を選ぶ親が多くなっている。校長によればその理由は、市からの財政配分が、移民の多い地区には手厚い反面でアシムには少ないことを原因としており、アシム地区議会の財源不足の結果、教員数も充分には配置できず、この学校でも高学年の1クラスの生徒数は30人近くにも上っている。この学校は、生徒数約500人で6～9歳の12学級と、10～15歳の9学級の2つの学校に分かれており、各々に校長が置かれている。低年齢担当の校長の説明は次のとおりである。

　「生徒と親および教職員による学校評価は毎年行われており、生徒では約90％が回答している。回答内容は教員で議論して改善に役立てており、例えば学校に置かれた資料への満足回答が低い場合、データ利用への満足度との相関を調べたうえで、データルームの使用への指導を増やすという方針にもつながる。その意味で有効な資料といえる。ただ毎年の実施は多すぎて、振り回される面もあるが。

　親の声の学校運営への反映という点では、各クラスの親の代表と校長・教師との懇談（利用者委員会）が毎月行われている。その内容は親のすべてにインターネットで配信され、個々の親からは代表者を通じてまたは直接校長に要望

が出される。また各クラスでは年2回全部の親が集まる集会を行っている。さらにアシムの全学校から年2回代表者が集まって会議を行っており、Open Space（"何を話しても良い"の意味）と名づけられている。親からの学校評価は、教科の達成に集中する面が強く、教育面から見て的を射ているとは言いがたいが、評価の結果はこうした親との議論の中で、基礎的な資料になっている。児童の民主主義と学校運営への影響力を高める取り組みでは、各クラスから代表を選んで毎週会議を開いて討論している。また校長との討議の場も持たれており、この場合には校長に対する学校設備の改善などの要求が主になる。討議の内容は幼稚でも民主主義的な議論の教育という面は大きい。

　アシム地区議会から学校への財源配分は一括して行われ、各学校では校長権限で、例えば教員数を抑えて図書を増やすなどの予算運用を決定する。また親には予算運用について情報提供されている。」

　以上のような学校運営の特徴は、財源を一括配分したうえで現場単位に執行権限を委譲する、分権型組織運営を前提としたものであり、アンケート結果はこうした現場での権限を前提に活用されている。

(3)　組織改善と職員の能力向上

　市行政組織の運営の改善と職員の能力発揮に向けて、職員アンケートと組織運営評価等が実施されている。主要な内容は次のとおりである。

　第1に、職員アンケート（**図表5-3**）が、イェテボリ市とカンパニーの職員を含めて実施され、職員の仕事に対する満足や働き甲斐、職場の民主的な運営などの意見が集約される。職員の職場に対する満足度のデータは、地区議会やカンパニーの年次報告（Annual Report）でも経営上の重要なデータとして、保有資産の推移や事業評価アンケートによる市民の満足度と並んで分析・評価が行われている。

　第2に、事業実施単位の組織運営上の現状と問題点とを客観的に評価するための、組織運営の評価である。評価作業は、各事業主体からの要請にもとづいて、他の職場から選任された10名程度の評価者が、5段階の尺度でランク付けされるクオリティ基準（業務の目標設定や職場のチームワークなどにもとづく総合的な判定基準）を指標に評価する。作業はほぼ1週間にわたり、マニュアルに

図表5-3 職員アンケート（満足度調査、全22項目93問の一部）

（（ ）内の数字は質問数）

業務運営への参加(11)	・自分の仕事がどのように、何時までに、遂行されるべきかの決定に関与し、責任を持つことができる
情報(4)	・自分の職場と業務全体に関わることについて、充分情報提供されている
評価(3)	・上司や同僚、顧客は自分の仕事を評価している
報酬(8)	・仕事の努力には報いられる報酬になっている
労働環境(5)	・職場の安全・設備・休憩室などは整えられている
モラル(8)	・職場には自由に討議できる雰囲気があり、自分は上司からも尊重されている
ペース(5)	・時間内に仕事を終えられるし、必要なら周囲の援助を受けられる
目標／評価(6)	・仕事の目標は現実的で明確であり、結果についての上司の評価は納得できる
リーダーシップ(5)	・上司は仕事の責任と権限を委ねて、職場を共通の目標にリードしている
信頼(3)	・上司と会社幹部を信頼しており、イェテボリコミューンは良い雇用主と思う
充実感(5)	・自分は意義の有る仕事を、充分な時間で行っており、仕事を楽しんでいる
スキルアップ(6)	・スキルは職場で活かされ向上の機会もありスキルアップの面談には意義があった
他：職場での平等、健康、嫌がらせ、ストレスなど　10項目24問	

出所：イェテボリコミューンのアンケートより筆者作成。

もとづく管理者への聞き取りや現場訪問を通じた職員への聞き取りなどを経て、最終的な評価が下される。2008年度では、一事業単位からひとつの地区議会全体を対象とする評価を含めて、計20件の評価作業が実施された。

第3に、職員の能力開発であり、その中心的な取り組みは、2年に1度開催される一種の研究・交流集会である。2007年には4000人の職員と関係者が約200の分科会で、3日間に渡って泊り込みでの情報交換と討議を行っており、他のコミューンや北欧諸国からも参加を見ている。1989年に始められたこの事業は、コミューンの政治指導者が日本のQCサークルから発想したとされ、互いに経験を交流しあうことを通じて参加者が多くを学ぶことが目的とされていて、イェテボリ大学との協同で開催している。[4]

2　イェテボリ市と市民活動

イェテボリでは、協同組合を含む私的セクターが事業の実施主体としての役割を増大させるとともに、市民の組織活動が市政における重要性を高めてい

る。これは、若者集団による落書きなどの行為の防止や、セグリゲーション地域での地域社会の再構築、さらに精神障害者の地域での生活の保障という、新たな政策課題への対応に市民との協同が不可欠なことを背景としている。このため一方では、イェテボリ市の意志決定過程への市民の関与、他方では市民の組織活動への援助や財政補助が、市の機関によって進められている。以下では、各々の現状を検討する。

(1) 障害者委員会[5)]

地域単位に設定された地区議会に並んで、分野別に市民・団体の意見を反映するための若者議会や高齢者委員会などの制度が設けられている。そのひとつが障害者委員会である。障害者委員会は市議会に直属する一種の諮問機関で、イェテボリの障害者団体を網羅する4つの団体の代表と、執行委員会の有力な政治家によって構成されている。市が新たな政策や方針を決定する際に意見表明（レミス）の権利を持つ団体であるとともに、毎年の予算編成などにも影響力を持っている。また必要に応じて、市議会の各委員会またはカンパニーの責任者の説明を求める権限を持ち、例えば交通に関わる問題では、関係するカンパニーの責任者を会議に呼んで説明を求めるとともに、これをふまえて議会に要望書を提出する。さらに各地区議会にも同様の障害者委員会が設けられており、これを通じて、各地区議会での政策の現状や個別のサービス決定に関わる問題点なども含めた情報が、障害者委員会に集中されている。

イェテボリでの障害者事業が大きく拡大したのは1970年代であり、これには中央政府の政策とともに、障害者委員会を構成する団体が一定の役割を果たしたとされている。他方で最近では若い世代の障害者が、組織に加入するよりも単独で市に要求し、あるいはきわめて狭い範囲で独自の団体を立ち上げるなど、障害者委員会を構成する既存の団体が網羅できていない障害者が増加しており、その意味では障害者委員会の組織改造が課題とされている。

(2) 若者議会[6)]

若者議会は若者の破壊行為などが深刻になる中で、若者の市政に対する影響力を高め、政治と民主主義に対する関心を高めることを目的として2005年に設置された、一種の諮問機関である。若者議会の構成は、81人の議員と20人

の代理議員から成り、議員の被選挙権は12歳から17歳まで、また選挙権は11歳から17歳までのいずれもイェテボリの居住者で、議員の任期は1年、選挙は直接選挙で地区議会ごとに実施される。若者議会の下には、議員の発案により課題別委員会が置かれており、2011年度では、余暇、環境、平等と統合、薬物・アルコール防止、公共交通などの委員会が置かれている。若者議会のメンバーは、引退後には政治活動に参加するものも多く、成長の場になっているとされる。

若者議会による市政に対する提案などの活動を援助するために、行政レベルのセクレタリーとともに、各政党の議員から成るレフェレンスグループが補佐役として置かれている。若者議会の成果としては、電車やバスの公営交通で従来午後7時までとされていた若者の無料乗車時間を、午後10時まで3時間延長させたことなどが指摘される。

他方でイェテボリの若者を代表する機関として見た場合の若者議会の現状には、課題もあるようである。問題は、若者の間で若者議会に対する関心が低いことである。スポーツ団体などに参加して活動しているものは若者議会には関心を示さない傾向があり、立候補するのは、地区でもむしろ孤立している子どもが多いとされる。候補者は組織代表ではなく、個人として選出されることとも相俟って、若者の間に組織的な基盤を持っているわけではない。この点では、若者議会の市政に対する影響力は、政治家のレファレンスグループの力量によっている。

若者議会の役割を評価するうえでは、イェテボリでの青少年層の現状を念頭に置く必要がある。イェテボリの若者は、多くがスポーツやチェスのクラブなどの団体活動に参加しているが、何処にも所属しておらず孤独な青少年も多いとされる。各地区議会では青少年のための施設などで、友達を作ることやバンドの立ち上げを呼びかけたりしているが、こうした施設は、例えば15歳や17歳まで等の形で年齢別に利用者が制限されていることが多く、またすべての地区議会に施設があるわけでもない。地区議会には政策運営に若者の声を反映させるための諮問機関（若者委員会：Ungdomsråd）を設けているところもあるが、全地区に置かれているわけではない。

若者議会は、各地区議会が若者を援助する活動に責任を持つことを前提したうえで、設けられたものである[7]。若者議会のセクレタリーは、移民の多い地区でのミーティングの場などをアレンジするなど各地区議会との協力を通じて活動している。こうした地域では、狭い家に多くの家族が暮らしていて、若者が外に出ようとしても行き場が無いといった問題があり、各地区議会との連絡調整を通じて全体として若者への政策的な対応を高めることが意図されている。

若者議会は、イェテボリ市が若者対策を進めるうえでの、足場を与えるものとしても捉えることができるであろう。同時に若者議会の現状は、市民の影響力を高めるという意味での民主主義の前進が、民主主義の制度的な保障を超えて、担い手の力量とこれをサポートするシステムによるところ大であることを示している。

(3) 社会資源委員会[8]

イェテボリ市と市民活動との相互関係の現段階を象徴するのは、2007年に発足した社会資源委員会の活動である。社会資源委員会は、障害者団体への補助やドラッグ中毒者や刑期後サポートの事業とともに、DV（家庭内暴力）やホームレスへの援助などの事業を担っている。社会資源委員会による市民活動への援助の基本的な目的として、次のような説明がなされている。「市民団体による、人々が自らの能力を活かして社会に積極的に参加することを促がす活動は、社会の民主主義を強める機能を持っている。そうした団体への援助は、人々が日々の生活と社会全体への影響力を与えるうえでの重要な役割を持つ」[9]。社会資源委員会は、イェテボリの全域を対象とした社会活動や障害者分野の団体への活動補助として、170団体に計77百万 sek（2008年度）の補助金を交付している。この額は、地区議会による各種団体への補助金やイェテボリ市のスポーツ・団体委員会によるサークルへの補助金とは、別枠で支給されている。援助の原則として、イェテボリ市と団体とが協同の立場に立つことや、市には団体の発展やネットワークを拡大するために協力する必要があることなどの姿勢が、明らかにされている。社会資源委員会の援助方針によれば、対象となる団体は、障害者による事業協同組合などの社会的な援助を必要とする領域の団体をはじめ、幅広い社会活動団体である。

社会資源委員会の社会経済ユニットに属する"団体および自主団体への援助"部門は、ボランティア団体（90団体）、障害者組織（60団体）、および精神障害者事業（11の社会労働者協同組合への援助）を対象として抱えている。これらの事業の背景として、以前には病院での生活を中心とした精神障害者への対応が、法改正（1994年）によって地域での生活を中心とすることとされて、住宅と仕事そして余暇への援助とともに、精神障害者自身による団体の設立と会員の組織化が進められたことが挙げられる。これらの業務は当初は地区議会が担当していたが、イェテボリ全域での対応とともに専門性を必要とするため、社会資源委員会に引き継がれた。担当者によれば団体活動への援助の現状は、次のようである。「精神障害者の事業協同組合は、障害者自身が仕事への意欲を持つことが一番大事で、この点で中央政府の雇用事務所にも期待されている。内容的には組織運営への援助が最も大事で、入院していた人たちが社会的な訓練を受けて仕事に就こうとする意欲を高めるための"教育"が要になる。また、指導者側でも精神障害者から学ぶ姿勢が重要であるが、個別援助や組織の指導など多岐に渡る仕事のため、適切な職員の確保が難しいという問題がある。精神以外の障害者へも労働者協同組合の創設を呼びかけているが、なかなか乗ってこない。これまでのタイプの援助に慣れた面もあり、仕事への意欲を持ちづらい。イェテボリ市の従来の事業との関係で言えば、障害者委員会（前述）は既存の団体を網羅しているが、障害者の生活にともなう問題を集めて市に提起する場であるため、社会資源委員会で対応している協同組合作りなどの問題は、障害者委員会の議論には乗りにくい。[10]」

　このほかに社会資源委員会による新たな活動で注目されるのは、サービスを受ける障害者自身による事業評価の取り組みである。その発端は、先述の障害者委員会が、市が実施している事業評価アンケートの形式では、障害者本人の意志が伝えにくいことを問題としたことである。これを受けて具体化されたのは、障害者自身がチームを作って施設への入所者を含めたサービス利用者へのヒアリングを行い、障害者による評価や事業の問題点などを報告書に纏める手法である。この取り組みを総括した報告書（Norman 2007）では、結果としての評価内容自体とともに、評価に関わった障害者に障害者政策全体を客観的に

捉える"教育的な効果"が見られたことを、高く評価している。社会資源委員会によって、この評価手法をさらに各地区議会に広げるための取り組みが進められており、これにはサービスの受け手である市民自身による事業評価を発展させることへの、布石としての意味が込められている。

まとめ

イェテボリ市のシステムの特徴は、最初に紹介した公共セクター改革の流れの中に位置づけて捉えることができる。その特徴は、次のとおりである。

第1に、事業もしくは政策実施主体への権限委譲と目標管理の手法であり、経営責任の明確化と総合的なコントロールとが組み合わされていること。全体的な政策目標と財政上の資源配分は議会が決定するとともに、実施主体には権限と財政上の責任が委ねられる。

第2に、学習と内部評価を通じて、事業効果と質を高めるシステムである。ここでは事業評価アンケートが重要な役割を果たすとともに、とりわけ職員の事業改善へのインセンティブは、基本的には職場のチームワークや働きやすさ等の条件の改善と、市民との直接の触れ合い等が中心になっている。

第3に、イェテボリ市と市民・市民団体の関わりの再構築である。注目されるのは、市と既存の団体との協力関係の見直しや改善にとどまらず、状況に応じた新たな団体への援助や連携が図られていることである。

全体としての特徴は、多元的なアクターへの権限委譲と経営責任の明確化とともに、財源配分と政策評価を通じたコントロールシステムを持つこと、さらに市民による政治的意志決定への参加・関与と、他面での市民の組織活動への援助の機能を持つことである。これらは全体として、公共セクターにありがちな硬直性を排して、市民の選択や発意に柔軟に対応するための取り組みとして評価することができる。同時に、市民活動とイェテボリ市との相互関係を検討する場合、注目されるのは、この節で紹介したいくつかの活動や市の事業が、一方では市民の事業に対する評価能力を向上させる機会に、また他方で市の側では市民の評価を取り込んで改善を図る機会となっていることである。その意味でこれらの事例は、公共サービス提供システムの中に、市民活動の役割を積

極的に位置づけることの必要性とともに、公共セクターと市民との協力関係の発展を市民の評価能力と統治能力の向上に向けた、学習過程としての側面から捉える必要性を示している。

第2節　イェテボリ市と市民社会および市民セクター

　本節では、イェテボリの市民セクターの活動の検討を通じて、地方政府と市民社会との相互関係を検証する。スウェーデンにおける市民社会と地方政府との相互関係の特徴について、政府と市民活動とを対立的に捉えるアメリカ的な思考に対置して、大きな政府と活発で大きな市民セクターとの親和的な関係として捉える視点は興味深い (Rothstein, Trägård 2007)。こうした関係は、最近まで社会と政治制度との両者がひとつの言葉で表現されてきたスウェーデンの社会意識を反映している。政府は市民社会から截然と区別されるよりもむしろ、社会の諸組織の結節点として捉えられていた。こうした関係は、改めての見直しが必要になっている。このため以下では、イェテボリでの特徴的な市民運動の現状を検証する。なお本書では、本章第5節で論じるように、「市民社会」を社会的・経済的な構造を背景に形成された一種の社会関係として、また「市民セクター」を市民社会に根ざした組織的な活動の総称として用いる。

1　市民セクターと政府との相互関係をめぐる論点

　スウェーデンは、市民のさまざまな組織活動が盛んな国として知られている。スウェーデンの市民社会の歴史的特徴として挙げられるのは、19世紀後半からの労働者を主体とした大衆運動が、労働組合運動や禁酒運動などを含む一種の文化運動として、市民社会の変化をリードしたことである。代表的な市民運動である学習サークルには、現在でも75％の成人がその生涯で一度以上参加した経験を持つとされる (Lindgren 2001)。他方、文化活動をはじめとした組織活動が活発な反面で、NPOによる事業は市民サービスの提供については大きな役割を果たして来なかった。この点は歴史的にも、慈善団体や教会が始めた福祉事業を、コミューンや政府が制度化して引き継ぐという経過を辿った

ことで説明されている。

　スウェーデンでの公共図書館の歴史は、こうした市民活動と公共サービスとの相互関係を物語るものといえる。19世紀初頭の教区図書館以来の歴史を持つスウェーデンの図書館は、労働運動によって1880年代から開始された"人民教育"のセンターとされて、1917年の調査では全土に54の労働者図書館と労働者が主体となった254の学習サークル図書館が存在していた。スウェーデン国会は1912年に学習サークルが運営する図書館に対する補助金の支給を決定し、さらに地方政府による補助金支給が広がる中で、これら図書館の多くは公共図書館に組み込まれていった。この時期の労働運動を指導した社会民主党の方針は、公共図書館を充実させるとともに、その運営に対する人民の影響力を高めることであり、それは地方政府に対する民主的なコントロールは可能であるという確信にもとづいていた（Torstensson 1996）。

　こうした社会と政治とのある意味で親和的な関係は、その後のコミューンと市民活動との関係にも引き継がれた。1960年代末には都市人口の急増にともなう地域社会の変化を背景に、公共サービスの拡大が市民の要求と政党のイニシアティブとを通じて、地方所得税率の大幅な引き上げを主な財源的な裏づけとして実現した。この結果、市民の学習サークル活動などの文化的な活動が、公的な財政補助を受けながら進められる一方で、具体的なサービス提供は自治体をはじめとした公共セクターが担う形の分担ができ上がってきた（Lundström 1997）。ジェンダー運動を国際比較した研究は、スウェーデンの特徴として、幅広い運動を通じて制度を実現した一方で、そのほとんどが政府部門によるサービスとして実施されたことを指摘している。運動体が直接サービスの運営に乗り出したのは比較的最近の現象であった（Bergman 1999）。他方で民主主義の視点からは、市民組織が政府の資金を受けて事業を展開する中で、専門従事者と幅広い構成員との間に乖離が生じる可能性があり、結果的に市民組織が持つ民主主義の担い手としての役割を弱める恐れがあるとする指摘（Johansson 2001）は、市民組織によるサービス提供に対する批判的な見方を象徴するものである。

　以上のような市民セクターの特徴と政府との関係は、次の点で転機を迎えて

いる。

　第1に、新たなタイプの市民組織の広がりである。伝統的な市民組織と比較した場合のその特徴は、組織の中心的な代表者がメンバー全体の意見を代弁するよりも、むしろ開かれたネットワークとしてメンバーの討論を重視する傾向が強いことであり、政治的な権威者が市民との討論に消極的なことに対して批判的であること。また伝統的な組織が、常勤の事務局職員によって運営される面が強く会員数の減少にも関心が薄いことに対して、新たな組織は積極的な会員・支持者を増やすことに強い関心を持つとされる。一口に言えば、労働運動と結びついた大衆運動としての組織から、インターネット世代の市民組織への移行が進んでいることである[11]。

　第2に、市民セクターが公共サービスの提供に果たす役割の見直しである。スウェーデン政府と主要な市民団体との間で結ばれた協定において、市民セクターの役割の検討に着手することが確認されたことを契機に、再検討が進められつつある。市民セクターに対する政策の基本方針を示した政府提案[12]では、市民組織が、市民の声を代弁するとともに世論形成に重要な役割を果たすことや、政府の権力行使に批判的な議論を展開する役割、さらに市民にとっては組織を通じて社会全体に影響を及ぼす経験という意味での"民主主義の学校"としての役割を持つことなど、民主主義にとって重要な役割を持つことを指摘している。同時に指摘されるのは市民組織が、サービスの提供者として今後に重要な役割を果たすべきことである。そのうえで政府提案では、市民セクターに対する政策目標を、民主主義の要としての市民組織の活動条件を改善することとしたうえで、政府部門から市民組織への公共サービスの委託と事業費の提供にともなう条件の設定は、市民組織本来の自主的な活動に対する資金援助とは明確に区別するべきことなどの自律性の保障をはじめとした政策上の原則を示している。これらは、民主主義の担い手としての市民セクターの役割を積極的に評価したうえで、併行して公共サービスの供給者としての役割を拡大するための慎重なルール作りということができる。

　スウェーデン社会において重要な役割を持つとされる市民セクターは、重要な転機を迎えているようである。以下、イェテボリの主要な市民組織の現状を

第5章　地方政府と市民社会

検討する。

2　イェテボリの市民組織と活動

　以下では、イェテボリにおける各分野の市民による組織活動の現状を概観する。このため伝統的な活動としての学習サークルの活動とともに、市民が主体となった協同組合事業と地域社会での事例として検討する。

(1)　ABFイェテボリ[13]

　スウェーデンの大衆運動の特徴のひとつは、学習を通じて個々人の能力を高めるとともに民主主義を高めることが、運動の中で重視されてきたことである。学習運動の中心的な組織のひとつであるABF（Arbetarnas Bildningsförbund）は、社会民主党や協同組合運動が、構成員の学習の場として設立したものであり、ABFイェテボリもその下部組織で、設立に加わった組織との連携で学習活動を行っている。筆者のインタビューによる運営の状況は、次のとおりである。

　「現在のABFイェテボリは約50人のスタッフで運営しており、学習サークルへの援助とコース別の学習企画を設けている。2008年でイェテボリ全体では約5000のサークルが活動している。ABFの基本的な目的は民主主義を高めることであり、サークルでの交流を通じて各自の意見を述べ合うことは、その出発点とされている。組織的には、労働組合の職場組織などでサークルを作って、必要な場合にはABFからサークルのリーダーを派遣するなどの援助をしている。現在学習サークル活動が盛んなのは移民の多い地域で、とりわけグンナルド地区には常時4～5名のスタッフを配置しており、また全体として移民の間では合計130団体と直接の連絡を持っている。各団体は地区議会からの援助で事務所を持っているため、その一部を学習サークルの部屋として使っている。移民のサークルのミーティングは週1回程度各2～3時間で、参加者数は少人数での討論を重視して10人程度にしている。学習内容は、ABF独自のパンフを活用しており、例えば最新のものではイェテボリの町と歴史の紹介で、自分が住むことになった町をとりあえず知ってもらい馴染めるようにするのが狙いである。他方で、学習サークルの組織は例えば海岸沿いのアシム地区のような高所得階層の地域ではほとんど存在せず、ABFとしての方針も正直持っ

175

ていない。

　近年参加者の多い文化活動のコースは、20万部の宣伝パンフを年2回全世帯に配布して参加者を募っている。参加者はIT、写真、ハンドワークなどの年2回のコースに各々約4000人で、参加費用として例えばITのコースでは1000sekを徴収している。また、年金者などによる趣味の活動も多いが、これは体力維持の点からも積極的な意味を持つ。現在は若者の間で音楽サークルの要求が強くて演奏場所が必要なため、ABFからはその費用が支給できる。またABFでは現在200万sekを投じて20室の音楽ホールのある建物を市内に建設中である。

　財政運営は、国とコミューンからの補助があり、学習時間当たりでカウントしてABFに支給される。ABFの事業でもカルチャーのコースでは利用者負担が多いが、学習サークルの活動に要する講師謝礼や場所の費用はすべてABFが負担している。」

(2)　協同組合と市民

　イェテボリでは、子どもの親が主体となったものや、保育者によるものなど、さまざまな形での協同組合によるサービスの提供が行われている。ここでは、そうした協同組合が運営するプレスクール（保育所）のひとつ（Askims Montessoriförening）について、筆者のインタビューにもとづいて紹介する。[14]

　1984年に設立されたこの協同組合では、1歳から5歳まで28人の子どもを6人のスタッフが午前7時半から午後5時半まで保育している。保育施設はイェテボリ市から有料で借用しており、財政的には収入の90％が市からの補助金で10％が会員の利用料である。協同組合の運営は、数名の親と保育者の長から成る委員会が当たっており、入所児の選考では、親と保育者から成るグループが入所希望者への面接を通じて、協同組合に貢献する意志と能力などをふまえ決定する。親の代表者の説明は次のとおりである。「自分の子どもが3歳の時まで通っていた公立のプレスクールで、年齢別のクラス編成を混合型の編成に変えたために、先生が小さい子に集中するようになり、また同じ年齢児と遊ぶ機会が無くなって子どもが不安定になった。これは仕事を辞める先生が多い中で、先生の負担を減らすための対応と思う。このため変更を申し入れ

た親もいたが、聞かれなかった。その意味で、子ども中心のプレスクールになっていなかった。そんな時にこの協同組合を知って申し込んだ。このプレスクールに来て、自分自身の子どもに対する見方も変わったと思う。子どもの成長を中心に考えて接するようになったし、以前のように"着替えが遅い"と一方的に叱るようなことも無くなった。その意味で、親の成長という面もある。親同士の関係も、頻繁に連絡してお互いに迎えが遅くなるときには援助し合い、週末に一緒に遊びに行くこともある。親には単に施設のユーザーではなくて、協同組合のメンバーとして協力する義務があり、例えば先生が病気で休んだ場合には親が代わりに保育に入るし、週末に荒れたティーンエージャーが来そうな時は、親が見回りに来ることもある。平均すれば月に1回程度は、各々の親が協力に来ている。」

　イェテボリ市によれば、事業アンケートに示された協同組合プレスクールの利用者の満足度は、一様に高い水準にあるとされる。他方で、問題を抱えた親や児童の入所を断るなど、一定の条件を持つ市民のみを対象にしているという批判も存在する。反面で、市民が主体的に事業に関わるとともに、その評価能力を高めるプロセスとしての面を持つことは注目される。

(3) マヨナの市民運動の展開

　地域レベルの市民活動を検討するうえで念頭に置くべきは、スウェーデンでは日本の自治会に当たるような全員参加型の地域組織が存在しないことである。教会を中心とした教区も、必ずしも多くの市民を網羅しているわけではなく、地域レベルには多くの組織が存在する反面で、そのほとんどがスポーツクラブなどの分野別の団体である。この点ではイェテボリでも、地域に広がる有力な組織を持つのは、19世紀からの大衆運動としての歴史を持つイェテボリ借家人組合にほぼ限られる。

　市民セクターとイェテボリ市との、相互関係の変化を象徴する事例のひとつが、イェテボリのマヨナ地区の住民運動である。マヨナは、歴史的にはイェテボリに隣接しつつも独立した港町として発展し、1800年代には大規模な砂糖工場などが建設されて、労働者の町としての特徴を持つ地域とされてきた。現在では、旧来の共同街区の面影の残る町として人気があり、比較的所得水準の

低い知識層を中心にした人口構成となっていて、社会民主党と左翼党および環境党が強力な支持基盤を持つ地域である。

マヨナ地区では2000年から2001年にかけて、学校統合に反対する住民の運動が激しく展開された。その直接の契機は、地域内にあった4つの小学校を統合するというマヨナ地区議会の計画である。統合計画の背景には、児童数の減少に応じて市からの交付金が削減されたことや、地区内にある2か所の高齢者施設（全市の高齢者を対象）の維持費の多くがマヨナ地区の負担とされていたことなどによる財政悪化があった。マヨナの住民が、学校統合に対して他地区の学校を選択するなどの個別的な解決法をとるのでなく、あくまで地区の学校の維持を要求したことは、住民の特徴を示すものとされており、また反対運動が、すべての小学校父母を巻き込んで行われ、3か月にも及ぶ児童の登校拒否と父母による自主教育が整然と実施されたことは、父母の組織的な力量を示している。この間には、地区レベルの政党組織は完全に影響力を失っていたといわれる（Kusmanen 2007）。当初はマヨナ地区議会に向けられていた抗議運動は、市議会の財政配分に対する抗議運動へと展開していった。[15]

他方、結果的に学校統合が実施された後には、活動的な住民の間には無力感が漂ったとされる。これとともに、地区内では若者の過度な落書きや破壊行為などが広がり、地域環境にとっての脅威にもなっていった。こうした中で、地域の住民の要望に応える形で、マヨナの多くの住民が加入するイェテボリ借家人組合と、同じくこの地区に多くの住宅資産を持つ住宅カンパニーの援助により、「若者プロジェクト」が発足した（Westling 2007）。

このプロジェクトでは、スポーツクラブ等の各種の地域団体が協力して活動を進めるための協議会組織（MSF: Majornas Samverkan Förening）が、上記の2つの組織とともにマヨナ地区議会や地区内のサークルなどの参加で設けられ、市の財政補助を受けて専任の職員が配置された。そして地区の住民やサークルなどによる地域の整備・美化のための組織が設けられて活動を進めるとともに、地域の広場を余暇スポーツ施設として改装する事業などが、施設管理団体を含めた組織の立ち上げを経て進められた。[16] MSFの活動の特徴は、拠点施設である活動センターを持つことである。2009年度の社会資源委員会からMSF

への補助金50万sekの内で、28万sekはこの施設のレンタル料になっている。MSFの活動はこのほかに、事業ごとの補助金や関係団体による資金援助によって運営されている。MSFの活動は、2006年から地域団体の交流の場として実施している"マヨナフェスティバル"をはじめ、薬物中毒者の事業協同組合によるカフェの営業と12組の若者バンド教室、そして約60人が参加している子どもクラブとサマースクールの開催、さらに長期失業の若者のための援助事業（ナビゲーター）、およびこれと併行した若者に仕事の場を提供する事業等である。この最後の事業は、借家人組合から清掃事業を請け負っている。主な事業の現状は次のとおりである。

「サマーセミナーには2回の企画に14歳までの子ども40人が参加している。うち25人程度は問題行動があるために学校からの依頼で参加しており、その他にも学力や意欲の点で問題を持つ子どもたちが参加している。ただしスティグマを与えないために幅広く募集しており、一般の子どもたちは仲間との協同行動や期間中の地域清掃に対する報酬を当てにして参加してくる。資金は住宅カンパニーとともに周辺の商店などからも求めている。7～8年前からの実績があり、子どもの荒れを防ぐ活動の一環としての面とともに、子どもたちにとっての成長の場になっている。地域の学校はこうした活動を通じてMSFに協力的だが、生徒数の減少で校長や教師が毎年のように代わるため、長期的な見通しを持った協力関係を作るうえで問題がある。ナビゲーター事業は、2人の専任スタッフと5人のボランティアで行っており、約30人が対象で一番若い対象者は25歳である。彼らは所得保障に頼って生活しているが、基本的に自立への意欲を喪失しているものが多く、援助期間は3年から4年のケースからずっと長期に継続して援助しているケースもある。具体的には信頼関係を作って日常的な相談に乗るとともに、フットボールクラブの事務作業を手伝って多少の謝礼を貰うなどの働く経験を積むなど、社会復帰への援助をしている。仕事の紹介は政府機関である雇用事務所の責任であるが、事務所もこうしたケースには対応に苦慮しており、MSFの事業には補助金を交付している。」

MSF職員の次の発言は、その活動の役割と特徴を端的に示すものである。[17]「私のバックグラウンドは教育で、以前は公共施設で働いていたが、例えば子

どもの薬物中毒を防止する事業の場合には薬物の防止そのものが中心となり、それ以上の発達を保障することができず、活動に制約が多かった。MSFの各事業は、例えば長期失業の青年の援助では、彼らが子ども組織の指導に当たったり、マヨナフェスティバルの企画・実施を担当したりするなど、互いに関連があり、活動を通じて青年もまた子どもたちも成長していく。MSFと拠点としての活動センターの役割は、煎じて言えば交流の場という点にある。この点では、チェスのクラブとサッカークラブとの相互の交流を通じて、互いに仲間を作ることもできる。またどのクラブも新たなメンバーを求めているので、互いに協力して、仲間を持たないために1人で家にいて親のアルコールに手を出すような子どもにも、新たにアプローチする機会を作ることもある。

　今後の夢は、MSFの活動センターが幅広い子どもたちとともに、親や地域の高齢者にとっても交流の場になること。マヨナでは、以前は4か所あったデイセンターが財政上の都合で1か所に統合されるなど、高齢者の交流の場が減って高齢者の孤独化が進んでいる。その他、シングルマザーなどにも地域での交流の場が必要になっている。」

　MSFを構成するスポーツクラブなどの各団体は、従来は地域全体を見渡す視点を持たなかったが、若者の荒れがきっかけになって、地域問題に協力して対応する連合組織を作ることへの共同認識が生まれたという。これを通じて、例えばフットボールクラブが、MSFを通じてできたつながりを活用して女子に参加者を広げる取り組みを行ったりしている。借家人組合から派遣されたMSFの中心的な活動家の指摘は興味深い。[18)]

　「問題は、イェテボリ市が従来のサービス提供から撤退する一方で、地域では新たな問題が生じており、政党も既存の組織もこれに対応できていないことにある。マヨナ地区では左翼への支持は高いが、全般的に政党は日常の暮らしへの影響力は弱く、また最近の親は個人志向が強くて、協力して行動しようとする姿勢が弱くなっている。これに対してMSFの活動は、住民にミーティングプレースを提供することで互いに協力しあうきっかけを作り出しており、住民の間に何かを変えようとする意識を生む機会を提供する意味で、地域の世論形成に影響力を持てる。財政的な制約によって市のサービスが限定されていく

中で、社会運動には社会的事業（Social Enterprise）としての役割を果たすことも、求められるのではないか。」

まとめ

　第2次大戦後のイェテボリにおける経済拡大を背景とした人口増加は、市民社会と社会意識の構造的な変化を齎し、それはイェテボリの政治社会に反映することを通じて、1960年代後半からのプレスクールをはじめとした公共サービスの拡充に結果した。その後の産業・経済構造と社会構造の変化は、市民社会の変化とともに市政と市民社会との相互関係にも変化を齎しつつある。この節で紹介した3つの事例では、伝統的な運動団体であるABFが、学習活動を通じてセグリゲーションが進んだ地域での社会関係の再構築と主体の養成に貢献していること、また保育協同組合を通じて父母自身がサービスの運営に主体的に関わる中で、視野を広げていることは印象的である。またマヨナでのMSFの活動は、市民セクターの再編・組織を通じた市民社会の再構築ともいえるものである。

　これらは、基本的に市民セクターが、地方政府とのパートナーとしての役割を果たしうることを示すものである。この点は、本章の最後に振り返ることとして、次にイェテボリ市の側からの改革課題を検証する。

第3節　地区議会の統合と背景

　本節では、地区議会の発足から統合に至る経過の検討を通じて、イェテボリ市政改革の今日的な課題を検証する。地区議会がサービスの提供や資源再配分に関わる大きな役割を果たしていることは前章で見たとおりである。イェテボリ市の政治・行政システムの中での地区議会の位置は、**図表5-4**に示したとおりであり、市議会が予算書を通じて示した全般的な政策目標を前提に交付金を財源として、自らの責任で教育・文化・福祉に関わる事業を実施している。他方で地区議会の委員は、市議会が政党の議席数に比例して任命しており、地区住民による直接選挙でないことが、民主主義の点からの限界とされてきた。こ

図表5-4　地区議会の位置

```
      ┌──────────────── イェテボリ市議会 ────────────────┐
      │                      │                           │
      │                   執行委員会                      │
      │      全般的な政策      ↓                          │
      │      目標の指示、   市行政局                       │
      │      交付金の付与                                 │
      │                                        選挙、政党
  財政援助                                      を通じた影
  など                                           響力
      ↓         地区議会（10か所）                        │
  市民組織 ⇔                                     アンケート
            高齢者福祉、  教育委員会               による評価
            文化政策等                             
      援助・           学校委員会                         
      協力                                                
                           学　校                        
                                                        
            企業・協同    競合                           
            組合の学校    協力                           
                                                        
                        市　民
```

出所：筆者作成。

の地区議会は、2011年1月に10か所に統合された。統合の目的としては、施策の効果を高めて全市民に平等なサービスを提供することが強調されており、その反面で民主主義に言及されていないことは、統合の背景をある意味で象徴する。以下では、地区議会統合の経過を通じて、イェテボリ市と市民社会との相互関係の現段階を検証する。

1　地区議会の統合に至る経過
(1)　地区議会の発足と目的：「民主主義と効率」

最初に地区議会の設置目的を振り返るために、1990年のイェテボリにおける地区議会発足の客観的な背景に関わる論点を紹介したい[19]。

第1の論点は、地区議会設立の背景として、民主主義の拡充と効率の向上が

中心的な目的であったとする。地区議会の発足と委員の任命によって決定権を持つ政治家の数が増加したことは、市民と決定権者との接点を広げることによって民主主義を進めた。さらに、イェテボリ市全体を対象に縦割りに進められてきた各部門別委員会が実施するサービスを、地域レベルで統合することによる効率化であり、分権化と地域でのサービス実施の統合という目標を統一的に進めることは、地区議会モデルの基本的な目的であった（Westerståhl 1999）。

第2の論点は財政的な背景を強調する指摘である。1980年代の経済停滞の中で、市の財政は増大するソフトなサービスへの職員人件費と、減少する国庫補助そして同じく減少する税収に挟まれて悪化した。地区議会の実施によって、地域ごとに統合された政治・行政組織を実現する改革で強調されたのは、コスト縮減という目的である（Jönsson 1997）。

第3の論点は、地域での影響力を確保しようとする各政党の戦略である。地区議会設置の提案は、主に合併を通じて吸収された旧コミューンの積極的な活動家から発していた。これらの地域で各政党は、地域における影響力の急速な衰退を経験しており、選挙民と政治家との距離を縮めるための手段として、分権化された地域機構への要望が生じた。この提案では、民主主義が最大の目標だった。他方の社会民主党の意図は、市政改革の必要性に発していた。イェテボリ市の部門別の委員会に任命された専門知識を持つ人々は、各々の活動領域を縄張り的に捉えて、制度的な改革や提言を脅威として受け止めがちであった。地区議会は、市のサービス内容を市民のニードに感応的なものにするうえで不可欠だった。こうして、2つの異なった流れが一致して、イェテボリでの地区議会の設立を支持する強固な多数派を形成した（Nilsson 1999）。

これらの論点は、互いに補いあうものとして捉えることができるとともに、総じて地区議会の設立が上からの改革であったことを示唆している。発足した地区議会は、財源配分システムにも裏づけられて、市の福祉や教育等のソフトなサービスを中心に担ってきた。他方で、地区議会の議員が地区住民の直接選挙ではなく、市議会によって任命されたことは、地区議会が住民代表としての正統性を獲得することを妨げた。さらに発足直後に起こった財政危機に直面して地区議会の財源が、1991年からの3年間にわたって毎年5％削減されたこと

は、地区議会が住民の要求を実現するシステムというよりも、サービス削減のためのシステムとして捉えられることにも結果した。

1994年に市行政局が行った地区議会の総括[20]は、その成果を次のように指摘している。第1に地区議会の設立によって、政治家が地域の具体的な課題を熟知したうえで、決定を下すようになったことである。第2に、財政危機の中で果たした役割であり、地域と住民に身近な決定主体という地区議会の特徴は、縮小された財源を効果的に活用するうえで従来の分野別委員会では成しえなかったであろう成果をあげた。他方で第3に、市民による認知や参加の点では不充分なことであり、それは地区議会が財政危機の中で果たさざるをえなかった役割を背景としている。要約すれば、地区議会は政治システムとして効果的である反面、市民の影響力を保障する民主主義のシステムとしては弱点をともなった。

(2) 地区議会統合への経過[21]

政治家と市民との距離を縮めて民主主義を高めることを主要な目的のひとつとした地区議会が、支出削減とサービスを縮小させる役割を果たしたことは、その後の経済回復を通じてサービスの拡充を実現した後にも、市民との関係に影響を与えたようである。他方で市議会では、マヨナ地区議会が中央の意に反して借金を積み上げるとともに、学校統合に対する激しい反対運動を招く結果になったことなどを背景として、地区議会の財政運営の能力とともに、中央の指導のあり方が問題とされた。改善策を検討した市行政局の報告[22]は、各分野の協力と協調の必要性を指摘するとともに、地区議会の統合を通じた組織整備に言及していた。この報告をふまえた政治家レベルの検討委員会が2003年に設置されたが、地区議会の改革には、公共セクターの改革を主張する社会民主党と市場メカニズムを絶対視する穏健党との対立を中心に各党の間でさまざまな意見があり、各々が改革の必要を指摘してはいたものの合意には至らずに、2005年には検討が打ち切られた。この時に唯一合意できたのが、社会資源委員会（前述）の設置である。

この後に、地区議会統合について各党の間で基本的な合意が成されて、統合後の地区議会をそれぞれ5、10から12、15とする3案の、いずれかによる統

合案を提出することが市行政局に付託された。2010年1月の市議会で市行政局の提案をふまえて、政策効果の向上と全市民への平等なサービスの提供を目的として、地区議会を10に統合するという案が採択された。この議会決定で興味深いことは、各党からは民主主義に関わる発言がなかったこととともに、各党ともに市行政局に対して、民主主義を高めるための方策を提案するように要求したことである。

2 市行政局によるシステム整備

　地区議会の統合を提案した市行政局の報告書で興味深いことは、統合の目的[23]が、地区議会発足時の議論とは様変わりして、イェテボリ市が提供するサービスの質と効果を高めることに集中していることである。その理由について市行政局は、全党による合意が実現できたのは「効果の向上」を前面に出した結果であるとする[24]。市行政局が統合を提案した報告書の、内容的な特徴は次のとおりである。

　第1に、強調されているのは、地区議会の統合と組織整備を通じて、すべてのイェテボリの市民に必要なサービスを等しく効率的に提供することである。この点では、合併による地区議会の大規模化を通じて、監督部門とともにサービス提供のうえでの効率化がめざされている。同時に、私的セクターによるサービス供給の増加が予測される中で、事業評価アンケートによるサービス内容の評価基準を簡素化・明確化して、私的セクターが提供するものを含むサービス内容の全市的なコントロールを可能にするとされている。

　第2に、統合した地区議会の組み合わせ方の問題で、地区議会間での所得階層などの社会構成の格差は残ることが指摘されている。この点を含めて財政上の改革は、選挙後の課題とされる。

　第3に、興味深いのは今後の民主主義を高める政策の一例として、地域環境を高めるための多様な団体による協力した活動の重要性が、指摘されていることである。その理由として、近隣地域での環境を維持する活動への組織化が、住民の主体的な参加に向けた重要な契機になるとする。ここでの表現では、明らかに先述したマヨナ地区のMSFが念頭に置かれていた。

地区議会の統合に併行して、市行政局と各地区議会との調整を進めるための改革が行政レベルで進められている。市行政局で準備されているのは、地区議会の下に置かれた行政組織の管理システムを定型化することを通じて、地区議会の行政組織の各部門に対する市行政局の助言が通りやすくすることである。具体的には、従来は各地区議会が任意に定めていた行政組織と各レベルの責任者の配置とを定型化して、市行政局の各部門から地区議会の対応する部門への助言と情報交換を容易にすること。さらに市行政局と地区議会の行政スタッフのレベルで、市全体に跨る戦略的協同プランを作成して、これをできるだけ各地区議会の政策に反映させることとされている。言い換えれば、政治レベルで見た場合には、詳細予算の決定は従来どおり地区議会の権限であるが、行政レベルでは執行委員会の直接の指揮下にある市行政局を通じて全体を調整するという方向である。

3　地区議会の統合の総括

　スウェーデン国内の地方政府研究者による地区議会についての評価では、地区議会の委員が地域住民の直接選挙ではなくコミューン議会の任命によるため、市民の認知度も低く、市民の影響力という意味での民主主義を保障するシステムとは言い難いとして、消極的な見解が多いといえる（Johansson et al 2001）。イェテボリでも市民の地区議会に対する関心は低く、その背景には発足直後の1991年に起こった経済危機とこれにともなう市の財政危機の結果、地区議会がサービス削減のための機関と化したことが影響しているとされる。ただしこの点は、経済の回復にともなって地区議会のサービスが拡充されてきたことをふまえるならば、より一層の検証が必要であろう。

　市民と地区議会との相互関係の変容は、地方政府の財政運営に求められる働きの歴史的な変化として捉えることで、その背景を明確にすることができる。スウェーデンで1960年代後半に福祉サービスが拡大した背景にあったのは、福祉サービスへの市民からの要求の高まりであり、保育サービスの充実などが、1960年代後半からの地域政治の焦点となったことであった（Jönsson 1982）。手厚い福祉／教育サービスの実施にともない、財源であるイェテボリ

の地方所得税率（市とランスティングとの合計税率）は、1950年代の12％程度から1970年前後には30％を超えるまでに増大した。この時期の民主主義の焦点は、政党を通じて市民の要求を市議会の決定に反映し、新たなサービスの供給を実現することだった。

　他方、現代の地区議会には、配分された財源の範囲で事業を執行する責任が課せられており、サービスの拡充以前に、必要に応じた事業の改廃を迫られている。例えば児童数の減少によるか、または他地区の学校を選択する住民が多い一方で高齢者が増加した場合などには、学校の統廃合を決定することが必要となり住民との軋轢を生じざるをえない。こうした事例は、企業や協同組合が運営する学校やプレスクールが増加するにともない、地区議会が提供するサービスの度々に渡る縮小と再編が迫られることによって増加している。その意味では地区議会には、コミューンのサービスが大きく拡大した1970年前後の時期とは異なり、財政的な制約を前提としながら選択的にサービスを実施していく役割が求められている。

　同時に、地区議会の統合の経過は、イェテボリの市政をめぐる対立点を念頭に置いて検討することが必要である。イェテボリでのシステム改革に関わって市議会の各政党間では、共に事業効果や市民の選択を重視する方向への改革では共通しながらも、市場メカニズムを絶対視して民営化・企業化を強調する穏健党をはじめとした勢力と、市民の影響力の拡大を通じた地方政府の改革を重視する社会民主党を中心とする勢力との、対立関係が焦点となってきた。イェテボリでは、こうした政治的な対立関係を通じて、事業効果を重視するスタイルへの転換や市民セクターとの協力関係、また財政上の制約への対応などの、システム改革が進められてきた。

　地区議会の統合決定とその実施を通じて地区議会の、地区レベルでのサービスの総合化や財源再配分を含む役割自体が否定されたわけではないことは確認する必要がある。その一方で、「民主主義と効率」を掲げて発足した地区議会が、むしろ効果を妨げる要因と見做されるとともに、統合の議論に当たっては、民主主義が焦点とはならなかったこと、逆に、民主主義を高める方策の提案が、政党から行政部門である市行政局に要請された経過は注目に値する。地

区議会の発足から今回の統合に至る背景要因として、仮説的に想定されるのは次の点である。

第1に、地区議会はその発足以来、その構成員が市議会に任命された結果、各地区の市民の代表とは認められなかった。さらにイェテボリ市のサービスが大きく拡大した1970年前後の時期とは異なり、財政的な制約を前提としながら選択的にサービスを実施せざるをえなかったことや、他方で協同組合や企業が提供するサービスを選択する市民が増加したことは、地区議会の運営を混乱させた。これらの結果、政治家と市民との近接を通じて民主主義を強化するという当初の期待は、色褪せる結果となった。

第2に、市民組織の活動が活発化する中で、民主主義をめぐる議論の焦点が、市民組織の活動とその役割そのものに移行したことである。他方で、市民生活にとっての新たな課題の発生によって、市行政局の調整と社会資源委員会を通じた全市規模の対策や専門的な援助の実施が必要となる中で、各地区議会の独自の決定はむしろ制約と見做された。

第3に、市政に求められる役割とその根拠が、政治家による意志決定という手続き的な正統性から、市民の求めるサービスの質的な内容に移行する中で、事業の"効果"を強調する地区議会統合の方針が、市民に身近な政治家による決定という地区議会の当初の目的よりも、説得力を持った。

現代スウェーデン社会の全般的な傾向として、市民と政府との政党を介した安定的な関係が、一方での市民の政党離れと他方での市民団体の活動の多元的な広がりの形で、構造変化を起こしつつあることが指摘されている。地区議会統合に至る経過が示唆するものは、政治家と市民との近接性を通じて民主主義を高めるという当初に地区議会に期待されていた役割を、市民と市民社会そして政党の三者間の動的な相互関係をふまえて捉え直す必要性である。

第4節　イェテボリ型システムの評価

本節では、市民と政治・行政組織の両者の統治能力の発展という視点から、イェテボリ市の政治システムを総括する。市民と地方政府との相互関係を、市

政に対する市民の影響力の多様な拡大を前提として論じるうえで、出発点とするべきは市民の統治能力である。

　スウェーデン市民社会の諸組織が持つ、政府の意志決定に対する影響力の基礎にあるのは、政府と市民組織との制度的に保障された親和的な関係である。統治行為に対する市民社会の影響力としてのガバナンスは、コミューンの意志決定に直接関与する分野別委員会の構成員に多くの市民組織が加わっていることや、レミス（政策決定に対する意見表明権）の制度を通じて保障されてきた（Trägård 2007）。スウェーデンにおいて、地方政府の諸決定に対する市民の影響力が、制度的には保障されていることを前提とした場合には、それを実質的なものにするうえでの、市民の統治能力の向上という側面が重要であろう。ここで注目されるのは、個々人の社会的価値観の発展が、社会的規範に昇華するとする論点である。スウェーデン社会の実証的な分析を通じたこの論点によれば、個々人の価値観の発展は、社会階層の変化と政党の影響力が低下する中で役割を高めており、重要なのは個々人の利害意識が社会的規範に発展する契機を現実にものにすることである（Kumlin 2002）。本書では個々人の社会的価値観の発展を、市民の統治能力の前提として捉えたうえで、その発展過程を、学習プロセスとその客観的な条件として把握する。

1　市民社会・市民セクターと地方政府

　スウェーデンでは1990年代以来、市民社会についての議論が注目を浴びるようになった。その社会的背景は、東欧の民主主義革命の経験から市民社会に注目が集まったこととともに、一方では大きな政府と官僚制度に対する新自由主義的な批判の立場から、他方では福祉国家の改革と民主主義の視点からも、市民社会が注目されたことである。こうした議論を通じてスウェーデンでは、"市民社会"は市民組織そのものを意味する概念として論じられてきた（Amnå 2005a）。本書では市民社会を、社会的・経済的構造を背景として形成され、文化や交流を通じて形成された一定の社会意識をともなう社会関係として、また市民セクターを、市民社会に根を持つ組織的な活動の総称として捉える。社会の経済的な構造を土台として構成された社会関係は、政治的には政府権力や政

図表5-5　市民社会と地方政府

```
┌─────────┐ ←──────────→ ┌─────────┐
│ 地方政府 │              │市民セクター│
└─────────┘              └─────────┘
    ↑  ↓  ↘            ↙   ↑  ↓
    ↑           ┌──────┐      ↑
    ↑           │ 政 党 │      ↑
    ↑           └──────┘      ↑
    ↑              ↑↓         ↑
    ↑      ┌──────────────┐   ↑
    ↑      │   市民社会    │   ↑
    ↑      └──────────────┘   ↑
    ↑              ↑↓         ↑
    └──┌──────────────────┐──┘
       │   地域経済／社会    │
       └──────────────────┘
```

出所：筆者作成。

党の機能によって代表される政治社会として、また経済的には市場メカニズムを中心とする経済社会として総括されてきた（吉田 2005）。現代の市民セクターの自律的な拡大は、その背景としての社会関係を"市民社会"として独自に総括することを必要とさせた。

スウェーデンの一般的な理解とは異なって、市民セクターと市民社会とを区別する本書の捉え方は、地域経済と住民構成の変化などの社会基盤の変化をふまえて、市民社会の変化の動態を検討することを可能にするものである。図表5-5に示したようにスウェーデンの地方政府と市民社会および市民セクターとの相互関係は次のように整理できる。第1に地域レベルの市民社会は、地域政治と地方政府の政策を基底的な部分で制約する。第2に市民セクターは、市民社会での社会意識の形成に重要な役割を果たすとともに、サービス供給の主体としても市民のライフスタイルに影響を与える。第3に地方政府の政策は、サービスの提供や市民の活動への援助を通じて直接に、または市民セクターを通じて間接に、市民社会の変化に影響を与える。

本節の基本的な視点は、イェテボリのシステムにおける市民とイェテボリ市

との相互関係を、市民と政治・行政主体の双方における、事業内容を評価する能力と統治能力の発展に向けた、学習過程としての側面から捉えることである。その理由は、市民社会で育まれる社会的規範や価値観が、地方政府が政策を展開するうえでの基盤になることによる。これは市民社会に根づいた連帯・平等・正義の観念や評価能力、もしくは市民の統治能力の発展が、今後の都市政策においてキーワードになることを意味する。

2 イェテボリシステムの特徴

　イェテボリ市の政治システム改革を評価するうえでの焦点は、それが市民と政治・行政組織との両者の統治能力の発展に、どのように寄与しうるかの点である。

　本章で検討したイェテボリの政治・行政システム改革の経過は、**図表5-6**に示したように、公共サービスの供給主体の多元化を縦軸に、目標設定へのアプローチの多元化を横軸に置いて捉えることができる。両方向の多元化には、手続き的な正統性の重視から、事業効果を重視する方向への転換がともなっている。この図では、地区議会の設置と事業評価制度は主要には第2象限から第1象限への移行として、また市民セクターへの委託や企業参入は、第2象限から第4象限への移行として捉えることができる。ただしこうした違いはむしろ相対的なものであり、地区議会の設置など公共セクターの改革は、市民セクターへの援助などと併行して進められていることが特徴である。全体として、サービス供給主体の多元化とともに、目標設定の多元的なアプローチが進んだといえる。イェテボリの政治・行政システムが二重の多元化に向かいつつあることを前提したうえで、その特徴は次のように捉えることができる。

　第1にイェテボリ市が、地域産業基盤の整備やセグリゲーションの拡大などに対応する政策を、市議会による総合的なコントロールを前提に、地区議会の設置やカンパニーを活用した分権化と財源再配分のシステムを通じて展開していること。それは地方政府に求められる総合的政策機能、言い換えればメタガバナンスを、市民の参加を通じて展開するための多元的都市経営システムとも言いうるものである。

図表5-6　イェテボリ市のシステム改革の流れ

```
                公共サービス供給主体
                の多元化
                        │
                        │  一元的
   目標設定                │
   の多元化               │
    ──────────────────────┼──────────────────→
                        │
   一元的                │        多元的
   手続き的正             │        効果重視と市民の
   統性重視              │        評価
                        │
              多元的    │
                        ↓
```

出所：筆者作成。

　第2に、市民のニーズに感応的で、事業内容の質を高めることのできるシステムと、そのメカニズムである。この点では、市の行政組織や事業を、事業評価と内部点検を通じて改善するシステムが注目される。それが職員と事業組織の力量を発展させる仕組みを内包していることは重要である。

　第3に、イェテボリ市と市民セクターとの支援と協同の関係である。スウェーデンでは民主主義の担い手として捉えられてきた市民組織が、イェテボリ市の支援と協力を得ながら活動の内容と参加の範囲を広げつつあることは注目される。それは、市民の評価能力を高めるとともに、個々人の価値観を社会的規範に発展させる契機としての側面を持つ意味で、ガバナンス能力の発展としても捉えることができる。

3　学習都市システム

　現代地方政府改革の重要課題のひとつは、事業効果や効率の拡大を前提したうえで、地方政府の意志決定に対する市民の関与と、市民の統治能力の発展という点である。この点でのイェテボリの特徴は、市と市民セクターとの協力的

な相互関係が、多様な形で進みつつあることである。市政の課題として重要なことは、こうした協力関係を通じて市民のガバナンス能力を高めるという意味での、学習の条件を拡大することである。

　一般的にヨーロッパでは、市民にさまざまな学習の機会を提供する都市という意味で、"学習都市"の呼称が使われてきた（Longworth 2006）。本書では地方政府改革のひとつのスタイルを示すものとして、ガバナンスすなわち市民の評価能力と統治能力の向上に向けた学習過程を内蔵した都市政治システムを、"学習都市システム"として捉える。地方政府がめざすべき課題のひとつは、学習都市システムの発展であり、イェテボリ市による組織改善や市民の組織活動への支援活動は、そうした方向へのステップとして捉えることができる。

1) 市行政局クオリティー部門の資料。
2) アンケートについては、筆者によるMonika Ortenblål（イェテボリ市行政局）へのインタビュー（2009年2月）による。
3) 筆者によるAgneta Berg（Askim Nygårdsskolan校長）へのインタビュー（2008年8月）による。
4) Kvalitets Mässanについては、筆者によるSven Wiberg（イェテボリ市行政局）へのインタビュー（2009年2月）による。
5) この項は、筆者によるLena Hässelgren（市行政局障害者委員会担当）へのインタビュー（2009年3月）による。
6) この項は、筆者によるEva Looström（市行政局若者議会セクレタリー）へのインタビュー（2011年9月）による。
7) Inrättande av ungdomsfullmäktige（Göteborgsstad Stadkansliet Tjänsteutlåtande 2004-05-06）.
8) この項は、筆者によるChristina Matsdotter（イェテボリ市社会経済 Development Manager）へのインタビュー（2009年9月）による。
9) 社会資源委員会（Social resource committee）の資料による。
10) 注8）に同じ。
11) Proposition 2009/10:55 En politik för det civilia samhället.
12) 同上。
13) この項は、筆者によるGunnar Westerling（ABF Gothenburg Studieombudsman）へのインタビュー（2009年9月）による。
14) この項は、筆者によるAskims Montessoriföreningの両親および職員の各代表者へのインタビュー（2008年9月）による。
15) Kusmanen 2007および筆者によるBengt Thoreson（マヨナ地区の活動家）へのインタ

ビュー（2007年3月）による。
16) 以下の記述は、筆者によるMajornasSamverkansföreningのMy Weltherへのインタビュー（2009年2月、同9月、2010年9月）およびAnna Brynste（2010年9月）による。
17) Anna Brynste（注16））同上。
18) My Welther（注16））に同じ。
19) スウェーデンの地区議会の制度化とイェテボリでの発足に至る経過については、槌田2004を参照。
20) Gothenburg city office Utredning Rapporten 1994.
21) この項は、筆者によるBengt Delang（イェテボリ市Senior Adviser 統合提案（注23））の起草者）へのインタビュー（2010年9月）による。
22) 市行政局 "Rooseniit rapport" 2002.
23) Förslag till ny SDN-organisation Utfärdat 2009-12-02 City of Gothenburg.
24) 注21）に同じ。

おわりに

　福祉国家スウェーデンの経済グローバル化が進む中での将来像については、全体として悲観的な論調が多いようである。スウェーデンを社会民主主義福祉国家として類型化したエスピン=アンデルセンは、第2次大戦後のスウェーデンが追求してきた、労働者への教育と職種転換を通じた産業構造の高度化と雇用の確保が、ポスト工業社会への移行にともなって困難を来たすことを指摘している（Esping-Andersen 2002）。ジェソップは、国民国家のレベルで市場の失敗を補完していた第2次大戦後のヨーロッパのケインズ主義的福祉国家に代わって、グローバル化と情報化の発展を背景とした、シュンペーター主義的レジームが出現しつつあるとする。そこではイノベーションと競争力が焦点となるとともに、国民国家の役割はある意味で相対化される。同時に、社会政策が経済政策の下位に置かれ、福祉受給権に対する攻勢が展開される（Jessop 2002）。こうした論点は、現在のスウェーデンが直面する困難の背景を理解するうえで有益である反面、必ずしも求められる改革の方向に直接の手掛かりを与えるものではない。

　本書の基本的な立場はスウェーデンの現状を、完全雇用の実現と福祉の向上、そして経済競争力の強化に重点を置いてきた中央政府主導の政治システムが、再編成を迫られているものとして捉えるものである。その経済的な背景は、地域経済のグローバル化が、全国経済の一体性の弛緩と政府の金融・為替政策を通じた経済コントロール手法の無力化とに、併行して進んでいることである。これにともない経済政策の焦点は地域もしくは広域エリアに移行しており、インフラ政策の計画・立案をはじめとして政府の各部門の事業を広域レベルで総括する方向への改革が進められている。他方で地域レベルでは、多くの企業が取引関係をグローバルな規模に広げるという意味での、地域産業のグローバル化と併行して、地域の産業構造の再編成が進んでいる。各企業が一方

ではグローバルなネットワークの一環を成すとともに、他方では地域レベルのネットワークや研究機関などのインフラの活用を通じて競争力を強化していることは、全体として地域産業政策の役割を高めている。

　こうした変化は、広域エリア内部での政治的な変化を招いている。本書が検討の対象としたウェストラ・イェータランドとスコーネでは、中心都市の影響圏が拡大する一方で、いくつかの核都市が独自の戦略を追求するなど、リージョン全体としては多極型の構造が見られる。他方で各地域産業とコミューンにとっては、世界とつながるための交通インフラが重要性を高めたことが、インフラ整備の要求を実現するための、広域レベルの政治的統合が進む背景となっている。こうした変化は、多極型開放システムへの転換を示すとともに、これに対応した統治構造への改革が迫られることを示唆する。

　本書は、現在進みつつある改革の将来像を、コミューンを基礎単位に、一方でのリージョンと中央政府およびEUに至る政府部門の政策と相互関係、他方での市民社会に根ざした市民組織をはじめとする活動との、相互関係にもとづく統治システムとして捉える。それは市民とコミューンとの協同的関係を前提に、広域的な地方政府システムと中央政府が政策を展開して、市民的な権利を保障するシステムである。それは経済的・政治的には、福祉と経済との統合的な発展の実現が、地域レベルを単位として、全国レベルからのフォローを受ける中で追求されるシステムとして構想されうる。そこでは基礎的な政府としてのコミューンを基本単位とした、広域的な地方政府システムの設立が求められる。

　ここで重要なのは地方政府の政策運営のスタイルであり、福祉・教育サービスの供給と並んで、産業と雇用政策が重要な役割とされるべきであろう。それは、取引関係を世界に広げる企業の経営戦略を前提に、地域への再投資を促し地域経済基盤を強化する役割である。他方で地方政府には、公共サービスの提供を急速に拡充した1970年前後の時期とは異なり、財政的な制約を前提した選択的なサービス実施と質的な充実が求められている。同時に、市民がサービスの受益者にとどまらず、地域社会の主体として現れつつあることは現代の特徴である。地方政府の政策が、市民セクターとの相互関係を通じて展開される

おわりに

　ことが重要な点である。
　要約すれば、現在求められているのは、ネットワーク型の多段階統治システムにもとづく福祉国家システムへの改革であろう。

あとがき

　筆者がスウェーデンに留学して間もなく、イェテボリ大学の研究所長であるレナート・ニルソンと議論していたときのことである。彼は、国民に最も身近な基礎自治体は民主主義の基礎であると主張する筆者に、「中央政府も地方政府も民主的に選ばれているのに、なぜそこまで地方政府を強調するのか？」と、不思議そうに尋ねたものである。彼にとって各層の政府は、個々人の権利を源とする民主主義の政治を重層的に構成するシステムだったわけである。この議論は筆者にとって、基本的な発想の転換を迫る契機となった。

　本書では、スウェーデンにおけるEUから中央政府とリージョンおよびコミューンに至る各レベルの政府の全体構造を"多段階の政府による統治"として、また中央と地方の政府間関係の特徴を機能的な側面からネットワークとして捉えている。その中で地方政府とリージョンに求められる役割と政策について、地域産業・経済政策に焦点を当てるとともに、地方政府と市民社会・市民セクターとの協力関係を含めて論じている。本書で描いたのは、スウェーデンのコミューンが、市民組織をはじめとした私的セクターとの協力関係を深めるとともに都市経営型の政策を展開し、さらに他のコミューンやリージョンさらに中央政府との協力・調整を通じて、市民の生活と生産を守っていく姿である。それは地域経済と市民社会とを焦点とする点で、経済グローバル化の下における、福祉国家システムの地域からの再編成とも言いうるものである。こうしたスウェーデンの改革過程は、道州制度などの議論がもっぱら上からの論理で繰り返されている日本にとっても、重要な示唆を与えるものと思われる。

　本書は、拙著 *Multi-level Governance under Globalization in Sweden*, LAP, 2011に加筆・修正を施したものである。各章の日本語版での初出は次のとおりであるが、いずれも大幅に手を加えている。

第1章　「スウェーデン福祉国家の転換とリージョン実験」日本地方財政学会編『三位一体改革のネクスト・ステージ』勁草書房、2007年
第2章　書き下ろし
第3章　「スウェーデン経済のグローバル化と広域自治体改革」『都市問題』第99巻第12号（2008年）、東京市政調査会
第4章　「グローバル都市：イェテボリコミューンの都市経営（その1・その2）」『財政と公共政策』第30巻第2号（2008年）・第31巻第1号（2009年）、財政学研究会
第5章　「イェテボリコミューンの都市経営システムと政策評価」『財政と公共政策』第32巻第1号（2010年）、財政学研究会

　本書は筆者が2006年にイェテボリ大学（スウェーデン）への留学の機会を得て以降の研究と調査を纏めたものである。この間にスウェーデンでは、アグネ・グスタフソン（ルンド大学）およびレナート・ニルソン（イェテボリ大学）の援助を得ることができた。また日本では、穴見明教授（大東文化大学）から地方政府改革についての貴重な示唆を頂いてきた。ここに記してお礼申し上げたい。なお本書に関わる研究では、日本福祉大学から2回に渡って課題研究費による研究助成とともに、出版に当たって出版助成を得ていることを付記する。

槌田　洋

参考文献

穴見明『スウェーデンの構造改革』未來社、2010 年
穴見明「スウェーデンの基礎的自治体における NPM の導入」『NPM の検証―日本とヨーロッパ』自治体研究社、2005 年
岡田知宏『地域づくりの経済学入門―地域内再投資力論』自治体研究社、2005 年
槌田洋（Tsuchida, Yo）*Multi-level Governance under Globalization in Sweden*, LAP, 2011
槌田洋「スウェーデン経済のグローバル化と広域自治体改革」『都市問題』第 99 巻第 12 号（2008 年）、東京市政調査会
槌田洋「スウェーデン福祉国家の転換とリージョン実験」日本地方財政学会編『三位一体改革のネクスト・ステージ』勁草書房、2007 年
槌田洋『分権型福祉社会と地方自治』桜井書店、2004 年
中村剛次郎『地域政治経済学』有斐閣、2004 年
宮本憲一『都市経済論』筑摩書房、1980 年
宮本憲一『環境経済学』岩波書店、1989 年
吉田傑俊『市民社会論』大月書店、2005 年

Alvstam, C. Göran, et al., "Internationalization of Firms", in *Sweden in the world*, ed. G. Tornqvist, SNA, 1993
Andersson, T., Friberg, D., "The Changing Impact of Globalization: The Case of Sweden", Invest in Sweden Agency, 2005
Amnå, Erik, ed., *Civilsamhället*, Gidlunds Förlag, 2005a
Amnå, Erik, "Scenoppning, scenvridning, scenförändring. En introduction", in Amnå, 2005b
Amnå, Erik, "Playing with fire? Swedish mobilization for participatory democracy", in *Journal of European Public Policy*, Volume 13 Number 4, 2006
Andren, Mats, *Den europeiska blacken*, Gidlunds Förlag, 2007
Andren, Mats, ed., *Local Citizenship*, CEFOS Göteborg University, 2007
Asheim, B. T., et al., "Regional Innovation systems: Theory, Empirics and Policy", in *Regional Studies*, Volume 45 Number 7, July 2011
Bache, Ian, et al., "Themes and Issues in Multi-level Governance", in Bache, Ian et al.

ed., *Multi-level Governance*, Oxford University press, 2004
Benz, Arthur, et al., *REGIONALISATION*, FRITZES, 2000
Bergman, S., "Women in New Social Movement", in Bergqvist, C. ed., 1999
Bergqvist, C., ed., *Equal Democracies?*, Scandinavian University Press, 1999
Bokenstrand, C., Broström, B., Utvärdering Av Resurfördelningsmodell, Bokförlaget Bas, 1998
Borås Stad, "Borås Näringslivs struktur och framtida utmaningar", 2006
Brulot, Mrion, "FLIRTING WITH REGIONAL SELF GOVERNMENTS", 2003
Business Region Gotenberg, "The Rented Premises Market in the Gotenberg Region 2004", 2004
Bäck, Henry, "The centrifuge of Territorial Politics", 1st Congress on Local Politics in Europe Gent, Belgium, 2004
Bäck, H., et al., *Urban Political Decentralisation*, VS VELAG, 2005
Christensen, T., Lagreid, P., ed., *New Millenium in NEW PUBLIC MANAGEMENT*, Ashgate, 2002
Christensen, T., Lagreid, P., ed., *Transcending New Public Management*, ed. by Ashgate, 2007
Conti, S., "A Systemic Perspective on Local Development", in R. A. Boschma., R. C. Kloosterman eds., *Learning from Cluster: A Critical Assessment*, Springer, 2005
Crouch, Colin, et al., "Introduction: The Governance of Local Economies", in Colin Crouch, et al. ed., *"LOCAL PRODUCTION SYSTEMS IN EUROPE"*, Oxford University Press, 2001
Crouch, Colin, ed., *Innovation in Local Economies: Germany in Comparative Context*, Oxford University Press, 2009
Dahlin-Ros, Inger, *"Welcome to the Textile County"*, Natur och Kultur/LTs Förlag, 2002
Dannestam, Tove, *"Stadspolitik i Malmö"*, Lunds Universitet, 2009, pp.127-131
Drougge, Anders, "Näringslivet, staden, tekniken och klubben", in *Trollhättans Ingenjörsklubb 100år*, Trollhättans Ingenjörsklubb, 2007, p.239
Esping-Andersen, Gösta, *Why We Need a New Welfare State*, Oxford University Press, 2002
Frizell, B., Margit, W., "Västra Götaland", National Atlas of Sweden, 2004
Gales, Patrick Le., et al., "Conclusions", in Patrick Le Gales, et al. ed., *"Changing Governance of Local Economies"*, Oxford University Press, 2004
Gereffi, G., Memedovic, O., "The Global Apparel Value Chain: What Prospects for Upgrading by Developing Countries?", United Nations Industrial Development Organization, Vienna, 2003

参考文献

Gereffi, G., Humphrey, J., Sturgeon, T., "The governance of global value chains", in Review of International Political Economy 12:1, February 2005, pp.78-104

Gereffi, G., J. S. Timothy, Olga Memedovic, Johannes Van biesebroeck, "Globalization of the automobile industry: main features and trends", Journal of Technological Learning Innovation and Development, Vol.2, Nos.1/2 2009

Glassmann, Ulrich, "Refining National Policy: The Machine-Tool Industry in the Local Economy of Stuttgart", in Colin Crouch et al. ed., *Changing Governance of Local Economies*, Oxford University Press, 2004, pp.74-98

ESDP, "European Spatial Development Perspective", EU Ministers of Planning, 1999

Gregory. R., "New Public Management and the Ghost of Max Weber", in Christensen, T. et al., 2007

Gustafsson, Agne, "Hur Skall Sverige Styras?", in Perspektiv på local och regional självstyrelse, Region Skåne et al., 2006

Hall, Peter, "The City Region of the Mid-21st Century", in Regional Studies Vol. 43 Number 6, July 2009, pp.804-816

Harvey, David, *Spaces of Global Capitalism*, Verso, 2006

Hauge, Atle, "Dedicated Followers of Fashion", Uppsala University, 2007

Healay, Patsy, "City Regions and Place Development", in *Regional Studies*, July 2009, pp.840-841

Herrschel, Tassilo, et al., *"GOVERNANCE OF EUROPE'S CITY REGIONS"*, ROUTLEDGE, 2002, p.112

Högberg, Fredrik, "Industriell dynamic och innovation i Svensk möberindustri", Uppsala Universitet, 2007

Jacobsson, Bengt, et al., *"Europeanization and Transnational States"*, ROUTLEDGE, 2004

Jerneck, Magnus, *Local and Regional Governance in Europe: Evidence from Nordic Regions*, Edward Elgar, 2000

Jessop, Bob, "The Political Economy of Scale and the Construction of Cross-Border Micro-Regions", in Timothy M. Shaw, ed., *Theories of new regionalism*, Palgrave, 2003

Jessop, Bob, "The Future of the Capitalist State", Polity Press, 2002

Johansson, Folke, et al., *Kommunal demokrati under fyra decennier*, Liber, 2001

Johansson, S., *Självstandiga rörelser eller kommunala underleverantörer?*, CEFOS Göteborg University, 2001

John, Peter, *Local Governance in Western Europe*, SAGE, 2001

Jönsson, Sten, *A City Administration Facing Stagnation*, Swedish Council for Building

Research, 1982

Jönsson, S., Solli, R., "Housekeeping? Yes, But Which House? Meaning and Accounting Context-A Case Study", *Scand. J. Mgmt*, Vol.13 No.1, 1997

Jönsson, Sten, et al. ed., *The Decentralized City*, BAS Publisher, 1999

Johansson, Jörgen, "Regionalisering och kommunal sjalvstyrelse", Högskolan i Halmstad, 2004

Johansson, Jörgen, "Regionförsök och demokrati", Högskolan i Halmstad, 2005

Kumlin, Staffan, *The Personal & the Political*, Grafikerna, 2002

Kusmanen, J., et al., "Mobilisation, Networks and Local Citizen Participation in the Majorna District of Goteborg", in *Local Citizenship*, Andren, M. ed., CEFOS GotebörgUniversity, 2007

Larsson, Lars, *Historien om hur Bonden blev Möbelsnickare*, Tibro Förenade Möbelfabriker AB, 1989

Leresche, J.-P., Guy Saez, "Political Frontier Regimes", in *Globalization, Regionalization and Cross-Border Regions*, ed. by Markus Perkmann et al., Palgrave, 2002

Lidköpings commune, *Mellan bronssköld och Jas-plan*, 1995, pp.408-411

Lindgren, L., *Varken privat eller ofentligt*, CEFOS Göteborg Universitet, 2001

Longworth, N., *Learning Cities Learning regions Learning Communities*, Routledge, 2006

Lorenzen, Mark, "Specialization and localized learning in the European furniture industry", in Mark Lorenzen ed., *Specialization and localized learning*, Copenhagen Business School Press, 1998, pp.13-27

Lundström, T., et al., *The nonprofit sector in Sweden*, Manchester University Press, 1997

LUND Kommunkontoret, "Näringsliv och sysselsättning I Lunds kommun 1993-2004", 2006

Montin, Stig, "Swedish local government in multi-level governance", in Reynaert, H. et al. ed., *The Road to Europe*, Vanden Broele, 2011

Moulaert, Frank, et al., "Territorial Innovation Models: A Critical Survey", Regional Studies, Vol.37.3, 2003

Moulaert, Frank, *Globalization and Integrated Area Development in European Cities*, Oxford University Press, 2000

Naschold, F., *New Frontiers in Public Sector Management*, Walter de Gruyter, 1996

Netzer, Dick, *Economics and Urban Problems*, Basic Books Inc., 1970

Neuman, M., Angela Hull, "The Futures of the City Region", Regional Studies Vol. 43, 6 July 2009, pp.777-787

Nilsson, Lennart, "Medborgarna och Servicedemokratin", in B. Rothstein et al. ed., *Festskrifts till Westerståhl*, Författarna och Stasvetenskaplig institutionen, 1996

参考文献

Nilsson, Lennart, "Göteborg-A Decentralized City", ed. by Jönsson, Sten, 1999
Nilsson, Lennart, "VADAN och VARTHAN?", in Lennart Nilsson ed., *Svensk samhällsorganisation i förändring*, SOM-Institutet, 2004.
Norman, C., "Brukarorienterad utvärdering av verksamhet inom Göteborgs Stad Brukarrevision", Fou i Väst, 2007
OECD, *Territorial Reviews*, SWEDEN, 2010
Olsson, Henrik, "Trollhättans industrihistria", in *Trollhättans Ingenjörsklubb 100år*, Trollhättans Ingenjörsklubb, 2007, p.16
Olsson, J., Joachin Å., "Sweden", in *The Nordic Regions and European Union*, ASHGATE, 2004
Olsson, Kent, *Goteborgs Historia 3*, Nerenius & Santerus Förlag, 1996, pp.273, 274
Osborne, S. P., "Introduction", "Conclusion" in Osborne, S. P. ed., *The New Public Governance?*, Routledge, 2010
Perkmann, Makus, et al., "Globalization, Regionalization and Cross-Border Regions: Scales, Discourses and Governance", in *Globalization, Regionalization and Cross-Border Regions*, ed. by Markus Perkmann et al., Palgrave, 2002
Peters, G. B., "Meta-governance and public management" in Osborne, 2010.
Piattoni, Simona, *The theory of Multi-level Governance*, Oxford University Press, 2010
Piore, M. J., C. F. Sabel, *The Second Industrial Divide*, Basic Books Inc., 1984
Power, D., et al., "The Spaces and Places of Swedish Fashion", European Planning Studies, Vol.17 No.4, April 2009, Routledge
Rafiqui, Pernilla S., et al., "Furniture Industry in Ostwestfalen-Lippe and Southern Sweden", in *INNOVATION IN LOCAL ECONOMIES*, ed. by Colin Crouch et al., Oxford University Press, 2009
Region Skåne, "Skåne's Innovation Capacity A Situation Analysis", 2009
Rothstein, B., Trägård, L., "State and Civil Society in Historical Perspective", in Trägård, L. ed., 2007
Ryner, J. Magnus, *Capitalist Restructuring, Globalisation and the Third Way*, Routledge, 2002
Salet, Willem, et al., *Metropolitan Governance and Spatial Planning*, Spon Press, 2003
Sassen, Saskia, *The Mobility of Labour and Capital*, Cambridge University Press Inc., 1988
Strandberg, Urban, *Debatten om Den Kommunala självstyrelsen 1962-1994*, Gidlunds Förlag, 1998
Strandberg, Urban, "Introduction" in Journal of European Public Policy, Volume 13 Number 4, 2006

Svensson, B., et al., "From Government to Governance: Regional Partnerships in Sweden", FRANKCASS, LONDON, REGIONAL & FEDERAL UDIES, Vol.1.11 No.2, Summer 2001

Sydow, Åsa von., *Exploring Local Governance in Urban Planning and Development*, Royal Institute of Technology Stockholm, 2004

Telo, Mario, "Globalization, New Regionalism and the Role of the European Union", in *European Union and New Regionalism*, ed. by Mario Telo, ASHGATE, 2001

Tokatli, Nebahat, "Global sourcing: insights from the global clothing industry-the case of Zara, a fast fashion retailer", in *Journal of Economic Geography*, 8, 2008, pp.21-38

Thoenig, J.-C., "Learning from evaluation practice", in Wollmann, H. ed., 2003

Tilton, Tim, *The political Theory of Swedish Social Democracy*, Clarendon Press, 1990

Torstensson, M., *Att analysera genombrottet för de moderna folkbiblioteksideerna*, Göteborg Universitet, 1996

Trägård, L., "Democratic Governance and Social Capital Creation", in Trägård L. ed., 2007

Trägård, L., ed., *State and Civil Society in Northern Europe*, Berghahn Books, 2007

Västra Götaland Region, "Förslag Till Regional Plan för Transportinfrastrukturen i Västra Götaland under Perioden 2010-2021", 2009

Westling, C., *Ungdomsprojekt Majorna*, Händelshögskolan Göteborg Universitet, 2007

Westlund, Hans, "Regional effects of universities and higher education", Paper for the 44th Congress of the European Regional Science Association, Porto, Portugal, 2004

Westerståhl, Jörgen, "Decentralization and Integration in Göteborg", in Jönsson Sten et al., 1999

Wollmann, Hellmut, ed., *Evaluation in Public-Sector Reform*, Edward Elgar, 2003

Wollmann, Hellmut, "Local Government Reforms in Great Britain, Sweden, Germany and France", in Local Government Studies, Vol.30 No.4, Taylor & Francis Ltd, 2004

索引

あ行

RTP …………………………… 11, 89
RUP …………………………… 11, 89
イノベーション ………………… 131
移民・難民 ……………………… 143
移民集中地区 …………………… 150
EU補助金 …………………… 75, 84
インフラ計画 ………………… 60, 65
NPM …………………………… 157
エーレスンド開発 …………… 93, 103

か行

開発利益 ………………………… 153
学習サークル …………………… 172
課税基盤 ………………………… 142
価値連鎖 ………………………… 27
企業間ネットワーク …………… 44
起業支援組織 …………………… 124
機能的な都市圏域 ……………… 64
協同組合 ………………… 166, 176
クラスター形成 ……………… 28, 129
グローバルな価値連鎖 ………… 24
経済活動の容器 ……………… 25, 113
経済グローバル化 …………… i, ii
経済構造 ………………………… 92
経済構造の多極化 ……………… 61
現代的な都市経営 ……………… 155
広域エリアでのパートナーシップ … i
広域政府システム ……… 89, 91, 104, 105
広域地方政府システム ………… v
広域的な産業連関 ……………… 96
広域的な地域構造 ……………… 89
広域的な調整システム ………… 108
広域的な統治システム ………… 106
公共サービス提供システム …… 171

公共セクター改革 …………… 157, 191
交通インフラ計画 …………… 13, 14
国民経済システム ……………… 113
コミューン連合 ……… v, 72, 75, 94, 100

さ行

サービス供給 …………………… 157
財源再配分 ………………… vi, 149
産業基盤 …………………… 114, 116
産業構造の転換 ………………… 138
産業構造の変動 ……………… v, 95
産業集積 ……………………… 32, 42
産業政策 ………………………… 44
3大都市圏域 …………………… 138
事業効果 ……………………… 157, 187
事業評価アンケート ………… 148, 162
事業評価システム …………… vi, 160
資源再配分システム …………… 154
市場型経営スタイル …………… 157
市場メカニズム ………………… 187
私的セクター …………………… 116
市民運動 ……………………… 5, 116
市民社会 …………… ii, iv, 160, 172, 181, 189, 190
市民セクター ……… vi, 157, 160, 172, 181, 190
市民組織 …………………… ii, 116
市民の影響力 …………………… 184
市民の統治能力 …………… iv, 172, 189
社会資本整備 ………… 14, 17, 107
社会的価値観 …………………… 189
集積構造 ………………………… 47
水平的・垂直的調整 …………… 61
政策目標 ………………………… 158
セグリゲーション ……… 132, 139, 145
先端産業 ………………………… 123
先端的技術開発 ………………… 103

207

た 行

- 大衆運動 … 5, 172
- 多極化 … 59
- 多極型開放システム … i, iii, 19
- 多極型広域エリア … 59
- 多極型広域化 … 105
- 多極型広域圏 … 61, 88, 89
- 多極型の国土構造 … v
- 多極型の地域構造 … 102
- 多元化 … 158
- 多段階統治システム … iii, iv, v
- 地域イノベーションシステム … 25
- 地域開発 … 7, 113
- 地域開発政策 … 3, 7, 8
- 地域協同的競争財 … 25, 55
- 地域経済 … 113
- 地域経済基盤 … 49
- 地域経済システム … 46, 54
- 地域経済政策 … 25
- 地域経済のグローバル化 … 115
- 地域経済の構造 … 115
- 地域構造 … 3, 138, 141
- 地域産業基盤 … 7, 38
- 地域産業基盤の整備 … 115
- 地域産業集積 … 31
- 地域産業政策 … 15, 23
- 地域産業戦略 … 61
- 地域システム … 17
- 地域政策 … 114
- 地域内再投資 … 113, 138, 154
- 地域の産業基盤形成 … 120
- 地域の産業構造 … 29, 34
- 地域への再投資 … i
- 地区議会 … vi, 118, 147
- 知識経済 … 72
- 知識産業 … 103
- 地方政府改革 … i
- 地方政府システム … i, iv
- 地方統治システム … 8
- 統治システム … 61
- 統治能力 … vi, 157
- 統治能力と評価能力 … 160
- 都市・地域経営 … i

な 行

- 内発的発展 … 108
- 内部評価 … 161
- ネットワーク型広域政府システム … 59, 105
- ネットワーク型多段階統治システム … 19, 107, 197
- ネットワーク型統治システム … 19

は 行

- パートナーシップ型多段階統治 … i
- BRG … 128
- BHU … 85
- 福祉国家 … iv, 5, 195
- 福祉国家戦略 … i

ま 行

- メタガバナンス … 158, 160

【著者紹介】

槌田　洋（つちだ　よう）

富山大学経済学部を卒業後、大阪府吹田市役所勤務を経て
京都大学大学院経済学研究科博士課程修了（経済学博士・京都大学）
現在、日本福祉大学社会福祉学部教授

〔主著〕
Multi-level Governance under Globalization in Sweden, LAP, 2011
Medborgarna, regionen och flernivådemokratin, Göteborgs Universitet, 2008（共著）
『三位一体改革のネクスト・ステージ』勁草書房、2007年（共著）
『分権型福祉社会と地方自治』桜井書店、2004年

Horitsu Bunka Sha

グローバル時代のスウェーデン福祉国家と地域

2013年3月30日　初版第1刷発行

著　者　槌田　洋
発行者　田靡純子
発行所　株式会社 法律文化社

〒603-8053
京都市北区上賀茂岩ヶ垣内町71
電話 075(791)7131　FAX 075(721)8400
http://www.hou-bun.com/

＊乱丁など不良本がありましたら、ご連絡ください。
　お取り替えいたします。

印刷：中村印刷㈱／製本：㈱藤沢製本
装幀：谷本天志
ISBN978-4-589-03488-5
Ⓒ2013　Yo Tsuchida Printed in Japan

JCOPY　<(社)出版者著作権管理機構　委託出版物>

本書の無断複写は著作権法上での例外を除き禁じられています。複写される場合は、そのつど事前に、(社)出版者著作権管理機構（電話 03-3513-6969、FAX 03-3513-6979、e-mail: info@jcopy.or.jp）の許諾を得てください。

埋橋孝文著〔社会保障・福祉理論選書〕	エスピン−アンデルセン後の動向を検討し、新しい政策論を提示する。南欧、アジアの政策の考察や「雇用と福祉の関係の再編」に注目し、日本の位置確認と政策論議の場を提供。本書に関する文献レビュー付。
福祉政策の国際動向と日本の選択 ―ポスト「三つの世界」論― A5判・226頁・3360円	
坪郷 實／ゲジーネ・フォリャンティ＝ヨースト 縣公一郎編 **分権と自治体再構築** ―行政効率化と市民参加― A5判・260頁・3045円	分権性が強いとされるドイツと分権途上にある日本を比較対象とし、分権改革下の自治体再構築をめぐる論点を分析。財源配分や権限委譲という問題以外に、〈行政効率化〉と〈市民参加〉をキーワードに市民自治の観点から再構築への道を模索する。
ノーマン・ジョンソン著／青木郁夫・山本 隆監訳 山本惠子・村上 真・永井真也訳 **グローバリゼーションと福祉国家の変容** ―国際比較の視点― A5判・350頁・3780円	現代福祉が抱える諸問題を理論面、実際面で整理し、その展望を福祉ミックス論の視点から検討する。国家・地方自治・民間の役割と任務、地域住民の参加と意思決定など幅広く取り上げ、福祉社会のあり方を提起する。
宮本太郎著 **福祉国家という戦略** ―スウェーデンモデルの政治経済学― A5判・310頁・3990円	スウェーデン福祉国家の形成と発展プロセスを実証研究と理論動向をふまえ、丹念に分析。福祉国家戦略を理論的に解明し、その全体構造を鮮やかに示す。今後の福祉国家研究の礎となる分析枠組・視角・手法を提示。
岡沢憲芙・宮本太郎編 **比較福祉国家論** ―揺らぎとオルタナティブ― A5判・290頁・2940円	80年代の「福祉国家の危機」以降の揺らぎと対抗を分析し、各国の諸政策と制度を紹介。さらに、現状を乗りこえるオルタナティブを現代的争点と関連させて検討する。政治学、行政学、社会政策学、社会学の専門分野をこえた第一線の論者が概説。

――――――――法律文化社――――――――

表示価格は定価（税込価格）です